고전의 유혹

2

고전의 유혹

2

최화 외 지음

아카넷

고전의 맛

고전(古典)이란 오랜 세월을 걸쳐 수많은 사람이 같은 감동으로 읽는 책으로서, 시간적 공간적 제한을 뛰어넘는 보편적 가치를 담고 있기에 그런 책이 되었을 터이다. 그러나 고전은 한 번에 죽 읽히는 책이 아니다. 그래서 어떤 사람은 고전이란 단번에 죽 훑어 읽고 덮어두는 책이 아니라 수시로 다시 꺼내 읽게 되는 책이라고 규정하기도 한다. 고전이 대개 재미 위주로 쉽게 쓰인 것이기보다는 깊은 사념(思念)의 결실을 담고 있어서, 그것을 이해하기 위해서는 저자와 함께 사색의 길을 걸으면서 긴 시간 대화를 나누어야 하기 때문일 것이다. 그래서 고전은 앉은 자리에서 전권을 독파할 수 없는 것은 아니겠지만, 시차를 두고 지속적으로 한 대목씩 읽어 내려가면서 음미하는 편이 더 좋을 수도 있다.

이해력이 어느 정도에 이른 나이의 사람이라면 고전 읽기는 꼭

하는 것이 바람직하다. 물론 젊은 시절에 고전 읽기가 쉽지는 않다. 저자와 대등한 상대자로서 대화를 나누기에는 아직 체험과 숙려가 깊지 못하기 때문이다. 그럼에도 삶에 대한 욕구가 왕성하고 미지의 세계에 대한 흥미가 강렬한, 이상적 가치 추구에 지칠 줄 모르는 젊은 시절의 독서는 누구에게나 그 효과가 자못 심대하고 장구하다. 독서를 통해 우리는 과거를 조감함으로써 현재의 내 위치를 알고 미래에 실현할 나의 삶의 전형(典型)을 만나며, 우리를 둘러싸고 있는 상황의 의미를 캐고, 비교를 통해서만 비로소 포착될 수 있는 대상들과 마주치고, 다양한 가치관을 접하며, 사리분별(事理分別)력을 키우고 심미적 감성을 함양할 수 있다.

젊은 시절에 제대로 이해하지 못한 채 읽은 고전은 십중팔구 잘 기억나지 않는다. 그러나 그것은 독자의 의식 체계 어디엔가 숨어 있다가 언제라도 나타날 수 있다. 한참 더 나이가 들어 다시 그 서책을 읽게 되면, 어느 때부터 시작됐는지도 뚜렷하지 않은 자기 행동양식의 계기를 마련해준 대목들을 뜻밖에 만나는 수가 있다. 고전에는 신비한 힘이 있어서 우리가 비록 그 세세한 내용은 잊어버려도 우리 마음속 깊은 곳에 일생을 두고 자라는 씨앗을 뿌려놓는 경우가 많은 것이다. 다른 한편 나이가 충분히 들고 넓은 체험을 쌓은 후에 하는 고전 독서는 참 즐거움을 동반한다. 저자와 같은 눈높이에서 대화하면서 세상의 이치를 토론하고, 자신의 삶을 관조하는 깊은 맛을 문득문득 맛볼 수 있는 것이야말로 고전 읽기의 유혹이지 않을 수 없다. 이성(理性)과 이성의 대화, 감성(感性)과 감성의 교합(交合) — 이것보다 사람[人]과 사람을 함께하게 하는 것이 더 있겠는가! 노년의 독서는

'우리'를 나누는 자리이다.

여기 묶어 소개하는 고전들은 모두 원래 외국어로 쓰인 고전을 한국어로 번역한 것들이다. 고전 번역은 외국어로 되어 있는 인류 문화자산을 한국어로 옮겨 한국문화의 요소로 편입시키는 일이다. "고전은 원서로 읽어야 제맛을 얻을 수 있다." "번역은 반역이다." ― 흔히 이런 말들을 한다. 물론 언어에는 차이가 있으니 아무리 잘 된 번역이라 하더라도 그 과정에서 의미 변화가 생기는 것은 불가피하다. 통상 중국인은 한문 서적을 한문으로 읽고, 고대 로마인은 라틴어 서적을 라틴어로 읽었고, 독일인은 독일어 서적을 독일어로 읽는다. 그러나 한국인은 칸트의 독일어 원서를 손에 들고 읽는다 해도 그것을 보통은 한국어로 읽는다. 칸트의 한국어 번역 책만을 한국어로 읽는 것이 아니다. 원서를 읽더라도 머릿속에서 한국어로 풀이해서 읽는다면 실상은 한국어로 읽는 것이다. 그렇기에 어떤 문헌을 원어 그대로 읽는다 해도 자연언어의 낱말들은 거의 모두 다의적이기 때문에 저자의 생각이나 느낌이 독자에게 그대로 전달되는 것을 기대하기 어려울 것인데, 하물며 언어가 바뀜에서 오는 독해의 어려움은 피할 수 없는 일이다.

그러나 글은 번역되면서 어떤 의미 영역을 잃는 대신에 새로운 의미 영역을 얻음으로써 새로워지고, 번역된 언어문화의 성분이 된다. 가령 칸트의 독일어 저술 『순수이성비판』과 베르그손의 프랑스어 저술 『창조적 진화』는 한국어로 번역됨으로써 한국사상의 성분이 되는 것이다. 그것은 한문 책 『논어』나 『금강경』이 한국어로 번역됨으로써 한국사상의 성분이 되는 것과 마찬가지이다. 외국어 문헌의 한국어 번역과 독서도 '옛것을 바탕으로 새것을 만들어내는 일[法古創新]'의 한 방식이다. "나의 언어의 한계들은 나의 세계의 한계들을 의미한다." 비트겐슈타인의 이 말을 뒤집어 말하면, 수많은 외국어 고전을 한국어로 옮겨 읽는 것은 다름 아닌 한국인의 세계로의 확장, 한국적 사고의 새로운 창출을 의미한다. 그래서 본디 한국어 고전에서뿐만 아니라 번역된 외국어 고전에서도 짙은 향취를 얻을 수 있다. 새로운 말의 터득은 새로운 시야를 열어주니, 여러 나라 말로 쓰이고 한국어로 수용된 고전과 함께 새로운 세계를 거닐어보자.

아카넷에서 이번에 펴내는 '고전의 유혹' 시리즈는 독자들의 꾸준한 관심을 받고 있는 대우고전총서의 서양 고전을 선별하여 그 해제를 묶은 책이다. 각 해제의 형식은 조금씩 다르지만 사상가들의 생애를 비롯해 원전의 사상적 배경과 흐름, 주요 내용의 요약과 해설뿐만 아니라 현재적 의의 등이 담겨 있어 학계의 연구자와 서양 고전을 공부하고자 하는 일반 독자들에게 큰 도움이 될 수 있으리라 생각한다.

2015년 4월
정경재(靜敬齋)에서
백종현

차례

1. 새로운 시각 이론에 관한 시론 · 이재영 | 11

2. 도덕과 입법의 원칙에 대한 서론 · 강준호 | 43

3. 종교의 자연사 · 이태하 | 63

4. 믿음과 지식 · 황설중 | 79

5. 자연에서의 의지에 관하여 · 김미영 | 105

6. 라이프니츠와 아르노의 서신 · 이상명 | 125

7. 안티크리스트 · 박찬국 | 163

8. 의식에 직접 주어진 것들에 관한 시론 · 최화 | 195

9. 횔덜린 시의 해명 · 신상희 | 241

지은이 소개 | 272

대우고전총서

026

새로운 시각 이론에 관한 시론

조지 버클리

이재영

1. 『시각론』의 지위 문제[01]

버클리의 시각 이론은 『원리론』, 『세 대화편』, 『알키프론』 같은 그의 주요 저서에도 나타나 있지만, 체계적으로 그의 시각 이론을 볼 수 있는 것은 『시각론』과 『옹호와 설명』이다. 버클리는 『시각론』 1절에서 "내 계획은 우리가 시각으로 대상의 거리, 크기, 위치를 지각하

---

[01] 이 글은 《범한철학》 38집(범한철학회, 2005년 가을호, 239~265쪽)에 「버클리의 시각 이론」이라는 제목으로 게재한 논문을 부분적인 수정을 거쳐 실은 것이다.

는 방식을 보여주려는 것이다. 또한 시각 관념과 촉각 관념의 차이를 고찰하고, 두 감각기관에 공통인 관념이 있는지 없는지를 고찰하려는 것이다."라고 밝히고 있다. 따라서 우리는 『시각론』을 크게 네 부분으로 나눌 수 있으며, 각 부분에는 그 내용과 관련된 유명한 사례가 담겨 있다. 배로우 박사의 사례, 지평선 위의 달의 크기, 망막에 거꾸로 맺힌 상, 몰리누의 문제가 바로 그것들이다. 그 동안 버클리의 시각 이론에 관해 이루어져 온 연구는 크게 보아 이와 같은 사례들을 중심으로 한 것과 『시각론』의 지위 문제에 관한 것으로 나눌 수 있다. 『시각론』의 지위 문제란 버클리의 관념론과 어긋나 보이는 주장을 담고 있는 『시각론』을 어떻게 해석할 것인가 하는 것이다. 여기에는 그러한 주장은 버클리의 전략에 불과하며, 따라서 『시각론』을 버클리의 대표적인 저작인 『원리론』의 서론 격으로 보아야 한다는 입장과 『시각론』을 독자적인 저작으로 보고자 하는 입장이 있다. 이 두 입장을 비교 분석하고 이 논쟁이 버클리 철학에 대해 갖는 의미를 고찰해보자.

2. 『시각론』의 개요

『시각론』의 내용은 1절에서 밝힌 버클리의 계획에 따르면 크게 네 부분으로 나눌 수 있다. 2절에서 51절까지는 시각에 의해 대상의 거리를 지각하는 방식, 52절부터 87절까지는 대상의 크기를 지각하는 방식, 88절부터 120절까지는 대상의 위치를 지각하는 방식을 논하는 주요 논증으로 채워져 있다. 각 부분의 내용은 각각 당시의 이론으로는 해결할 수 없었던 실천적인 문제들로 예시되는데, 배로우 박사의 사례(거리), 지평선 위의 달(크기), 망막에 거꾸로 맺힌 상(위치)의 문제들이 그것들이다. 몰리누 문제는 이 세 부분에 골고루 등장한다(41절, 42절, 79절, 101~11절, 132~33절). 121절부터 159절까지는 시각 대상과 촉각 대상의 이질성(121~46절)을 중심으로 하여 시각에 고유한 대상의 궁극적 본성(147~48절), 기하학의 대상인 공간의 본성(149~59절)을 다루고 있다.

이 가운데 주요 주제가 모두 전개되고 있는 2절부터 51절까지가 가장 중요하다. 나머지 부분은 여기서 전개된 논증에 대한 보충과 예증으로 주로 채워져 있다. 이 부분을 세부적으로 구분해보면 우선 2절에서는 당시에 일반적으로 인정된 견해에 맞게 "거리는 직접 보이지 않는다."고 주장한다. 3절부터 7절까지는 당시의 기성 견해인 기하학적 광학 이론을 서술하고, 8절부터 15절까지는 자신이 이 이론을 거부하는 이유를 세 가지로 들고 있다. 16절부터 28절까지는 눈으로 거리를 실제로 판단하는 방식에 대해 설명하는데 눈의 변화, 현상의 혼란스러움, 눈의 긴장과 같은 것을 거리 판단의 참된 토대가 되는 감각으로 들고 있다. 29절부터 40절까지는 배로우 박사의 사례를 다루고 있고, 41절부터 51절까지는 자신의 시각 이론이 인도하는 철학적 학설이 제시된다. 따라서 『시각론』의 핵심은 2절에서 28절까지에 있으며, 41절부터 51절까지에 결론이 담겨 있다고 할 수 있다.

2절부터 28절까지를 중심으로 한 버클리의 주장은 다음과 같이 요약할 수 있다.[02]

(1) "거리는 끝 쪽이 눈을 향한 직선이어서 망막에 한 점만을 투사하며, 그 점은 거리가 더 멀거나 가깝거나 간에 항상 동일하게 남아 있다." 그러므로 "나는 거리는 저절로, 그리고 직접 보일 수 없다는 것에 모든 사람이 동의한다고 생각한다."(2절)

버클리의 요점은 대상의 거리는 보이는 것이 아니라, 시각 작용에 수반하는 어떤 감각들과 함께, 보이는 것의 특징들로부터 추론된다는 것이다. "눈으로 파악한 두 종류의 대상이 있다. 하나는 일차적이고 직접적이며, 다른 하나는 이차적이고 전자의 개입에 의한 것이다. 첫 번째 종류의 대상은 마음 바깥에 있거나 떨어져 있지도 않고, 그런 것처럼 보이지도 않는다. …… 두 번째 종류의 대상은 당연히 촉각에 속하며, 생각이 귀에 의해 시사되는 것과 비슷한 방식으로 눈에 의해 시사되는 것으로 전혀 지각되지 않는다."(50절) "우리는 외부성의 관념과 공간 관념이 시각의 직접적인 대상이라고 생각하는 경향이 크지만, 만약 내가 실수하지 않는다면 이 시론의 앞부분에서 그것을 빠르고 갑작스러운 환상의 시사에서 발생하는 단순한 착각이라고 뚜렷하게 증명했다. 환상은 거리 관념과 시각 관념을 밀접하게 연관시켜서 우리는 이성에 의해 잘못을 교정할 때까지 거리 관념 자체가 시각 고유의 직접적인 대상이라고 생각하기 쉽다."(126절) 즉 우리가 실제로 사물을 가깝거나 멀리 떨어져 있는 것으로 본다고 생각하는 것은 '단순한 착각'이라는 것이다. 사물은 떨어져 있는 것으로 직

02 G. N. A. Vesey, "Berkeley and the Man Born Blind," in *George Berkeley—Critical Assessments* Vol. 1, Ed. by W. E. Creery(London and New York: Routledge, 1991), 197~99쪽 참조.

접 지각되지 않는다. 거리는 직접 지각되는 것의 어떤 특징에 의해서 단지 '시사된다'.

(2) "그런데 2절에서 거리는 그 자체 본성으로는 지각될 수 없는 것이지만 시각에 의해 지각된다는 것이 명백하다. 그러므로 거리는 시각 작용에서 그 자체가 직접 지각되는 어떤 다른 관념에 의해서 보이게 된다는 말이 된다."(11절) 그 자체가 시각 작용에서 직접 지각되는 그 어떤 관념은 대상의 희미하고 작거나 강렬하고 큰 현상이다. 그러나 그와 같이 감각되는 것이 판단의 토대가 될 수 있는 것은 과거 경험에 비추어볼 때뿐이다. "가까운 거리에서 강렬하고 크게 나타나는 것으로 내가 경험해왔던 한 대상이 희미하고 작게 나타날 때, 나는 즉시 그것이 멀리 떨어져 있다고 결론 내린다. 그리고 이것이 경험의 결과임은 명백하다. 그 경험이 없다면 나는 희미함과 작음에서 대상의 거리에 관한 어떤 것도 추론해낼 수 없었을 것이다."(3절) 달리 말하자면 사람들의 크기가 어떤지 경험으로 알고 있는 사람에게 어떤 사람이 작게 보인다는 것은 그가 멀리 떨어져 있는 것일 뿐이라는 단서인 것이다.

(3) 3절에서 언급된 관념들은 상당히 먼 대상들의 거리 판단에 도움이 된다. 이어서 버클리는 가까운 대상들의 거리 판단은 어떻게 이루어지는지 고찰한다. 버클리는 두 가지 사실을 언급한다. 첫째, 사람은 공간적으로 분리된 두 개의 눈을 갖고 있고 시각 축선들은 대상에서 하나의 각을 이루는데, 대상이 멀리 있을수록 그 각은 더 작아진다.(4절과 5절) 둘째, 시각적 점이 멀리 있을수록 눈동자에 떨어지는 광선의 발산이 덜할 것이다.(6절과 7절) 그런데 그는 이것들이

경험이 아니라 기하학적 광학의 진리임을 지적한다. 예를 들어 우리
는 보이는 대상의 각을 스스로 보는 것은 아니다. 그러므로 그런 것
들은 판단의 토대로서 소용이 될 수 없다. "그 자체가 지각되지 않는
관념이 나에게 다른 관념을 지각하는 수단이 될 수 없다는 것은 명
백하다."(10절) 그러나 "몇몇 사람이 거리의 지각을 설명하려고 하는
선과 각은 그 자체가 전혀 지각되지 않으며, 사실 광학에 서투른 사
람은 그것들을 결코 생각하지 않는다."(12절) 그러므로 "그 각과 선
은 그 자체가 시각에 의해 지각되지 않기 때문에, 10절로부터 마음
은 각과 선에 의해서 대상의 거리를 판단하지 않는다는 결과가 나온
다."(13절)[03]

(4) "그런데 거리는 우리가 볼 때 그 자체가 지각되는 어떤 다른
관념의 매개에 의해 마음에 시사된다는 것은 이미 제시되었으므로,
이제부터는 시각에 수반하는 어떤 관념이나 감각이 있는지 탐구해야
한다. 우리는 그것에 거리 관념이 연결되고, 그것에 의해 거리 관념
이 마음에 들어오게 된다고 상정할 수도 있다."(16절)

3절에서 버클리는 우리가 먼 대상들의 거리를 판단하는 데 토대
로서 소용이 되는 직접 지각되는 것의 몇몇 특징을 언급한 바 있다.
이제 가까운 대상들의 거리 판단에 대한 설명으로서 기하학적 광학
자들의 선과 각을 거부하였으므로 그는 그 자리를 대신할 어떤 다른
것을 제시해야 한다.

---

03 그러나 버클리는 수학적 계산이 대상의 외관상 거리나 크기를 결정하는 데 유용하다
고 주장한다. 『시각론』 38, 78절. 『옹호와 설명』 58절.

버클리 자신의 이론은 세 가지 것들이 가까운 대상들의 거리 판단을 매개한다는 것이다. "첫째, 우리가 두 눈으로 가까운 대상을 볼 때 그것이 우리에게 접근하거나 우리한테서 물러섬에 따라 눈동자 사이의 간격을 줄이거나 늘림으로써 눈의 배열을 변경시킨다는 것은 경험에 의해 확실하다. 이러한 눈의 배열이나 변화는 하나의 감각을 수반하는데, 나에게는 이 경우에 그것이 더 멀거나 가까운 거리 관념을 마음에 가져다주는 것처럼 보인다."(16절) "둘째, 눈으로부터 일정한 거리에 놓여 있고 눈동자의 폭이 그것과 상당한 비례 관계를 맺고 있는 한 대상이 접근하게 되면 더 혼란스럽게 보인다. 그리고 더 가까워질수록 그것은 더 혼란스럽게 나타난다. 이것이 변함없이 그렇다는 것이 발견되면, 각기 다른 정도의 혼란스러움과 거리 사이의 습관적인 연관성이 마음속에 발생한다."(21절) "셋째, 위에 상술한 거리에 놓여 있는 한 대상이 눈에 더 가까이 온다 해도 우리는 적어도 얼마 동안은 눈을 긴장시켜서 현상이 더 혼란스러워지는 것을 막을 수도 있다. 이 경우에 그 감각은 마음이 그 대상의 거리를 판단하는 것을 도와주어서 혼란스러운 시각의 자리를 대신 차지한다."(27절)

(5) 그러나 시각에 수반하는 이러한 관념이나 감각들과 대상의 더 멀거나 가까운 거리 사이에 자연스럽거나 필연적인 연관성은 전혀 없다. 사람들은 수학에서 결론을 판단하듯이 거리를 판단하지 않는다.(24절) 눈의 배열의 감각이 주어지면 마음이 대상의 거리를 판단할 수 있는 것은 "눈의 다른 배열에 상응하는 다른 감각은 대상까지의 거리가 서로 다른 정도로 각 배열에 수반되는 것을 마음이 변함없는 경험에 의해 깨달았기 때문이다."(17절) "만약 우리가 거리의 정

도에 수반하는, 눈의 다양한 배열로부터 발생하는 어떤 감각을 끊임없이 발견하지 못했다면, 우리는 대상의 거리에 관하여 그 감각으로부터 결코 그런 갑작스러운 판단을 하지 못했을 것이다."(20절)

버클리는 이러한 주장으로부터 크게 중요한 두 가지 결론을 끌어내려 한다.

첫째, 시각의 직접적인 대상은 마음속에 있다는 것이다. 궁극적으로 지각의 모든 직접적 대상은 관념이라는 그의 관념론이 여기서는 시각의 경우에 대해 증명된다. 특히 41절에서 그는 "선천적 시각 장애인이 처음 보게 되었을 때 모든 대상이 눈 속에, 아니 마음속에 있는 것처럼 보일 것"이라고 주장한다. 그는 『시각론』의 맨 마지막, 그것도 부록의 맨 마지막 부분에서 1709년 8월 16일자 《태틀러》지에 실렸던 시각 장애인이 20년이 지나서 보게 된 사건을, 『옹호와 설명』의 맨 마지막인 71절에서 외과 의사 체슬든이 1728년에 열 서너 살 된 선천적 시각 장애인의 백내장 수술을 했던 사건을 들면서 자신의 이론이 사실과 실험에 의해 확인되었다고 주장한다.

둘째, 시각 대상과 촉각 대상은 공간적 연관성을 전혀 갖지 않는다는 것이다. 만약 그의 주장대로 모든 원초적인 시각 경험이 2차원적인 것이라면 우리는 어디서 3차원적인 대상 개념을 얻는가? 본유관념에 의존할 수 없다면 그 개념은 어떤 다른 종류의 감각 경험에서 유래해야 할 것이다. 버클리는 그 해답을 촉각 경험에서 찾았다. 거리의 직접적인 지각은 촉각적이고 육체적인 지각에서 발견될 수 있다는 것이다. 우리는 일상 언어에서 보는 것과 느끼는 것을 동일한 것으로 말한다. 그러나 버클리에 의하면 시각과 촉각의 직접적인 대상들은 온갖 종류의 방식으로 상관될 수 있지만 동일한 것일 수는 없다. 이 결론에 따르면 시각과 촉각에 드러난 세계의 일반적 구조는 상식에 의해 무비판적으로 수용되는 것과 아주 다르다.

3. 『시각론』의 지위에 관한 전통적 해석

우리는 앞에서 개관한 버클리의 시각 이론을 『원리론』에서 그대로 찾아 볼 수 있다. 버클리는 자신의 관념론에 대해 예상되는 16개의 반대 의견을 설정하고 그에 대한 대답을 하고 있는데 세 번째 반대 의견(42절)은 "우리는 현실적으로 사물을 우리의 외부에 또는 우리로부터 어떤 거리에 있는 것으로 보므로 사물은 마음 안에 존재하지 않는데 수 마일 떨어진 것으로 보이는 사물이 자신의 생각만큼이나 우리에게 가깝게 있어야 한다는 것은 불합리하다."는 것이다. 이에 대해 그는 "우리는 종종 꿈속에서 사물이 아주 멀리 떨어져서 존재하는 것으로 지각하지만 그 사물은 마음속에서만 존재하는 것으로 인정된다."고 대답한다. 이어지는 내용은 다음과 같다.

43. 그러나 이 점을 더 충분히 명료하게 하기 위해서 어떻게 우리가 시각에 의해서 거리를 지각하며, 또한 멀리 떨어져 있는 사물을 지각하느냐 하는 것을 고찰할 만한 가치가 있을 것이다. 우리가 사실상 외부 공간, 그리고 그 안에 실제로 가깝거나 멀리 존재하는 물체들을 지각한다는 것은 물체들이 마음 밖의 어느 곳에도 존재하

지 않는다고 이제까지 말한 것에 대한 반대의견인 것처럼 보이기 때문이다. 얼마 전에 출판된 나의 『시각론』을 탄생시킨 것은 바로 이 난점에 대한 고찰이었다. 거기서 다음과 같은 것을 볼 수 있다. 거리나 외부성은 결코 시각에 의해서 직접 저절로 지각되지 않으며, 그렇다고 해서 선과 각 또는 거리와 필연적 연관성을 가진 어떤 것에 의해서 파악되거나 판단되지도 않는다. 오히려 거리는 어떤 시각 관념들과 시각에 수반하는 감각들에 의해서 우리 생각에 단지 시사되는데, 이 시각 관념들과 감각들은 본성상 거리 또는 멀리 있는 사물과 전혀 유사하지 않거나 아무런 관련도 없다. 그러나 우리가 경험에 의해 배운 연관성에 의해 그 시각 관념들과 감각들은 우리에게 사물들을 의미하고 시사하게 되는데 그 방식은 어떤 언어의 낱말들이 그것들이 나타내도록 되어 있는 관념들을 시사하는 방식과 똑같다. 선천적 시각 장애인이 나중에 보게 되었을 때 첫눈에 그가 본 사물들이 그의 마음 밖에 있거나 자신으로부터 떨어져 있다고 생각하지는 않을 정도로 그 방식은 똑같다. 『시각론』 41절을 볼 것.

44. 시각 관념들과 촉각 관념들은 전혀 구별되고 이질적인 두 종을 이룬다. 전자는 후자의 표지며 징후다. 시각 고유의 대상은 마음 밖에 존재하지도 않고 외부 사물의 심상도 아니라는 것은 『시각론』에서도 보여졌다. 그 책의 도처에서 촉각 대상에 대해서는 정반대의 것이 참이라고 상정되었기는 하지만, 그것은 그러한 통속적인 잘못을 상정하는 것이 그 책에서 규정된 개념을 확립하는 데 필수적이어서가 아니라, 시각에 관한 논의에서 그러한 잘못을 검토하고

반박하는 것은 내 목적과 동떨어진 것이기 때문이었다. 따라서 엄밀하게 말해서 우리가 시각 관념에 의해서 거리와 멀리 있는 사물을 파악할 때 그 시각 관념은 실제로 떨어져서 존재하는 사물을 우리에게 시사하거나 나타내는 것이 아니라, 이러저러한 시간에 이러저러한 행동의 결과로 어떤 촉각 관념이 우리 마음에 새겨지리라고 우리에게 경고하는 것일 뿐이다. 시각 관념은 우리가 의존해 있고 우리를 지배하는 정신이 우리가 자신의 육체에 이러저러한 운동을 불러일으킬 경우 그가 어떤 촉각 관념을 우리에게 이제 막 새기려고 하는지 알려주는 언어라는 것은 본고의 앞 부분, 그리고 『시각론』의 147절과 그 밖의 다른 곳에서 말했던 것에서 명백하다고 나는 말한다. 그러나 이 점에 관해 더 충분히 알기 위해서는 『시각론』 자체를 참고할 것을 권한다.

버클리가 여기서 시사하고 있는 것은 『시각론』이 자신의 관념론에 대한 자연스러운 반대 의견에 대한 대답을 포함하고 있으며, 이 대답은 『원리론』의 관념론에 관해서는 중간 입장을 나타낸다는 점에서 형이상학적 의미를 갖는다는 것이다.[04] 이처럼 『시각론』에서 버클리는 촉각 대상은 마음의 외부에 존재하지만 시각 대상은 그렇지 않다고 가정한다. 하지만 『원리론』에서는 시각 대상과 마찬가지로 촉각 대상도 마음 안에 존재한다고 주장한다. 버클리는 이 충돌을 특별

---

04 R. Sartorius, "A Neglected Aspect of The Relationship Between Berkeley's Theory of Vision and His Immaterialism," *American Philosophical Quarterly*, vol. 6, No. 4(1969), 318쪽.

히 언급하면서 촉각 대상이 마음 외부에 존재한다는 견해를 반박하는 것이 『시각론』의 목적이 아니었다고 주장한다. 하지만 그는 '통속적 잘못이 거기서 규정된 개념을 확립하는 데 필수적이었다'고 상정해서는 안 된다고 말한다. 그는 자신이 『시각론』에서 말하고 있는 것이 『원리론』의 관념론과 모순이 없다고 주장하고 있는 것이다.

버클리 연구자들은 대체로 두 저작의 연관성을 위의 구절에 의거해서 설명하는 데 만족해왔으며 그들의 주장의 근거는 세 가지로 요약할 수 있다. 첫째, 이러한 설명은 『철학적 주석』에 의해 확증된다.[05] 루스(A. A. Luce)에 의하면 『시각론』이 출판되기 이전인 1706년 12월부터 1708년 사이에 작성된 『철학적 주석』에 이미 관념론이 충분히 다듬어져 있으며, 『원리론』에 와서야 명시적으로 소개되었다. 뿐만 아니라 『원리론』은 1710년 3월 1일에 인쇄되고 5월에 출간되었지만 그 서론은 1708년 11월, 즉 『시각론』이 출간되기 6개월 전에 준비되었다. 두 작품은 동시에 준비되었으며, 모든 증거가 『원리론』이 먼저 구상되었음을 보여준다. 다만 당시에 시각 이론에 대한 사회적 요구가 강했고, 시각의 사실이 자신의 관념론에 대해 극복하기 어려운 반대 의견이었기에 『시각론』을 먼저 출판한 것이다.[06]

---

05 A. A. Luce, *Berkeley and Malebranche—A Study in The Origin of Berkeley's Thought*(Oxford: Oxford University Press, 1934). 루스는 이 책의 2장(25~46쪽)을 시각 이론에 할당하고 여러 가지 전거를 들어 『시각론』과 『원리론』의 연관성을 예증한다.

06 워녹도 이 점에서 루스와 견해를 같이 한다. 버클리가 『시각론』을 썼던 한 가지 이유가 그 당시에 시각에 관한 저작들에 대한 관심이 팽배해 있었기 때문이라는 것이다. G. J. Warnock, *Berkeley*(London: Pelican Books, 1953). 워녹은 2장과 3장(25~59쪽)을 『시각론』 분석에 할애하고, 이 책이 1704년에 출간된 뉴턴의 『광학』과

둘째, 두 저작은 적대적이지 않고 상호보완적이며, 『시각론』이 『원리론』 때문에 필요 없는 것이 되어버리지 않았다는 것은 44절에서 버클리가 '더 충분히 알기 위해서' 『시각론』을 참고하라고 말하는 데서 분명하다.[07] 또한 버클리는 1732년에 『시각론』을 『알키프론』의 부록으로 다시 출판했으며, 그 이듬해엔 『옹호와 설명』을 출판했다. 이 소책자는 『시각론』을 요약했을 뿐만 아니라 몇 가지 새로운 논증들을 덧붙임으로써(예를 들어, 46, 51, 55~57절) 『원리론』의 형이상학에 일치시켰다. 뿐만 아니라 그가 아메리카에 있었을 때 그는 자신의 철학적 저작들의 계획과 연관성에 관해서 썼고, 그의 제자들이 그 저작들을 출판된 순서대로 읽고 서로 연관시키기를 원해서 『원리론』과 『세 대화편』과 함께 『시각론』의 사본을 그들에게 보냈다는 사실은 『시각론』이 본질적으로 그리고 태생적으로 버클리의 관념론에 없어서는 안 될 부분임을 말해준다.

셋째, 44절에서 버클리가 언급한 『시각론』의 147절은 사실상 그의 시각 이론의 결론으로 정식으로 진술된다.[08]

안경, 현미경, 망원경 같은 광학 기구의 발달에 자극을 받아 등장했다고 주장한다.

07 터베인은 44절의 "시각 고유의 대상은 마음 밖에 존재하지도 않고 외부 사물의 심상도 아니라는 것은 『시각론』에서도 보여졌다."는 구절에 주목한다. 그에 의하면 이것이 『원리론』의 입장에서 볼 때 그의 『시각론』의 두 가지 중요한 결론이다. '시각 고유의 대상은 마음 밖에 존재하지 않는다'는 결론은 상식인들의 반대 의견에 대답하기 위해서 의도된 것이며, '시각 고유의 대상은 외부 사물의 심상이 아니다'는 결론은 당시의 기하학적 광학 이론가들과 철학자들의 이론(표상적 실재론)을 반박하기 위해서 의도된 것이다. C. M. Turbayne, "Berkeley and Molyneux on Retinal Images," *Critical Assessments*, 155쪽.

08 『시각론』이 철학적 논고라기보다는 광학에 기여한 책으로서만 읽혀 온 것은 사실이다. 그의 시각 이론을 『원리론』의 비물질주의를 지지하는 철학적인 논증으로 보

147. 전체적으로 보아 나는 우리가 시각 고유의 대상은 조물주의 하나의 보편적인 언어를 구성한다고 정당하게 결론 내리리라고 생각한다. 우리는 이 언어에 의해서 우리 몸의 보존과 안녕에 필수적인 것을 얻기 위해서, 마찬가지로 우리 몸에 고통을 주고 해를 끼치는 것은 무엇이든지 피하기 위해서 우리 행동을 규제하는 방법을 배운다. 우리가 시각 고유의 대상에서 얻는 정보가 주로 우리 삶의 모든 업무와 관심사를 인도한다. 그리고 시각 고유의 대상이 떨어져 있는 대상을 우리에게 의미하고 표시하는 방식은 사람이 약속한 언어와 기호의 방식과 동일한데, 이 언어와 기호는 자연의 유사성이나 동일성에 의해서 의미되는 사물을 시사하는 것이 아니라, 우리가 경험에 의해 사물들 사이에서 관찰해온 습관적인 연관성에 의해서만 의미되는 사물을 시사한다.

신의 시각적 언어라는 학설은 『시각론』의 주된 형이상학적 귀결로서 『원리론』에 인계되어서 다른 감각기관들의 대상으로 확대되며 (예를 들어, 44, 65~66, 108절), 신의 감각적 언어의 형태로 두 책이 훌륭하게 연결된다. 이 학설은 『알키프론』의 네 번째 대화편 14절부터 나시 한 번 뚜렷하게 표현되어서 『알키프론』과 그 부록인 『시각론』을

게 한 것은 터베인이다. 그는 버클리의 목적이 시각 경험이 언어의 본성에 관한 것임을 보여주려는 것이었으며 147절을 결론으로 제시한다고 주장한다. C. M. Turbayne, *Works on Vision : George Berkeley*(Indianapolis: Bobbes-Merrill, 1963), Commentary, vii~xiv.

연결시킨다.[09]

　『원리론』에서는 시각 관념과 촉각 관념의 이질성에 대한 주장과 거리의 부정이 그 효력을 많이 잃게 된다. 버클리에게 시각적인 것과 촉각적인 것은 모두 관념으로서 동일한 유에 속하며 마음속에서 비슷하므로 엄밀하게 이질적이 아니다. 일단 감각적 사물이 '관념의 집합'으로 정의되면 이질성의 원래 학설은 그 효력과 핵심을 잃게 된다. 시각적인 것과 촉각적인 것은 사물 안에서 똑같은 토대 위에 있음에 틀림없으며, 그것들 사이에 종류의 형이상학적 구별은 유지될 수 없다. 마찬가지로 거리의 부정도 『원리론』에서는 중요치 않은 위치를 차지한다. 『시각론』에서는 촉각적 사물이 절대적 거리의 기준이며 유형이고 보증으로서 배경에 있으며, 버클리는 말하자면 밖에서 기다리고 있는 촉각적인 것을 갖고 있다는 이유만으로 색깔이 눈으로부터 떨어져 있다는 것을 부정할 수 있다. 그러나 버클리의 궁극적인 철학에서는 이 구별이 사라졌으며, 그것과 함께 거리에 관한 원래의 물음은 사실상 사라진다. 『원리론』에서는 절대적이고 물질적인 거리는 부정되지만, 상대적이고 감각적인 거리는 여러 차례 긍정되며 사물들도 심지어 외적(58, 90, 112~13, 116절 참조)이라고 불린다. 감각적 대상들은 서로 그리고 관찰자의 몸에서 떨어져 있을 수도 있지만 모두 마찬가지로 마음이나 마음의 영역 안에 있다. 즉 지각되거나 지각될 수 있다.

---

09 『시각론』의 편집자 서론, 153쪽

4.『시각론』의 독자성에 관한 논쟁

1) 암스트롱의 견해

루스에 의하면 『시각론』에서 자신의 관념론을 부분적으로 밝히고 부분적으로 은폐한 것은 관념론이 모르는 사이에 스며들기를 희망하는 버클리의 전략이었고, 그 당시에 그의 전략은 상당한 성과를 거두었다. 볼테르와 프랑스 유물론자들을 비롯해서 반대 학파의 사상가들이 그의 시각 이론을 대부분 받아들였다.[10] 대부분의 버클리 연구자들이 동의하며 반론의 여지가 거의 없어 보이는 이러한 견해에 대해 예외적으로 『시각론』과 『원리론』의 연관성을 부정한 사람은 암스트롱이다. 그는 『시각론』의 41절부터 51절까지에 나타나는 두 가지 결론에 주목한다. '시각의 직접적인 대상은 마음속에 있다'는 첫 번째 결론과 '시각 대상과 촉각 대상은 공간적 연관성을 전혀 갖지 않는다'는 두 번째 결론의 토대는 당연히 "거리는 저절로 직접 보일 수는 없다."는 전제다. 그의 논거는 간단하다. 첫 번째 결론은 전제로부터 타당하게 도출되지 않으며 『시각론』은 버클리의 관념론을 지지하지 않으므로 『시각론』을 『원리론』의 중간 거점으로 보는 해석은 그만두어야 한다. 반면에 두 번째 결론은 전제에서 도출되므로 『시각론』의 주된 주제는 시각 관념과 촉각 관념의 이질성, 즉 시각 기관과 촉각 기관에 드러난 실재의 일반적 구조가 이질적이라는 견해다.[11]

---

10 같은 책, 150쪽.

11 D. M. Armstrong, *Berkeley's Theory of Vision*(Victoria: Melbourne University Press, 1960), introduction xi.

암스트롱에 따르면 전제에서 첫 번째 결론을 조금이라도 보장해 주는 것은 없다. 설령 전제가 사실이라 해도 우리가 시각에 의해 거리를 직접 지각할 수 없다는 사실이 왜 우리가 시각에 의해 직접 지각하는 것이 마음속에 있다는 것을 보여주어야 하는가? 암스트롱은 버클리가 자신의 이론을 확증하는 사례로서 든 41절에서 "선천적 시각 장애인이 처음 보게 되었을 때 모든 대상이 눈 속에, 아니 마음속에 있는 것처럼 보일 것"이라고 주장한 것이 그의 잘못을 단적으로 드러낸다고 주장한다. 버클리는 무의식적으로 망막을 시각의 직접적인 대상으로 생각하고 있다는 것이다.[12] 그렇게 되면 시각의 직접적인 대상이 '우리 몸 속에' 있다는 의미에서 '우리 안에' 있음을 뜻하게 되며, '우리 안'의 의미가 무의식적으로 전이하여 '우리 마음속'을 의미하는 것으로 된다. 물론 만약 버클리가 자신이 가정하는 것, 즉 '시각의 직접적인 대상은 관념'이라는 것을 증명한다면 첫 번째 결론은 도출될 것이다. 그러나 그 때에도 거리가 직접 보일 수 있는가 없는가 하는 물음은 이 결론과 전혀 관계가 없다. 시각 관념, 즉 시각적인 감각 인상은 그것이 2차원적인 것이든 3차원적인 것이든 관계없이 본성상 마음속에 있을 것이기 때문이다.

반면에 '시각의 직접적인 대상은 2차원적이고, 촉각의 직접적인 대상은 3차원적'이라는 결론은 전제의 필연적 귀결이다. 루스도 『시각론』에서 버클리의 새로운 이론으로 분류하기에 가장 적합한 주

---

12 D. M. Armstrong(ed.), *Berkeley's Philosophical Writings*(New York: Macmillan Publishing Co., 1965), 31쪽.

장을 하고 있는 부분은 지각 판단의 매개체에 관한 분석과 그 분석의 토대가 되고 있는 시각 대상과 촉각 대상에 관한 구별임을 인정한다.[13] 『시각론』은 시각 대상과 촉각 대상에 전혀 다른 지위를 부여한다. 시각 대상은 마음속에 있지만 촉각 대상은 독자에게 마음의 외부, 즉 물질 속에 있다고 추측하게 하며, 예를 들어 55절을 비롯한 여러 구절[14]에서 실제로 그렇게 말하고 있다.

55. 마음 바깥에, 그리고 떨어져서 존재하는 대상의 크기는 항상 변함없이 동일하게 지속된다. 그러나 시각 대상은 당신이 촉각 대상에 접근하거나, 그것에서 물러섬에 따라 여전히 변화하며, 고정되고 일정한 크기를 갖지 않는다. 그러므로 우리가 어떤 것, 예를 들어 나무나 집의 크기를 말할 때마다 우리는 촉각적 크기의 뜻으로 말해야만 한다. 그렇지 않다면 한결같고 그것에 관해 말할 때 애매함이 없는 어떤 것도 결코 있을 수 없다. 그러나 촉각적 크기와 시각적 크기는 사실상 별개의 두 대상에 속하기는 하지만, 나는 (특별히 그 대상들이 동일한 이름으로 불리며, 공존하는 것으로 관찰되기 때문에) 장황하고 기묘한 말을 피하기 위해서 때때로 그것들을 동일한 사물에 속하는 것으로 말할 것이다.

이와 같이 『시각론』의 주된 학설인 '거리는 결코 직접 보이지 않

13 『시각론』의 편집자 서론, 148쪽.

14 46, 64, 77, 78, 82, 88, 99, 117, 155절. 『옹호와 설명』 41절에서는 시각 대상과 촉각 대상의 이질성이 자신의 시각 이론의 '주된 부분이며 기둥'이라고 표현한다.

는다'는 견해와 이 견해가 함축하는 '시각 대상과 촉각 대상의 이질성'은 관념론에 대해서 논리적으로 무관하다. 그러나 암스트롱이 버클리의 결론에 동의하는 것은 아니다. 그는 버클리의 논증이 타당하다 해도 그의 결론은 그의 전제가 훌륭한 만큼만 훌륭하다고 주장한다. 만약 우리가 전제를 거부해서 거리가 시각에 의해 직접 지각된다고 인정하면, 우리는 동일한 것을 보고 만진다는 견해로 되돌아갈 수 있다는 것이다. 그는 소리, 맛, 냄새에 대한 흄의 견해[15]가 시각에 관한 버클리의 견해의 연장선상에 있으며, 자신은 버클리와 흄의 현상론적 분석에 동의할 수 없다고 주장한다. 그의 결론은 촉각적 성질뿐만 아니라 소리와 맛과 냄새 같은 성질도 시각의 직접적인 대상과 공간적으로 연관되어 있고, 우리가 실제로 이 관계를 지각한다는 것이다. 결론은 달리 하지만 그는 『시각론』이 감관의 본성에 드러난 실재의 본성에 대해 일반적으로 기술하는 데 중요한 역할을 했음을 인정한다. 어쨌든 암스트롱에 의해서 『시각론』을 독자적인 저작으로 보고자 하는 새로운 시도가 이루어졌음은 분명한 사실이다.

2) 버만의 견해

명백히 실재론자의 입장에서 비판[16]한 암스트롱의 견해에 대해

---

15 공간과 연장 개념은 시각과 촉각에서만 유래하며, 소리, 맛, 냄새는 시간적으로 존재하지만 공간 안에는 있을 수 없다. D. Hume, *A Treatise of Human Nature*(1739), ed. L. A. Selby—Bigge(Oxford: Oxford University Press, 1980) 1, 4, 5(of the immateriality of the soul), 232~251쪽.

16 암스트롱이 다른 연구자들과 달리 기하학적 광학에 대한 버클리의 논증이 전적으로 불만족스럽다고 비판한 것에서 짐작할 수 있다. Armstrong(1960), 22쪽.

버만은 전통적 해석으로 되돌아간다. 그에 의하면 『시각론』에는 또 하나의 전략이 있다.[17] 2절에서 "거리는 직접 보일 수 없다."고 주장하면서 11절과 18절에서 기하학적 광학에 반대하는 자신의 논증을 위해 이 전제를 명백히 사용한다는 것이다. 버클리의 논증은 다음과 같다.

① 우리는 대상이 떨어져 있음을 직접 보지 못한다.(2절)

② 우리가 거리를 판단하는 수단 자체는 지각되어야 한다.(10~12절)

③ 그러나 우리는 투사된 선이나 각을 지각하지 못한다.

④ 그러므로 우리는 본유적인 기하학에 의해 거리를 판단하지 않는다.

여기서 지적해야 할 점은 버클리는 ①을 "모든 사람이 동의한다."고 정당화를 할 자격이 없다는 것이다. 버클리 당시의 독자들은 망막을 마음 외부에 존재하는 육체의 일부라고 이해했음에 틀림없기 때문이다. 문제가 되는 것은 투사된 선, 점, 망막이 도대체 무엇인가 하는 것이다. 그것들은 시각적인가 촉각적인가? 그것들이 시각적이라는 것은 『시각론』의 핵심 주제에 위배된다. 모든 시각적 자료가 마음 의존적이라면 어떻게 외부 대상으로부터 시각적 망막에서 지각되는 시각적 점까지 투사된 시각적 선이 있을 수 있는가? 시각적 선과 망막 위의 점은 마음과 관계없이 외부에 있을 것이다. 그렇다고 해서

---

17 D. Berman, *George Berkeley—Idealism and the Man*(Oxford: Clarendon Press, 1994), 23~26쪽.

버클리가 그 점들이 촉각적이라고 이치에 맞게 주장할 수도 없다. 그렇게 되면 우리는 망막 위의 촉각적 점을 직접 본다고 말해야 될 텐데 이것은 그가 이미 불합리하다고 밝힌 바 있다. 따라서 여기서 또 버클리는 자신의 학설을 주의 깊게 조화시키는 전략적인 방식으로 도입하고 있는 것이다. 그는 자신이 이처럼 전략적으로 『시각론』을 조화시켰다는 것을 『옹호와 설명』에서 밝히고 있다.

35. 엄격한 의미에서는 참이 아니지만 단지 대중이 받아들이고 참이라고 인정한 다양한 것을 참인 것으로 인정하는 광학 저술가들의 길들여진 문체로 시작하는 것은 불가피하지는 않다 해도 적절한 것처럼 보였습니다. 우리 마음속에는 시각 관념과 촉각 관념 사이에 오래되고 밀접한 연관성이 있어 왔습니다. 따라서 우리는 그것들을 하나로 여깁니다. 이 선입관이 삶의 목적에 충분히 잘 어울리고 언어는 이 선입관에 어울립니다. 학문과 사색의 작업은 가장 밀접한 연관성이 꼬인 것을 풀고, 혼란스럽고 골치 아픈 대신에 서로 다른 것을 구별하며, 우리에게 뚜렷한 견해를 제시하고, 점차 우리 판단을 바로잡으며, 판단을 철학적인 정확함으로 환원함으로써 우리의 선입관과 잘못을 해명하는 것입니다. 그리고 이 작업은 시간이 걸리는 작업이며 차차 이루어지므로 쉬운 말을 쓰려는 유혹을 피하고, 엄밀하게 말해서 사물을 참되게 말하지도 않고 일관되게 말하지도 않음으로써 현혹되는 것에서 벗어나는 것은 설령 가능하다 해도 극도로 어렵습니다. 그렇기 때문에 독자는 사고력과 허심탄회함을 더 특별히 필수적으로 갖추어야 합니다. 언어는 사

| 새로운 시각 이론에 관한 시론

람들의 예지와 삶의 용도에 순응하기 때문에 그 안에서 사물의 용도와는 아주 멀고 우리 예지와는 아주 반대되는 사물의 정확한 진실을 표현하기는 어렵기 때문입니다.

이처럼 버클리는『시각론』에서 적어도 두 번의 통속적인 잘못을 활용하고 있다. 버만은 이 통속적인 잘못을『원리론』51절의 "우리는 식자와 더불어 생각하고, 대중과 더불어 말해야 한다."(We ought to think with the learned, and speak with the vulgar.)는 구절과 연결시키고, 버클리의 전략의 구성 요소를 세 가지로 제시한다.

첫째, 처음에는 자신이 동의하지 않는 신념에 동의하는 것처럼 보이게 한다.

둘째, 그 신념의 잘못된 언어를 사용한다.

셋째, 잘못된 신념을 점차 수정해나감으로써 올바른 신념이 독자에게 모르는 사이에 스며들어가게 할 수 있다.

버만은『시각론』의 통속적 잘못이『원리론』에서 수정되었다고 함으로써 전자를 후자의 서론 격으로 여기는 전통적 해석으로 되돌아갔을 뿐만 아니라, 통속적 잘못을 한 군데 더 지적함으로써 전통적 해석을 강화하는 결과를 낳았다.

3) 애서튼의 견해

애서튼에 의하면 우리는『시각론』을『원리론』의 형이상학의 예비서가 아니라 시각 이론의 문제를 해결하려는 적극적 프로그램에 바쳐진 것으로 이해해야 한다. 그렇게 이해할 때『시각론』이후의 그의 계획도 새롭게 조명하게 되고, 이제까지 상정되어 왔듯이 그의 형이상학이 기이하고 오도된 것이 아님을 볼 수 있을 것이다. 그는 먼저 전통적 해석의 문제점을 다음과 같이 지적한다.[18]

첫째, 암스트롱을 비롯한 대부분의 버클리 연구자들은 크기와 위치에 관한 그의 주장을 경시하고 『시각론』을 오직 거리의 지각에 관한 것으로 여겼다. 즉 『시각론』을 쓴 버클리의 목적을 '거리는 직접 지각되지 않으므로 흔히 생각하듯이 우리는 사물이 떨어져 있다고 보지 않으며, 따라서 시각 대상은 마음 외부에 존재하지 않는다는 것을 보여주려는 것'으로 여김으로써 『시각론』을 쓴 동기가 관념론과 직결된다고 주장했다. 이 주장을 지지하기 위해 그들은 『시각론』에서 버클리가 목적을 언급한 것에 주목하지 않고, 『원리론』 43절에서 『시각론』을 쓴 이유를 언급한 것에 주목했다. 43절에 따르면 버클리의 표적은 '우리가 거리, 그리고 우리한테서 떨어져 있으며 보이기를 기다리는 대상을 직접 지각한다'는 상식적 견해다.

둘째, 이런 식으로 이해하면 버클리는 '거리의 지각은 마음속에 있다'는 주장을 옹호하는 데 일차적인 관심이 있는 것이 되고, 그의 증명은 '외부에 있는 것은 무엇이든지 마음속에 존재할 수 없고, 마음속에 있는 것은 무엇이든 외부에 있을 수 없다'는 부적당한 가정에 매달리게 된다. 그래서 '거리는 마음속에 있다'는 그의 증명은 '거리는 직접 지각되지 않는다', 즉 '거리는 외부에 있지 않다'는 것을 보여줌으로써 진행되는 것으로 상정된다. 나아가 그는 만약 거리가 직접

---

18 M. Atherton, *Berkeley's Revolution in Vision*, 9~13쪽.

| 새로운 시각 이론에 관한 시론

지각된다면 거리는 외부에 있을 것이고, 따라서 마음속에 있지 않다고 상상하는 것으로 가정되어야 한다. 즉 버클리는 '대상이 직접 지각됨'과 '대상이 외부에 있음'을 동일시하는 것으로 여겨져야 한다.

셋째, 위의 두 견해에 따르면 버클리가 공격하고 있는 것으로 상정되는 것은 '거리는 직접 지각된다는 주장'과 동일시되는 상식적 견해다. 그러나 이러한 동일시함이 옳든 그르든 간에 이것은 버클리가 『시각론』에서 제시하는 입장이 결코 아니다. 그는 2절에서 "거리가 직접 지각되지 않는다는 것에 모든 사람이 동의한다."고 말하고 있기 때문이다. 여기서 버클리는 나중에 『원리론』에서 그 견해를 반박하기 위해서 『시각론』을 썼다고 말하고 있는 견해(거리는 직접 지각된다)를 아무도 지지하지 않는다는 이유로 명백히 문제 삼지 않는 이상한 입장에 도달한 것처럼 보인다.

애서튼은 이 세 가지 문제점을 다음과 같이 분석한다.

첫째, 버클리는 『시각론』에서 '어떻게 우리가 거리를 보지 못하는가, 또는 거리를 본다는 것이 얼마나 착각인가 하는 것을 보여주려 한다'고 말하지 않는다. 오히려 그는 '거리는 직접 보이지는 않지만 어떻게 우리가 거리를 보는가 하는 것을 보여주려 한다'고 말한다. 『시각론』 1절에서 '우리는 눈으로 거리를 판단한다', '사물은 우리로부터 떨어져 있는 것처럼 보인다'는 것 이외에 다른 것을 그가 생각하고 있음을 시사하는 것은 아무것도 없다.

둘째, 『원리론』 42절을 보면 버클리는 사물이 떨어져 있는 것처럼 보인다는 주장이 지각된 거리가 마음속에 있지 않다고 상정할 이유가 된다고 생각하고 있지는 않다. 즉 그가 만약 무엇인가 직접 지각된다면 그것은 마음속에 있지 않다고 생각했으리라고 상상하기는 어렵다. 버클리에 의하면 빛과 색깔은 의심의 여지없이 직접 지각되는 명료한 경우다. 그러나 그는 어디서도 빛과 색깔의 직접적인 지각을 그것들이 보이는 바로 그곳에 있다, 즉 마음 외적인 존재를 갖는다고 상정할 이유로 여기지 않는다. 따라서 거리도 빛과 색깔처럼 우리가 보는 것이라면, 거리의 지각은 색깔의 지각처럼 우리의 감각 체계에 의존하며, 마음 의존성을 반영하고, 마음속에 있을 것이며, 아마도 외부에 있지 않을 것이다. 버클리가 직접적인 지각과 간접적인 지각의 구별을 외부성과 내부성의 구별과 동일시해서 거리 지각이 직접적이지 않다는 주장이 거리는 외부에 있지 않다는 주장이 될 수 있다고 상정했다고 보기는 어렵다.

셋째, 전통적 해석이 이상한 입장에 도달한 것은 『시각론』을 상식적 견해에 반대하는 것으로 읽으려 했던 것에서 비롯한다. 그러나 버클리가 "모든 사람이 동의한다."고 말할 때 그가 염두에 둔 것은 대중들이 아니라 기하학적 광학 이론가들이었다. 『시각론』의 진의를 이해하기 어렵게 했던 것은 실제로 다른 곳을 향하고 있는 논증을 상식적 견해에 대한 공격이라고 억지로 갖다 붙이려는 시도에서 발생했다. 결국 『시각론』과 『원리론』 사이의 불일치는 『원리론』 43절이 불러일으킨 상식적 견해에 대한 공격이라는 해석을 『시각론』에 잘못 부과한 데서 발생한 것이다.

여기서 애서튼은 전통적 해석과 달리 『시각론』을 통해서 『원리론』을 볼 것을 제안한다. 두 저작 사이에 불일치가 있고 그것을 버클리의 전략이라고 여긴 것은 『원리론』을 통해서 『시각론』을 보았기 때

| 새로운 시각 이론에 관한 시론

문이다. 이제 거꾸로 『시각론』을 통해서 『원리론』을 보면 그러한 문제점은 사라지게 될 것이다. 『시각론』 1절에 나타난 버클리의 관심사는 시각과 촉각에 의해 동일한 관념을 얻고 동일한 것을 배울 수 있다고 상정하는 사람들의 잘못을 교정하려는 것이다. 버클리는 『시각론』에서 우리가 보는 사물이 마음속에 있는지 마음 외부에 있는지 묻지 않는다. 오히려 그는 우리가 보는 것이 마음과 독립적이고 외적으로 존재하는 대상의 존재를 전제한다고 가정하는 공간 지각 이론에 관심이 있다. 이러한 공간 지각 이론에 『원리론』에서 반대하는 상식적 견해가 있으며, 또한 『시각론』의 표적인 기하학적 광학 이론이 있다. 버클리는 마음과 독립적인 대상에 대한 믿음을 고취시키는 기하학적 광학을 반박하지만, '거리는 직접 보이지 않는다', 즉 '우리는 대상을 시각에 의해 직접 지각하지 못한다'는 견해를 기하학적 광학 이론가들과 공유한다. 양자의 차이는 시각 관념이 무엇을 표상하느냐 하는 설명에 있다. 기하학적 광학 이론가들은 시각 관념이 마음과 독립적인 외부 대상의 표상이라고 주장한다. 우리가 본다는 것은 시각 관념과 외부 대상 사이에 성립하는 필연적이거나 유사한 연관성의 결과며 그것에 의존하므로 우리는 보는 것을 배우지 않는다. 그는 이러한 연관성을 부정하고 시각 관념은 그것과 습관적으로 연합되는 촉각 관념을 시사한다고 주장한다. 우리는 어떤 시각 관념과 어떤 촉각 관념이 연합하는지 경험에 의해 배우면 된다. 마음 의존적인 관념과 마음과 독립적인 대상의 관계를 따질 필요가 없는 것이다. 사물이 멀거나 가깝게 보이는 이유는 사물이 보이는 방식이 내가 마음속에 가졌던 촉각적이고 운동 감각적인 경험과 연관되기 때문이다. 촉각에 의한 거리 지각은 운동 감각과 촉각 수단에 의존하므로 지각자와 상관된다. 이처럼 『시각론』의 관심은 시각 대상의 비지각적 원인에 대한 모든 담론을 촉각 대상의 담론으로 대체해야 한다는 것이다. 『시각론』의 논증도 시각적 성질 자체의 지위가 아니라 시각적 성질이 비시각적인 것을 표상하는 방식에 관한 것이다.

이를 위해 버클리는 시각 관념을 기호로 보고 촉각 관념을 그것의 의미로 보는 일종의 언어 모델을 도입한다.[19] 시각 관념은 비경험적인 것을 계산하는 수단이 아니라 촉각 관념의 기호며, 이 기호는 그것이 의미하는 촉각 관념과 필연적인 연관성을 갖거나 동일한 것으로 상정되지 않는다. 시각 관념은 우리가 쓰거나 말하는 소리가 그것과 임의적이지만 습관적으로 연합된 의미를 마음에 가져오는 방식으로 촉각 관념을 마음에 가져오며, 시각 경험의 의미는 언어와 마찬가지로 배워야 한다. 여기서 언어 유비의 핵심은 시각 관념과 촉각 관념의 이질성이다. 양자는 전혀 다르므로 그 연관성은 습관적인 경험에 의해서만 산출된다. 그런데 만약 암스트롱처럼 이 이질성을 시각 대상은 마음 안에 있고 촉각 대상은 마음 외부에 있는 것으로 여긴다면 『시각론』과 『원리론』 사이에는 심각한 불일치가 있게 된다. 이 입장은 버클리가 『원리론』에서는 촉각 대상을 마음 의존적으로 보는 반면에 『시각론』에서는 마음과 독립적인 것으로 본다고 단정할 때

---

19 기본적으로 기하학적 광학 이론가들과 데카르트주의자들은 공통적으로 감각에 대해 회의적이다. 버클리는 감각에 대한 회의주의를 언어를 모델로 한 관념 연합 이론으로 대체하려는 적극적 프로그램을 제시하는 것으로 보아야 한다. 같은 책, 236~40쪽.

성립한다. 그러나 『시각론』에서도 촉각 대상은 마음 의존적이다. 버클리가 말하는 시각 대상과 촉각 대상의 이질성은 상호간에 공통 내용이 없다는 것이며, 두 대상이 마음과 독립해 있는 외부 사물에 수렴하는 것으로 보는 것은 그가 반대했던 상식적 견해와 기하학적 광학 이론으로 되돌아가는 것이다.

따라서 『원리론』에서 부정되는 마음과 독립적인 존재가 『시각론』에서 인정되는 것은 아니다. 버클리가 언급하는 통속적 잘못이 두 저작의 심각한 불일치를 형성하지도 않는다. 촉각 대상의 지각자 의존성은 『시각론』에서 도출되는 쓸모 있는 결론이다. 그러므로 두 저작 사이에 불일치는 없다. 『시각론』은 유물론을 인정하는 것이 아니라, 촉각 대상을 도입해서 기존의 광학을 재구성함으로써 유물론에 반대하는 『원리론』의 궁극적인 논증을 향한 첫걸음을 내딛는 것이다. 『시각론』의 핵심은 시각 경험에 관한 이론, 즉 관념론이 아니라 시각적 표상론(theory of visual representation), 즉 비물질주의다.[20] 버클리가 『시각론』뿐만 아니라 『원리론』을 비롯한 그 후의 저작들에서도 감각적 대상의 본성(감각적 대상은 마음속에 있다)보다는 감각적 표상의 본성에 관해서 묻는 것이라고 볼 때 버클리 철학을 새롭게 해석할 수

---

20 버클리에서 직접 지각하는 것을 토대로 간접적으로 지각하게 되는 것은 마음과 독립적인 물질의 표상이 아닌 다른 감각 관념이다. 존재하는 것을 지각하는 방식은 지각자의 주관적 경험이라는 사실을 반영해야 한다는 설명은 상식과 충돌하지 않는다. 직접적인 지각 대상에 관한 주장(관념론)이 간접적인 지각 대상에 관한 주장(비물질주의)이라고 상정될 때 비상식적인 것이 된다. 같은 책, 234~35쪽. 우리는 여기서 애서튼이 시각적 표상론이라는 용어를 끌어 들여 관념론과 비물질주의를 다른 의미로 사용해서 『시각론』의 첫 번째 결론을 관념론적인 것으로, 두 번째 결론을 비물질주의적인 것으로 보고 있음을 알 수 있다.

있을 것이다. 『시각론』에서 시각 관념과 촉각 관념의 연합에 의해서 사물의 공간적 특성을 배운 것이라면, 『원리론』에서 사물의 본성을 더 배우는 것은 관념들의 연합이 확장되는 것, 즉 우리가 자연 법칙이라고 부르는 일반화에 의해서다.

5. 맺음말

『시각론』을 『원리론』의 관념론으로 가는 길목의 중간 거점으로 보는 전통적 해석은 버클리 연구자들이 버클리가 『원리론』 43절에서 『시각론』을 쓴 이유를 언급한 것에 주목한 데서 비롯한 것이었다. 전통적 해석은 『시각론』의 두 가지 결론 중 '시각의 직접적인 대상은 마음속에 있다'는 첫 번째 결론(상식에 반대하는 관념론)을 지지하며, '시각 관념과 촉각 관념의 이질성'이라는 두 번째 결론(기하학적 광학 이론에 반대하는 비물질주의)은 소위 통속적인 잘못으로서 『시각론』과 『원리론』이 불일치하는 것처럼 보이게 하지만, 사실상 버클리의 관념론을 효과적으로 받아들이게 하려는 일종의 전략이었다고 주장한다. 암스트롱은 『시각론』의 진정한 결론은 두 번째 것이며, 두 저작 사이의 불일치를 『시각론』의 독자성을 나타내는 것으로 여김으로써 『시각론』의 지위에 관한 논쟁에 불을 붙였다. 이에 대해 버만은 전통적 해석을 강화하는 입장으로 되돌아갔다. 애서튼은 두 저작 사이의 불일치 문제는 근본적으로 『원리론』을 통해서 『시각론』을 보았기 때문에 발생한 것으로 여기고, 아예 관점을 달리해서 『시각론』을 통해서 『원

| 새로운 시각 이론에 관한 시론

리론』을 볼 것을 제안한다. 그가 두 번째 결론에 비중을 둔 것은 암스트롱의 영향에 의한 것이지만, 그는 명백히 실재론적인 입장으로 보이는 암스트롱의 견해에 동의하지 않는다. 그는 시각적 세계를 조물주의 하나의 보편적 언어로 보는 것을 『시각론』의 결론으로 여기는 전통적 해석을 이어받아 시각 관념과 촉각 관념의 이질성을 설명함으로써 두 저작 사이의 불일치 자체를 부정해버린다. 그럼으로써 『원리론』이 아니라 『시각론』을 기준으로 해서 버클리 철학의 일관성을 해석하려는 새로운 관점을 제시한다. 버클리의 철학을 상식에 반대하는 관념론으로서보다는 기하학적 광학 이론에 반대하는 비물질주의로 해석할 때 그의 저작들의 관계는 밀접하게 보일 것이며, 그의 철학을 상식과 크게 모순이 되지 않는 것으로 여기게 하리라는 것이다.

결론적으로 암스트롱에 의해 촉발된 『시각론』의 지위에 관한 논쟁은 그 동안 등한시되어 온 『시각론』을 버클리 철학 연구의 중심에 놓이게 했고, 그의 철학을 시각적 표상론으로 새롭게 해석하게 했다는 의의를 갖는다. 아울러 『시각론』을 성공적인 시각 이론으로 보려는 애서튼의 시도는 슈워츠(Schwartz)에게 그대로 이어져서 버클리 시각 이론의 형이상학적이고 인식론적인 함축에 관해서보다는 시각 이론의 발전에 버클리가 실제로 공헌한 것을 적극적으로 고찰하게 했다. 그 결과 버클리의 시각 이론은 당시의 최고 과학의 부분이었을 뿐만 아니라 현대 저작에도 상당한 영향력을 행사해온 광학, 감각 생리학, 심적 과정, 학습에 관한 견해에 의거한 것이었음을 밝혀냈다.[21]

---

21 R. Schwartz, *Vision—Variations on Some Berkeleian Themes*(Blackwell Publish-

현대 시각 이론에서 논의되고 있는 주제들을 이해하는 데 중요하다는 점에서 『시각론』은 지속적인 탐구 대상이 될 것이다.

ers, 1994), 7쪽.

41 | 새로운 시각 이론에 관한 시론

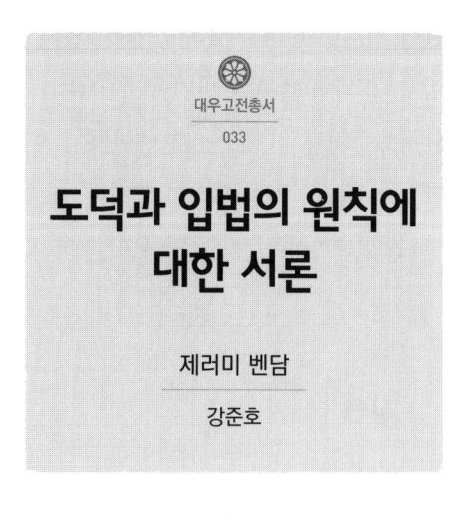

대우고전총서
033

도덕과 입법의 원칙에 대한 서론

제러미 벤담

강준호

1. 『도덕과 입법의 원칙에 대한 서론』과 벤담의 사상

지난 두 세기, 숱한 모욕적 비난과 도덕 이론으로서의 심각한 자격 논란 속에서도 공리주의는 꿋꿋이 살아남았다. 흘러간 윤리학사의 편린이나 철학사가들의 디저트가 아니라, 생생한 도덕적 논쟁의 뼈대와 앙트레로 남아 있다. 그렇기에 상투적인 말로 '철학적 공리주의의 아버지'라고 불리는 벤담(Jeremy Bentham)의 주저 『도덕과 입법의 원칙에 대한 서론』(이하 『서론』)은 당당히 고전의 반열에 올랐다.[01] 그러나 우리나라에서 『서론』은 그의 후계자인 밀(J. S. Mill)의 저서들에 비하여 영 찬밥 신세를 면하지 못하고 있다. 밀의 주요 저서들이 차근차근 한글로 번역되어 출판된 반면, 『서론』은 시도조차 기약이 없다. 우리나라 사람들처럼 원조(元祖)를 좋아하는 사람들이 어째서 『서론』에 대해선 이리 냉담한지 이해하기 어렵다. 이제 그 냉담의 원인을 짚어보고 원조의 진면목을 살짝 들춰보고자 한다.

2. 미완성 교향곡

1748년 2월 15일 런던의 부유한 법조계 집안의 아들로 태어나 1832년 6월 6일 런던에서 쓸쓸히 생을 마감하는 순간, 벤담은 무려 7만여 장에 달하는 법률 및 관련 주제들에 관한 원고에 둘러싸여 있었다. 공리주의를 설파하기 위하여 유럽 각국을 돌아다니고 유력 인사와 추종자를 관리하기 위하여 다리품을 팔았던 시간을 뺀다면, 그는 거의 편집증적으로 글쓰기에 매달렸을 것이다. 이 수많은 글들 가운데 『서론』은 그의 초기 작품에 해당하면서도, 그의 주저라는 평가에 걸맞게 생전과 사후에 걸쳐 여러 판으로 출판된 작품이다.

그가 대법관이 되기를 바랐던 부친의 열망을 저버리고 적은 용돈으로 근근이 버티던 청년 벤담에게 절실했던 것은 아마 경제적 독립이었을 것이다. 겨우 솜털을 벗은 20대 중반부터 그는 소위 팔릴

---

01 최신판은 Jeremy Bentham, *An Introduction to the Principles of Morals and Legislation*, ed. J. H. Burns and H. L. A. Hart(Oxford University Press, 2005)이며, 작고한 하트(H. L. A. Hart)의 서론과 로젠(F. Rosen)의 서론이 모두 실려 있다.

만한 책을 써서 돈을 벌어보겠다는 야무진 뜻을 품었다. 그 결실 중 하나가 당시 약간 이름을 날렸던 블랙스톤(W. Blackstone)의 『영국법 논평』[02]에 대한 『비평(*Comment on the Commentaries*)』이었는데, 결말 조차 맺지 못한 이 글은 이후로도 한참동안 햇빛을 보지 못했다. 이 『비평』의 일부가 그가 익명으로 출판하여 오늘날의 학자들에게 주목 받아온 『정부론』(1776)으로 이어졌다.[03]

벤담의 청년기 저술은 어느 하나 제대로 마무리된 것이 없었다. '미완성 교향곡', 이는 그의 저술 활동 전반에 흐르는 테마곡이었으 며, 『서론』은 좋은 표본이다. 『서론』은 1780년에 처음 '인쇄'되었다. 그러나 정식 출판은 9년의 망설임 후에, 그나마도 첫 인쇄본의 근본 적 미숙함을 "형이상학적 미궁(metaphysical maze)"이라는 모호한 표 현으로 감싸며 서문에서 어줍은 변명을 늘어놓은 뒤에야 이루어졌 다. 하트(H. L. A. Hart)는 그런 망설임의 가장 중대한 원인으로 벤담 이 형법과 민법의 구분을 설명하는 마지막 장에서 봉착했던 문제를 거론한다.

서문에서 벤담은 이 책을 처음 저술할 당시의 기획 의도와 책의 제목 사이의 괴리를 해명하는 데 특별한 공을 들인다. 언뜻 듣기에 제목은 마치 입법의 전 영역을 종횡하는 모든 원칙을 망라할 듯이 거

---

02 W. Blackstone, *Commentaries on the Laws of England*, 4 vols., Oxford, 1765~1769.

03 위의 두 저술들은 합본으로 1977년 『제레미 벤담 전집』의 일부로 출판되었다. Jeremy Bentham, *A Comment on the Commentaries and A Fragment on Government*, ed. J. H. Burns and H. L. A. Hart, London.

창하나, 서문의 첫 문단에서 고백하듯이 그의 원래 의도는 "한 형법전 모형에 대한 서론"을 제공하는 것에 불과했다. 이런 괴리로 인하여 빚어질 독자들의 오해와 혼란에 대한 자아비판으로서, 벤담은 "입법 일반의 원칙에 대한 개론으로서 …… 형법 부문에만 적용될 수 있는 문제보다는 배타적으로 민법 부문에 속하는 문제를 포함했어야 했다"고 술회한다. 더 나아가 그는 형법과 민법을 비롯하여 소송 절차, 보상, 헌법, 국제법 등에 관한 입법 원칙을 포괄하는 보다 원대한 저술 계획을 공표함으로써, 『서론』의 제한적인—형법에 핀트를 맞춘—구도를 더욱 선명히 드러낸다. 그렇기에 이 책의 자연스러운 결말은 형법과 다른 입법 부문들, 특히 민법과의 명확한 '경계(limits)'를 설명하는 것이어야 했으며, 그는 마지막 제17장을 이 경계에 대한 설명에 할애한다.

그런데 사실 제목과 원래 의도 사이의 괴리는 그다지 걱정할 만한 수위의 오해와 혼란을 야기하지 않았다. 다행히도(?) 초판은 사람들의 주목을 거의 끌지 못했기 때문이다. 『서론』이 주목받게 된 보다 직접적인 계기는 뒤몽(É. Dumont)이 『서론』의 첫 여섯 장의 골자와 형법에 관한 벤담의 초기 저술을 엮어 프랑스어로 출판한 『입법론』[04]이 번역되어 유럽과 라틴 아메리카, 미국과 영국의 많은 대중에게 읽히게 되면서이다. 물론 이런 대중성의 확보는 결코 갑작스러운 것이 아니라, 사회 개혁 및 특히 법률 개혁에 있어서 그의 '국제적' 명

---

04 *Traités de législation civile et pénale*, ed., É. Dumont, 3 vols., Paris, 1802. 『민법과 형법의 입법론』이라 번역하는 편이 더 정확할 것이다.

성 덕분이었다. 그래서 오늘날 우리가 접하는 포맷의 『서론』은 초판 (1789)으로부터 20여 년이나 지나서 몇몇 사소한 수정을 가하여 벤담이 출판한 제2판(1823)이거나, 혹은 『입법론』의 몇몇 구절을 삽입하여 사후에 존 보우링(J. Bowring)이 엮은 『제레미 벤담의 저작』에 수록된 제3판(1838)이거나, 혹은 이전 판의 오류를 수정하여 『제레미 벤담 전집』[05]에 수록된 판(1970)이다. 보다 대중적으로는 하트나 로젠 (F. Rosen)의 서론이 첨부된 1970년 판의 재쇄들(1982, 1996)이 있다.

3. 『서론』과 벤담의 정체: 오해와 진실

여러 백과사전에서 벤담을 소개할 때, '철학자(philosopher)'라는 칭호가 먼저 나오기도 하고 '법학자(jurist)'라는 칭호가 먼저 나오기도 한다. 이를 단순한 시각차나 임의적 배열이라 볼 수도 있지만, 벤담 자신뿐만 아니라 『서론』의 정체를 밝히는 데 있어서는 눈여겨볼 현상이다. 대부분의 독자들이 『서론』의 첫 네 장들에 주목했다는 사실과 이 장들에서 벤담이 '공리의 원칙'을 간략히 설명하고 경쟁 이론들과 비교하여 그 원칙을 변호했다는 사실은 『서론』과 벤담의 정체에 대한 섣부른 인상을 심어준 요인이었을 수 있다.

『서론』은 깨알 같은 글씨의 각주를 포함하여 본문이 300여 쪽에

---

05 *The Works of Jeremy Bentham*, ed. John Bowring, 11 vols., Edinburgh, 1838~1843.

이른다. 따라서 일반인이나 비전공자가, 혹은 철학자라도 법체계에 대한 뜨거운 관심이 없다면 통독하기에 다소 버거운 책일 수 있다. 또한 그가 서문에서 복선을 깔았듯이 이 책은 순수한 이론적 작업으로서, 특히 100여 쪽에 달하는 형벌 및 위법 행위의 분류에 관한 장은 독자의 지대한 인내심을 요구한다. 이런 여러 가지 요인이 뒤섞여 학자들조차 벤담이 명시한 기획 의도를 간과하여 『서론』을 단지 윤리학의 고전으로만 여기거나, 일반인들이 그를 '최대 다수의 최대 행복'을 최초로 주창한 공리주의 윤리학자 정도로만 인식하게 했을 것이다. 이외에도 아는 사람은 알더라도, 몇 가지 오해를 더 풀어보자.

첫째, 벤담은 최초의 공리주의자가 아니었으며, '최대 다수의 최대 행복'이라는 문구나 '공리'라는 용어를 최초로 사용한 사람은 더더욱 아니었다. 결과를 중시하고 행복을 겨냥하는 공리주의적 논증은 "18세기의 도덕 철학과 정치 철학뿐만 아니라, 신학, 정치경제학, 정치적 토론에 널리 퍼져 있었다."[06] 공리주의는 경험주의적이고 현실주의적인 근대 영국인의 사고방식에 내장된 운영 체계였다. 일례로 『서론』보다 4년 먼저 출판된 윌리엄 페일리(W. Paley)의 『도덕 철학과 정치 철학의 원칙』은 벤담의 이론에 필적할 만한 성숙한 공리주의를 포함하고 있다.[07] 그리고 그 정도에 대하여 이론(異論)이 분분하지만, 벤담의 공리 개념은 분명 데이비드 흄(D. Hume)의 그것을 부분적으

---

06 J. B. Schneewind, "Voluntarism and the Origins of Utilitarianism," *Utilitas*, vii(1995), 87~96.

07 William Paley, *The Principles of Moral and Political Philosophy*(1785) in *The Works of William Paley*, D. D., 5 vols, London, 1819.

로 계승하고 있다.

둘째, 벤담은 '공리의 원칙'보다 '최대 행복의 원칙'을 선호했다. 제1장은 '공리의 원칙에 대하여'라는 표제가 달려 있지만, 첫 쪽의 (1822년에 추가된) 첫 각주에서 그는 '공리의 원칙'을 '최대 행복의 원칙'으로 대체하고자 하는 의사를 밝힌다. 그의 공리 개념이 흄의 그것과 다른 점들 중 하나는 벤담은 공리를 행복과 쾌락에 보다 직접적으로 연결하려 했다는 점이다. 그런데 문제는 일반인들에게는 '공리'라는 용어가 행복이나 쾌락을 쉽게 연상시키지 못한다는 것이고, 벤담은 이 문제를 진지하게 받아들였다.

셋째, 『서론』은 제목이 주는 인상과 달리 도덕 개론이나 윤리학적 논의를 거의 제공하지 않는다.[08] 『서론』은 대체로 형벌(punishment)에 관한 책이다. 그것은 공리의 원칙의 해설, 쾌락 및 고통의 분석을 통하여 인성(人性)에 관한 몇몇 기초적 사실, 그리고 인간 행동에 대한 분석을 제공한다. 그러나 이것은 그가 '입법 과학'(legislative science)이라고 일컫은 바의 불가결한 서막일 뿐, 『서론』 전체의 근본 성격을 규정하는 것이 아니다.

넷째, 『서론』에서 설명한 공리의 원칙이 그의 공리주의 이론의 완결판은 아니다. 제1장에서부터 제5장까지 벤담은 공리의 원칙, 그것과 대립하는 원칙들, 쾌락과 고통의 분류와 측정에 대하여 논한다.

---

08 벤담이 공리주의 이외의 윤리학적 입장들에 대하여 언급한 것은 제2장의 한 각주에서 두세 쪽에 걸쳐서 간략히 나열한 것, 그리고 제17장 1절에서 사적 도덕과 입법의 영역을 구별하기 위한 논의가 전부라고 말할 수 있다. 따라서 이 책이 기본적으로 도덕 철학에 관한 작품이라는 인상은 잘못된 것이다. 그럼에도 도덕 철학에 대한 이 책의 연관성은 결코 피상적이지 않다.

그런데 이 논의에서 찾을 수 없는 것은 행복 혹은 공리의 분배에 관한 내용이며, 종종 20세기 비판가들은 이런 사실을 그를 조잡한 행위 공리주의자(act-utilitarian)로 간주할 근거로 삼는다. 그러나 그런 내용을 포함하는 것은 『서론』의 원래 기획 의도에 비추어보면 오히려 납득하기 어려운 일이었을 터이고, 벤담은 민법 관련 저술에서 행복의 분배에 대하여 충분히 논의하고 있다.

위의 세 번째 지적은 결코 『서론』의 철학사적 의의를 축소하거나 그의 철학자로서의 면모보다 법학자로서의 면모를 강조하기 위한 것이 아니다. 벤담은 분명 철학자였다. 형벌에 관한 그의 논의는 심오한 철학적 혹은 분석적 논증을 통하여 전개된다. 그리고 영국 경험주의 선배들이 쌓아온 전통에서처럼, 그의 인간 행동의 심리학적 분석은 법학뿐만 아니라 윤리학에서도 중대한 의의를 갖는다. 다만 나는 『서론』의 첫 몇몇 장들에서 받은 인상을 『서론』 전체와 벤담 자신에게 투사하는 것은 심각한 오해를 불러일으킬 수 있다는 점을 지적한 것이다.

4. 공리의 원칙: 세상에 빛을 전하다

본문의 첫 절에서, 벤담은 선언한다. 인간은 쾌락과 고통의 종(從)이다. 인간의 말과 생각과 행위는 모두 쾌락과 고통의 소산이다. 그는 짐작이나 했을까, 자신의 이런 선언이 나중에 공리주의자로 자처했던 많은 철학자들에게 온갖 수모와 갈등을 안겨준 원죄가 되었음을? 어쨌거나 그는 자신의 선언에 이의를 제기하는, 즉 쾌락과 고통의 종임을 시인하지 않고 도리어 공리의 원칙에 의문을 다는 학설은 "분별이 아니라 소음을, 이성이 아니라 변덕을, 빛이 아니라 어둠을" 좇는 학설이라 했다. 바꿔 말하면, 공리의 원칙은 분별이요 이성이요 빛(light)이고, 공리의 원칙을 설파함이 바로 계몽(enlightenment)인 것이다.

당시의 계몽주의자들처럼, 벤담이 전하려한 빛은 분명 종교의 암굴(暗窟)에서 기어 나와 인간이 스스로 발견해야 하는 빛이다. 인간이 자신의 본성에 대한 적나라한 성찰을 통하여 깨닫는 세속의 빛이다. 제2장에서 벤담은 공리의 원칙에 반하는 원칙들, 특히 종교적 금욕주의 원칙을 공략한다. 한 지점에서 그는 금욕주의 원칙에 대한 집착이 시대에 드리웠던 거대한 어둠과 "비참함", "인간을 인간으로서가 아니라 이교도와 무신론자로서 고문을" 가했던 수많은 "성전(聖戰)과 종교 박해"를 지적한다. 이런 지적은 육체적 고행을 통하여 영혼의 정화를 추구했던 성인(聖人)들의 전설이 아니라 법률과 정치적 제도와 국가를 통하여 파렴치한 불로소득자와 무능력하고 부패한 관리들에게 약탈당하는 국민을 구원하려는 진정한 인간애의 추구를 암시하는 것이다.

벤담에게 공리의 원칙의 일관성 있는 추구가 인류에게 유익함은 자명한 명제였다. 다만 어떤 쾌락이 인류에게 유익할지, 행복을 가져올지는 그렇게 단순한 문제가 아니었다. 예컨대 정신 병리학적 분석을 통하여 그는 종교적 금욕주의를 스스로에게 채찍질을 가하다 마침내 "고통과의 사랑"에 빠져드는 일종의 마조히즘으로 규정하고,

비록 비뚤어졌지만 그것도 공리의 원칙의 적용이라고 말한다. 그 운명을 뭐라고 저주하든, 고통과 쾌락의 굴레에서 벗어날 수 있는 인간은 없다!

공리의 원칙의 해설에서도 쾌락과 고통의 분류에서도 드러나듯이, 벤담은 진정한 영국 경험주의의 계승자이다. 흄처럼 그에게도, 무엇이 쾌락을 낳을지 고통을 낳을지에 대한 최종적 판단 근거는 경험이다. 예컨대 어떤 행동이 쾌락을 낳을지는 그런 유형의 행동이 쾌락을 낳는 경향성에 대한 일반화된 경험을 통하여 판단된다. 그런데 우리의 쾌락과 고통에 대한 경험은 단순할 수도 있지만 복잡할 수도 있다. 모든 고통과 쾌락이 갈증과 배고픔으로부터 느끼는 고통과 그것의 해소로부터 느끼는 쾌락처럼 단순하지는 않으며, 벤담은 고통과 쾌락이 뒤얽히는 상황에 대해서도 충분히 인식한다.『서론』에서는 단순한 쾌락과 단순한 고통의 분석에 몰두하지만, 이런 분석 자체가 결코 단순한 것은 아니며 현대적 관점에서 재음미해볼 충분한 가치가 있다.

쾌락이라 하면 그저 좋은 것일까? 벤담이 나열한 단순한 쾌락 중에서 눈길을 붙잡는 것은 "악의의 쾌락(pleasures of malevolence)"이다. 말하지면, 자기기 미워하는 대상이 고통을 받는 모습을 보면서 느끼는 쾌락이다. 어떤 이는 이것은 쾌락일 수 없다고 할 수도 있고, 어떤 이는 쾌락일지는 모르지만 추구할 만한 가치가 없다고 할 수도 있다. 벤담은 뭐라 했을까? 별말은 없다. 그저 이것을 "반사회적(dissocial)" 쾌락이라고 부를 수 있다고 했을 뿐이다. 그런데 쾌락이 곧 행복이고 좋음이면, 이런 쾌락의 추구도 행복이고 좋음일까? 어떤 선험적 도덕의 잣대를 들이대기 전에 조금만 솔직해지면, 우리는 우리가 혐오하는 대상이 고통을 받는 모습을 보면서 쾌락이든 그 비슷한 무엇이든 분명 느낄 수 있다. 동시에 마음 한편에는 이런 자신의 느낌이 부도덕하지 않은가 하는 막연한 거북함도 있을 수 있겠지만. 여기서 벤담을 졸렬한 쾌락주의자로 보거나 그의 쾌락 분석의 복잡성을 폄하해서는 안 된다. 한마디 거들자면, 그는 쾌락이 온전히 쾌락으로만 오는 경우가 아니라 상응하는 고통을 동반하는 경우도 거론하고 있다. 예컨대 만약 사적인 원한이 아니라 폭정으로 온 국민을 괴롭혀온 독재자의 몰락을 보면서, 우리는 무엇을 느끼겠는가? 그리고 우리는 그 느낌을 무엇이라 부르겠는가?

5. 심리와 행동의 분석: 우리의 내면을 비추다

애당초 곱지 않은 시선을 가진 사람들에게는 『서론』이 마치 세 개의 독립된 조각들을—공리의 원칙에 대한 해설, 인간 심리 및 행동에 대한 분석, 형벌에 대한 이론을—대충 얽어놓은 것처럼 보일지 모르지만, 그것들은 분명 연속적이며 긴밀히 연결되어 있다. 쾌락과 고통, 감성에 영향을 미치는 상황, 동기, 그리고 인간 성향에 관한 장들은 서로 결집되어 광범위한 심리학적 세부 항목의 분류를 제공한다. 이 장들은 한편으로는 앞서 나오는 공리의 원칙의 토대를 다지면서, 다른 한편으로는 공리의 원칙에 부합하는 형법 및 형벌의 체계를 수립하려는 입법자가 필히 알아야 할 인간 행동에 관한 진실을 밝힌다. 인간의 동기 및 성향에 대한 심리학적 분석은 영국 경험주의 계승자들에게는 필수 과목 같은 것이다. 벤담의 철학적 독창성은 사실 공리의 원칙의 수립보다는 그것의 경험적인 토대를 제공하는 심리학에서 더욱 빛을 발한다.

동기를 분류하는 하나의 중요한 기준은 공익(public interest)의 증진 혹은 공리의 원칙과의 부합이다. 공리의 원칙과 부합하는 동기를 포괄하는 용어로서 그는 선의(good-will)를 채택하며, 이것에는 이타심, 동정, 박애, 형제애, 인간애, 자비심 등이 포함된다. 그는 "공리의 명령은 다름 아니라 가장 광범위하고 계몽적인 (즉 분별 있는) 이타심의 명령"이라고 선언한다. 종종 사람들은 공리주의를 무자비하고 비인간적인 학설로 매도하지만, 산업혁명 및 방임적 자본주의가 가져온 민중의 고통을 덜어주려던 벤담 자신의 헌신적인 사회 개혁 노력과 이런 용어들에서 공리주의가 태생적으로는 따뜻한 학설이었음을 짐작할 수 있지 않을까.

물론 반사회적 동기를 논하는 대목에서, 결과주의에 대한 벤담의 집착은 다시 직관적 도덕관념과 공리주의 사이의 거리감을 느끼게 할 수 있다. 그에 따르면 선의나 이타심 외의 동기, 특히 그가 "준사회적(semi-social)"이라 일컫은, 예컨대 평판에 대한 갈망이나 친목을 맺으려는 욕망이나 종교는 공리의 원칙에 부합할 수도 있고 그렇지 않을 수도 있다. 그리고 육체적 욕구나 금전적 이익이나 권력에 대한 갈망이나 자기 보존과 같이 "자기 관계적(self-regarding)" 동기는 공리의 원칙에 부합할 가능성이 희박하다. 여기까지는 그다지 놀랄 만한 것이 없다. 그런데 벤담은 외견상 공익에 반하는 것처럼 보이는 자기 관계적 동기와 심지어 분노, 원한, 증오, 적의 등의 반사회적 동기들이 이타심과 선의에 못지않게 공익에 이바지할 가능성을 시사한다.

악의에서 나온 행동은 대개 비난을 받지만, 예컨대 자신의 아버지를 살해한 사람에 대한 원한과 분노로 그를 법정에 세워 처벌을 받게 만들려는 것은 오히려 보편적으로 칭찬받을 만한 일일 수도 있다. 말하자면 "결과에 있어서는 어떤 선의보다 더 사회적"일 수 있다는 말이다. 물론 벤담이 공익을 사적인 악덕의 작용으로부터 나오는 것으로 본 것은 결코 아니다. 다만 공익의 관점에서 반사회적 동기의 기능을 인정하고, 어떻게 준사회적 동기나 자기 관계적 동기가 이타심이나 선의와 유사한 결과를 낳을 수 있는지를 고려한 것은 그의 독창적 기여였다. 그가 깊이 주목하지 않은 항목이지만, 질투심이나 경쟁심을 예로 들어보자. 이것들은 그 자체로 공리의 원칙에 부합하거나 부합하지 않을 수 있다. 즉 공익의 증진에 도움이 되거나 되지 않을 수 있다. 그럼에도 질투심이나 경쟁심은 분명 인간사(人間事)에 막대한 영향을 끼치니, 당연히 공익의 관점에서도 중요하지 않겠는가?

그러나 벤담의 심리학적 행동 분석이 그저 행위의 결과에만 초점을 두었다는 것은 다시 그의 분석의 깊이를 모욕하는 것이다. 인간 행동 일반, 의도성, 의식에 관한 장들은 철학과 법학에 대한 그의 공헌 가운데 백미(白眉)에 해당한다. 특히 의도에 관한 포괄적 논의는 제7~9장에 걸쳐 넓게 펼쳐지면서, 의도적인 행동의 구조 속에서 인지적 요소와 의지적 요소가 융합되는 복잡한 방식에 대한 그의 남다른 철학적 이해를 보여준다.

서문에서 아리스토텔레스의 체계에는 오성의 논리만 있고 의지의 논리는 없음을 힐책하면서, 벤담은 오성의 작용은 그것이 의지의 작용을 지휘할 능력을 가진 한에서만 중요성을 갖는다고 말한다. 더 나아가 그는 법학은 의지의 논리의 가장 중요한 적용이라고도 말한다. 그에게 의도한다는 것은 하나의 내적인 행동이면서 의지의 작용이며, 여기서 의도와 의지는 동일시된다. 하지만 벤담의 의도 개념은 의지의 문제만이 아니라 오성 혹은 믿음의 문제이다. 예컨대 어떤 한 행동의 결과가 의도적이라고 말할 때, 우리는 그 결과를 결정할 주변 상황의 존재에 대하여 알고 있거나 믿어야 하기 때문이다. 이런 식으로 어떤 행동의 결과의 의도성을 판단하는 데에는 의지적 요소와 인지적 요소가 함께 관여한다.

그러나 의지적 요소와 인지적 요소의 결합에 관한 벤담의 논의는 '간접적' 형태의 의도를—자기 행동의 어떤 가능한 결과를 예상하면서도 그것을 목적이나 어떤 목적에 대한 수단으로 욕구하지 않는 경우를—포함함으로써 다시 복잡해진다. 그리고 이런 직접적/간접적 의도의 구분은 오늘날에도 흥미로운 논쟁거리인 '이중효과(double effect)' 학설에 대한 논쟁으로 연결된다. 법에서 과연 이런 의도의 구분을 받아들여야 할까? 예컨대 이런 구분을 형시 범죄의 구성 요소나 가중 처벌에 대한 판단에 받아들여야 할까? 특히 결과론적 도덕론인 공리주의가 그런 구분을 받아들일 수 있을까? 공리주의적 도덕 판단이 오직 행위의 결과에만 초점을 맞춘다면, 공리주의자에게 그런 구분은 무슨 의미를 가지며, 벤담이 '간접적' 형태의 의도를 언급한 것을 어떻게 해석해야 할까? 의문은 남는다. 역시 의문은 고전의 필요조건인 것 같다.

6. 죄와 벌: 응징에서 교화로

『서론』은 근본적으로 형벌에 관한 책이며, 형벌 자체와 그 대상인 위법 행위의 분류에 관한 논의만 책의 절반인 150쪽에 가깝다. 그러니 몇 가지 핵심 쟁점만 짚어보는 것으로 만족해주길 바란다. 형벌에 관한 논의에서 벤담이 주목한 가장 중요한 문제는 위법 행위와 형벌 사이의 합리적—공리의 원칙에 입각한—비례(proportion)이다. 벤담은 입법자에게 이런 비례의 발견을 돕는 일련의 규칙을 제공하며, 이 규칙이 제14장의 주된 내용을 구성한다.

합리적 비례의 발견에서 중요한 요소는 위법 행위가 가져올 해악의 사정(査定)이며, 이런 사정은 결코 단순한 문제가 아니다. 만약 법에 어떤 특정 유형의 위법 행위에 대하여 예컨대 '1,000만 원 이하의 벌금이나 2년 이하의 징역에 처한다'고 규정되어 있다면, 벌금형을 내릴지 징역형을 내릴지를 결정하는 것이나 벌금의 액수나 징역 기간을 결정하는 것은 대체로 판사의 판단에 달려 있다. 이때 적합한 형벌에 대한 판사의 판단은 그 위법 행위에 의한 직접적 해악뿐만 아니라 간접적 해악을 광범위하게 고려해야 할 것이다. 또한 판사는 동일한 형벌이 상이한 사람들에게 상이한 영향을 준다는 사실에 대해서도 유념해야 할 것이다. 예컨대 어떤 일정 액수의 벌금이 부유한 사람에게는 아무것도 아니겠지만 가난한 사람에게는 감당하기 힘든 것일 수도 있다. 그래서 벤담은 연령, 성별, 지위, 부 같은 요소를 형벌의 고통에 대한 감수성에 영향을 미치는 요소로 간주한다.

벤담은 무엇보다 범법자가 위법 행위를 통하여 이득을 보지 못하도록 하는 것이 중요하다고 생각한다. 예컨대 어떤 도둑 A가 100만 원을 훔치고도 50만 원을 훔친 도둑 B와 동일한 처벌을 받는다면, 도둑 A는 50만 원의 절도에 대해서는 처벌을 받지 않은 셈이다. 이런 원리를 오늘날의 우리 현실에 적용하여, 예컨대 고작 일이백만 원을 훔친 생계형 범죄와 수억 혹은 수십억 원을 횡령한 기업형 범죄에 대하여 별 차이가 없는 처벌을 내린다면 그런 판결은 당연히 부당하다. 그리고 벤담은 벌금형보다는 감금형을 선호한 것처럼 보인다. 그는 감금형이 다른 형태의 형벌보다 훨씬 더 정밀한 형벌을 가하는 데 유리하다고 생각했다. 그리고 이런 생각은 『서론』 초판이 출판되기 전인 1780년대 중반부터 10여 년간 자기 동생(Samuel Bentham)과 함께 매달렸던 파놉티콘(Panopticon) 감옥의 설계와도 무관하지 않은 듯하다.[09]

형벌에 관한 벤담의 논의에서 또 다른 중요한 물음은 과연 모든 위법 행위들이 반드시 처벌을 받아야 하는가이다. 모든 처벌은 그 자체로 악이며, 반드시 처벌을 가할 필요가 없는 상황도 있는 법이다. 제13장에서 그는 이런 상황을 네 종류로 나눈다. (1) 처벌이 근거가

---

09 흔히 일반 독자들이 '파놉티콘'이란 용어를 접하는 것은 주로 미셸 푸코의 『감시와 처벌』을 통해서이다. 물론 이 저서에서 푸코는 파놉티콘의 설계자로서 벤담을 명시하지만, 그것이 법률 개혁을 위한 벤담의 포괄적 시도들 중의 일부임을 제대로 설명하지 않는다. '감시'니 '권력'이니 하는 말들로 어쩌면 벤담의 진정한 설계 의도에 대한 잘못된 인상을 심어주는 것 같다.

없는 경우, (2) 효력이 없는 경우, (3) 유익하지 않은 경우, (4) 불필요한 경우 등이다. 마지막 경우에 대한 논의에서 벤담은 어떤 위법 행위는 다른 수단에 의하여, 예컨대 지침 혹은 교육을 통하여 보다 효과적으로 처리할 수 있다고 믿었다. 이것은 응보주의로부터 교화주의로의 진전을 시사한다. 비록 『서론』에서 이 문제가 본격적으로 논의되지는 않았지만 다양한 실천과 법률을 통한 범죄 예방이라는 문제를 다룸에 있어서 벤담은 단순히 죄를 지은 자에게 그가 범한 죄에 상응하는 고통을 안겨야 한다는 식의 응보주의를 거부하며, 이는 처벌에 관한 응보주의와 공리주의 사이의 기본적인 입장 차를 여실히 드러낸다.

흔히 공리주의에 대한 치명적 비판으로 제기되는 논증 중 하나는 공리주의는 무고한 자의 처벌을 용인할 가능성 있다는 논증이다. 그런데 이런 논증은 위법 행위와 형벌 사이에는 합리적 비례가 있어야 하며, 위법 행위 없이는 형벌도 없어야 한다는 신념을 가진 벤담에게 적용할 수 있는 비판이 아니다. 사실 무고한 자의 처벌은 벤담이 아닌 그 어떤 공리주의자에 의해서도 정당화될 가능성이 희박한 것으로, 그런 비판은 들어줄 가치도 없다. 벤담은 가혹하고 끔찍한 형벌을 범죄 예방의 유일한 방편으로 여기던 전근대적 방식의 응징(膺懲)에서 탈피하여 현대적 의미의 교화를 주창한다. 이런 변화의 주창은 오늘날 체형(體刑)이나 사형제 폐지에 있어서도 중대한 의미를 갖는다.

7. 에필로그

『서론』에 대하여 가급적 호의적으로 쓰려한 것은 사실이나, 여느 고전 이상으로 술술 읽어나가기 힘든 책이라는 사실도 부인할 수 없는 듯하다. 게다가 그의 저술 대부분이 남들의 헌신적 도움으로 햇빛을 보았듯이, 『서론』도 보우링이 편집을 주도했으며 그의 아마추어적 편집 실력에 대해서는 악평이 무성하다. 기계처럼 글만 써대고 정리를 잘 못했던 벤담에게 좀 더 세심한 편집자가 붙어 있었다면, 『서론』은 어쩌면 좀 더 매끄러운 글이 될 수도 있었을 것이다. 그러나 역시 문제는 근본적이다. 서문에서 그가 장담한 것처럼, 이 책의 순수한 이론적 성격은 폭넓은 독자의 호응을 끌어들이기에는 적합하지 않다. 이것은 일반 독자의 냉담에 대하여 어느 정도 변명거리를 준다. 하지만 이것이 오늘날 팔릴 만한 책에만 주력하는 학자들의 냉담에 대한 변명거리가 되지는 않는다.

앞서도 말했지만 나로서는 국내에서 밀의 저서들, 특히 그의 『공리주의』에 비하여 벤담의 『서론』이 주목받지 못하는 이유를 납득하기 어렵다. 벤담의 원래 기획 의도야 어떠했든 『서론』에 나오는 공리의 원칙에 대한 해설이 원조이고, 사람들 입맛에야 어떠하든 원조의 맛은 항상 오묘하다. 사견이지만, 밀의 『공리주의』는 원조보다 장사는 잘되는지 모르나 원조를 사칭한 옆 가게에 불과하다. 그리고 공리의 원칙의 법률적, 제도적 실현의 비전을 제시하는 『서론』 쪽이 사적(私的) 윤리를 넘어 공공(公共) 철학을 지향하는 공리주의의 근본 성격을 훨씬 더 잘 드러낸다.[10]

몇몇 각주들에 표현된 것처럼, 벤담이 『서론』을 저술한 배경에는 당시 영국의 재판 및 소송 절차의 고문적인 비효율성과 관료 및 법조인의 부패에 대한 뿌리 깊은 반감이 있었다. 재판 및 소송 절차를 억지로 잡아 늘여 민중으로부터 시간과 비용을 쥐어짜고, 그 비용으로 치부하는 정부 관료와 판사의 행태에 대한 격한 혐오감이다. 다시 이런 혐오감의 배경에는 다소 혁명적인 요소도 포함되어 있다. 1822년에 추가된 제1장의 한 각주에서 그는 영국 정부의 특징은 마치 "지배자 한 사람의 최대 행복이 …… 정부 방침이 지향하는 유일한 목적인 것처럼 보인다. …… 공리의 원칙은 …… 어떤 한 사람의 최대 행복을 실제 목적이나 대상으로 삼는 모든 정부에게 위험한 원칙이다"라고 적는다. 이런 요소는 한편으로 프랑스혁명 초기에 그가 프랑스에서 벌어지고 있던 사태를 열정적으로 관찰하고 1792년에 프랑스의 명예시민이 된 배경을 설명한다.

그러나 아마도 바로 그 프랑스혁명에 의하여―무자비한 폭력으로 얼룩진 혁명 정신의 변질에 의하여―평화주의자인 벤담은 혁명보다는 이성과 법에 기대어 세상을 개혁하고자 하는 자신의 의지를 굳혔을지도 모른다. 어쨌거나 그에게서는 조용히 세상을 관조(觀照)하는―살던 곳에서 한 발짝도 움직이지 않았던 그와 동시대인인 칸트 같은―철학자의 모습을 발견하기는 어렵다. 그러나 그들은 철학자의 서로 다른 면모들을 표상할 뿐이다. 벤담은 분명 철학자였고,

---

10 공공 철학을 지향하는 공리주의의 근본 성격에 관해서는 Robert E. Goodin, *Utilitarianism as a Public Philosophy*(Cambridge University Press, 1995)를 참고하시오.

| 도덕과 입법의 원칙에 대한 서론

『서론』은 그의 철학자로서의 면모를 유감없이 보여준다. 비록 다른 저술뿐만 아니라 『서론』 안에서도 사회 개혁과 형벌에 대한 공리주의적 정당화를 제대로 제공하지는 못했지만, 그는 공리의 원칙이 모든 입법과 정치적 제도의 근본 원리가 되어야 함을 확신했다. 후대 공리주의 연구가들의 몫은 긍정적으로든 부정적으로든 그의 확신을 검증하는 것일 것이다. 다만 그 검증 작업을 할 때 『서론』에서 주어진 것만으로는 다소 부족할 수도 있다.

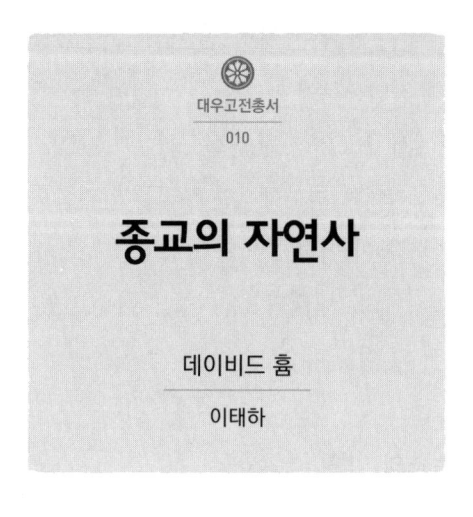

종교의 자연사

데이비드 흄

이태하

흄의 종교에 관한 연구는 『종교의 자연사』 서론에서 밝힌 두 개의 과제, 즉 종교적 신념을 정당화하는 종교의 토대 문제와 종교적 신념의 발생을 규명하는 종교의 기원에 관한 문제로 요약할 수 있다. 전자는 『자연종교에 관한 대화』에서, 그리고 후자는 바로 『종교의 자연사』에서 다루고 있는 주제이다.

흄은 『자연종교에 관한 대화』에서 자연신학에서 논의되고 있는 신의 존재와 본성에 관한 합리적 논증이 불합리함을 비판함으로써 이성을 통해 종교에 이르는 길이 닫혀 있음을 보여주지만, 또 다른 한편으로 우리에게 이 우주를 창조한 지성적 설계자가 있음 — 즉 이신론(理神論, deism) — 을 믿는 자연적 신념이 가능함을 보여줌으로써 인간본성을 통해 자연종교에 이르는 길을 열어 놓고 있다. 그러나 흄은 인간본성 안에서 종교의 기원을 탐구하는『종교의 자연사』에서 종교에 대한 인류학적이며 역사학적인 뿌리를 살펴봄으로써 인간본성에 기초를 둔 이신론이 어떻게 의인적 유신론으로 왜곡되어 오늘날 인류에게 유해한 종교로 변질되었는가를 보여주고 있다.

1. 고대종교의 기원

종교의 기원에 관한 흄의 설명에 따르면, 최초의 종교는 이성적으로 자연물을 관조함으로써 생겨난 것이 아니다. 인간의 마음을 움직이는 인생의 사건들에 대한 관심과 끝없는 희망과 공포심으로부터 생겨난 것이다. 좀더 구체적으로 말하면, 자연의 현상을 법칙적인 방식으로 이해하지 못한 미개인들은 미래의 불행에 대한 공포, 죽음에 대한 두려움, 자연현상의 불규칙한 현상으로부터 야기되는 염려를 지니고 있었다. 예를 들어, 폭풍우나 폭설은 태양이 결실을 맺어 놓은 모든 열매를 망쳐놓으며, 태양은 이슬이나 비로 자라난 모든 열매를 태우거나 말라버리게 한다. 자연현상의 다양성과 불확실성을 보아온 미개인들은 이들 현상들을 제한된 매우 불완전한 신들의 변덕스러운 섭리의 탓으로 돌렸다. 따라서 그들은 자신들의 운명을 전적으로 좌우한다고 생각하는 불완전한 신들을 달래기 위한 모든 종교적 수단을 강구하게 되었다. 종교란 이처럼 자연현상을 법칙적인 방식으로 이해하지 못한 인간의 무지에서 비롯된 것이기에 인간의 이해력이 증진되면 종교의 영역은 축소될 수밖에 없을 것이라 생각하게 된다.

그러나 자연적인 사건의 궁극적 기원이나 원인들이 무엇인지 모른다는 점에서 현대인들이 미개인들보다 더 나은 입장에 있는 것은 아니다. 현대인 역시 고대인들처럼 삶과 죽음, 건강과 질병, 빈곤과 풍요라는 영속적인 긴장 가운데 살고 있으며, 이러한 긴장은 흔히 예측할 수 없으며, 항상 설명할 수 없는 비밀스럽고 알 수 없는 원인들로 인해 생겨난다. 이런 알 수 없는 원인들이 바로 우리의 희망과 공포의 대상이 되는 것이며, 우리의 상상력은 우리가 전적으로 매달려야 하는 알 수 없는 원인들을 신으로 그려 낸다. 신을 그려 내는 상상력이란 모든 존재를 자신과 같은 존재로 여기거나 모든 대상에 우리와 친숙하고 또 직접적으로 의식할 수 있는 속성들을 부여하려는 자연적인 성향을 말한다. 이와 같은 자연적인 성향은 종교와의 관계에서는 신을 인간과 같이 사랑과 미움에 좌우되고 선물이나 기도, 희생제 등에 의해 마음을 움직이는 감성적이고 지성적인 존재로 파악하는 의인적 성향으로 나타난다. 이 같은 의인적 성향 외에도 우리는 감각과 관련된 또 다른 자연적 성향을 지니고 있는데, 그것은 다름 아닌 감각적이고 가시적인 대상에 매달리는 물상화(物像化) 성향이다. 이것은 종교와 연관되어 비가시적인 신을 어떤 가시적인 사물과 연결하려는 우상적 성향으로 나타난다. 이들 의인적 성향과 우상적 성향을 통해 미개인들은 자연적인 사물이나 동물들을 인격화하고 우상화하는 정령신앙이나 또는 신들을 인간처럼 정욕과 욕망을 지닌 존재로 그리는 조잡한 의인적 다신교를 형성하게 된다. 그러나 이들 성향들은 미개인들에게만 찾아볼 수 있는 것은 아니다.

오늘날 조잡한 의인적 다신교나 정령신앙은 가시적인 세계의 궁극적 기원을 생각할 만큼 이해력이 성숙된 현대인들에게는 더 이상 찾아보기 어렵지만, 현대인들 역시 미개인들처럼 우주의 궁극적 원인이 무엇인지를 알지 못하며 또한 그들 역시도 삶의 영속적인 긴장 가운데 놓여 있다. 따라서 현대인들 역시 그러한 긴장이 야기하는 공포와 두려움에서 벗어나기 위해 신을 찾으며, 그 경우에 신을 인간과 같은 육체와 정신을 소유한 존재로 이해하려는 의인적이며 우상적 성향의 침투를 쉽게 막을 수가 없다. 이러한 까닭에 미신적인 종교가 인류의 역사에서 사라지지 않고 오늘날까지도 지속되고 있는 것이다.

2. 고대종교의 영향

정령신앙이나 조잡한 의인적 다신교와 같은 원시종교에서는 신들을 회유하기 위해 인간을 희생 제물로 드리는 매우 야만스럽고 잔인한 종교적 의식이 있었다. 대부분의 고대국가는 사람을 희생 제물로 드렸는데, 고대인들은 신에게 드리는 희생 제물을 신에게 바치는 선물로서 생각했으며, 어떤 선물이든지 그것이 파괴되어 인간에게 소용이 없게 됨으로써 그것이 신들에게 전달된다고 생각하였기에 딱딱한 것은 불에 태우고, 액체는 쏟아버리고, 산 것은 죽였다. 또한 신에게 바칠 만한 적당한 것이 없을 때는 자신을 자해하여 그것으로 우리의 호의와 찬미의 마음을 표현하기도 하였다.

이 같은 고대종교의 잔인성이나 야만성은 흄의 설명에 따르면, 인류의 무지에 의해 야기되는 상상력의 산물이다. 일단 인간의 이해력이 자연을 법칙적인 방식으로 이해할 만큼 성숙하게 되면 인간은 정령신앙이나 조잡한 의인적 다신교에서 벗어나게 된다. 그러나 인간은 자신이 지니고 있는 상상력과 감각에 기초한 자연적 성향인 의인적 성향과 물상화 성향으로 인하여 신을 인간과 같이 사유와 감정을 지닌 존재로 이해하는 의인적 유신론에서 완전히 벗어날 수 있는 것은 아니었다.

고대종교가 지닌 잔인성과 야만성으로 인해 우리는 흄이 고대종교를 신랄하게 비판했을 것이라고 생각할 수 있다. 그러나 흄은 이러한 부정적인 측면에도 불구하고 고대종교를 긍정적으로 평가하고 있다. 흄이 이렇게 고대종교를 긍정적으로 평가한 데는 다음과 같은 몇 가지 이유가 있다.

첫째, 흄이 고대종교를 긍정적으로 평가한 주된 요인은 고대종교가 종교적인 관용의 정신을 지니고 있다는 점이다. 관용의 정신은 모든 민족이 그들 나름의 고유한 수호신을 섬기고 있으며 다른 민족의 수호신을 부인하지 않는 다신교적인 종교적 특성에서 그 원인을 찾아볼 수 있다. 고대에는 종교란 객관적인 실재에 대한 진리체계라기보다는 삶의 양식이며 전통이나 관습으로 인식되어 상이한 종교나 분파에 대한 상호존중의 정신이 있었기에 좀처럼 종교적 분쟁을 찾아볼 수가 없었다.

둘째, 고대종교가 파괴와 무질서로 흐를 수 있는 세속적인 삶 가운데서 신정적(神政的) 정치질서를 확립함으로써 국가를 결속시키는 정치적 원리로 작용한다는 점이다. 고대종교가 비록 미신적인 것이었다고 할지라도 강력한 정치적 주권을 호전적 성향을 지닌 군사계급에 주지 않고 그것에 맞서 명상과 기도를 통해 호전적 성향을 약화시킬 수 있는 성직자에게 부여함으로써 사회적 통합과 평화를 촉진하는 데 기여하였다는 것은 주목할 만한 사실이다.

셋째, 신정적인 성격 외에도 고대종교가 긍정적으로 평가받을 수 있는 또 다른 특성은 세속적 도덕을 강화시키는 의인적 성향이다. 신을 인간보다 약간 우월한 존재로 이해함으로써 고대인들은 신에 대한 불경을 저지른다는 의식 없이 신과 경쟁의식을 가졌다. 그 결과 활발한 활동, 활기, 용기, 아량, 자유애 등 사람들을 강하게 만드는 모든 덕들이 권장되었다. 요컨대, 고대종교는 의인적 성향으로 인해 인간적인 덕목들을 권장하는 한편, 공동체를 비폭력적 토대 위에 세우는 데 매우 긍정적인 기능을 할 수 있었다.

고대종교가 지닌 이 같은 집단적이고 인류애적인 특성들은 고대종교가 인간의 일상적인 삶 가운데서 소외되어 있지 않았으며 고대사회의 이익에 이바지해 왔다는 것을 보여주는 증거들이다. 따라서 고대국가들은 종교적 분쟁, 박해, 정부의 전복, 압제 등 근대 유럽사에서 볼 수 있는 종교적 해악과는 거리가 멀었다.

흄이 이처럼 고대종교를 긍정적으로 평가하는 보다 근본적인 이유는 바로 고대종교가 개인적인 차원이 아닌 사회적인 차원에 속하는 종교였다는 데 있다. 흄에 따르면, 고대종교는 개인의 국가에 대한 의무에만 관심을 갖고 있었으며 사적인 덕목에 대해서는 별로 관심을 기울이지 않았다. 이러한 집단적이고 사회적인 특성으로 인해 종교가 개인들의 일상적인 삶에 깊이 침투해 들어가지 못함으로써, 신을 인간의 간구나 희생제에 기뻐하는 탐욕스러운 존재로 이해했음에도 불구하고 개인의 사적인 이익이 아닌 집단의 전체이익과 결부시킴으로써 종교적 광신주의의 폐해가 상대적으로 적었다고 본다.

3. 근대종교: 철학의 유입과 영향

고대종교와 근대종교를 구분 짓는 것은 인류의 지적 성장을 가져온 철학의 유입이다. 그러나 근대종교의 특징인 일신교적 신념은 철학의 유입으로 인해 생겨난 것이 아니다. 흄의 설명에 따르면, 사람들은 처음에 그들이 믿는 신을 자신들이 만든 조상(彫像)이나 자연적이고 물리적인 형상으로 표현하였고, 다음에는 비가시적인 신으로 그렸으며, 마침내 비가시적인 신을 우주의 창조자이며 주권자인 무한히 완전한 신으로 고양시켰다. 인간은 자신의 두려움과 불안이 크면 클수록 경쟁적으로 신에 대한 아부와 찬사를 부풀림으로써 마침내 더 이상 부풀릴 수 없는 무한자라는 개념에 도달하게 된다. 따라서 다신교나 우상숭배로 나타나는 고대의 원시종교는 단일성과 무한성, 단순성과 영성을 특징으로 하는 단일신교로서의 근대종교로 발전하게 되었다. 신을 이처럼 점진적으로 과장해 가는 마지막 단계에서 미신적인 종교는 우연히 이성과 참된 철학의 원리와 일치하게 된 것이다. 그러나 이것은 근대종교가 미신적인 부조리나 모순에서 자

| 종교의 자연사

유롭다는 것을 의미하는 것은 아니다. 오히려 종교에 대한 철학의 유입은 미신적인 부조리와 모순을 체계화하고 정당화하는 데 이바지하였다. 다시 말해서, 건전한 이성과 참된 철학의 원리와 일치하지 않는 종교적 교리에 대해 철학은 매번 미신의 목적에 이바지하기 위해 왜곡을 일삼아왔다. 한마디로 철학은 종교적인 덕목과 미신의 교리들을 체계화하고 독단화하는 데 이바지하여 온 것이다.

여기서 우리는 철학에 의해 체계화된 종교가 어떻게 우리의 일상적인 삶과 연관을 맺는가에 관심을 가져야만 한다. 흄은 종교에 철학이 유입되었다는 사실이 근대종교를 고대종교로부터 구분시키는 특징일 뿐 아니라 근대종교를 가장 최악의 종교로 만드는 주된 요인이 된다고 말한다.

첫째, 종교에 철학이 유입됨으로써 야기된 부정적 결과들 중에서 가장 주목할 만한 사항은 상이한 종교들 간에 또는 동일한 종교 안에서도 종교적인 파벌들 간에 존재하는 종교적 교리나 제의의 차이점을 양립 불가능하게 만든다는 것이다. 철학에 의해 종교적 교리가 체계화되면서 그와 모순되거나 일치하지 않는 타종교의 종교적 교리는 진리가 아닌 것으로 배척하여 자신의 종교적 교리를 독단화함으로써, 모든 종교적 교파는 자신의 신앙과 제의 방식만이 신에게 이를 수 있다고 주장한다. 그 결과 여러 종교적 분파가 적대관계에 놓이게 되어 종교적인 열성과 증오심을 지니고 가장 사납고 무자비한 열정으로 상대방을 강력하게 비난하게 된다. 흄에게 있어, 미신의 수호자로서 자처하고 나선 이성의 유입은 종교적 분파들 간의 적대감과 투쟁의 원천이 되어 사회적 혼돈을 가져오는 계기가 되었다.

이러한 이유에서 흄은 영국사를 통해 일어난 정치적 혼돈과 시민전쟁을 불러일으킨 종교적 탄압과 폭력은 부분적으로 철학과 미신이 결합한 때문이라고 말한다. 근대종교에서 찾아볼 수 있는 편협함과 완고함은 종교와 미신의 합리적 토대를 마련하려는 그릇된 철학에 기인한다는 것이다.

둘째, 근대종교는 일상적인 삶의 견고한 원리를 약화시킬 수 있다. 앞에서 언급했던 것처럼, 철학은 미신적인 교리와 실천을 교정하기보다는 그것들을 체계화하고 정당화하는 데 이바지하여 왔다. 이것은 철학이 신학의 체계로 편입되고 있음을 보여주는 것이다. 철학은 종교가 삶에 아무런 도움도 되지 못할 뿐 아니라 자연적인 성향에 강력한 걸림돌이 되는 종교적 실천을 요구하는 것을 방지하지 못하였다. 그 결과 인간에게 유용한 덕목들이 지각이 있는 사람들이라면 누구나 거부할 금욕, 단식, 고행, 굴종, 침묵, 독거 등과 같은 수도승적인 덕목들로 대체되었다. 수도승적인 덕목들에서 볼 수 있는 신에 대한 종교적 아부의 극치는 사람들을 일상적인 삶에서 소외시키기에 충분한 것이었다. 미래의 불확실성에서 오는 공포와 두려움에서 벗어나기 위해 신을 더 적절하게 효과적으로 회유할 수 있는 더욱 강력한 봉사와 헌신의 방법을 모색하게 되며, 이때 우리는 일상적인 삶의 원리가 되는 견고한 여러 자연적 신념의 저항에 직면하게 된다. 그로 인해 우리는 세속적 도덕과 수도승적 도덕이라는 삶의 이중적 원리에서 갈등하게 된다

| 종교의 자연사

4. '종교의 토대'와 '종교의 기원' 간의 상충

종교의 토대를 다루는 『자연종교의 대화』에서 자연신학을 신랄하게 비판했던 회의주의자 필로(Philo)는 갑자기 방향을 바꿔 자연종교의 원리가 되는 이신론적인 신념이 거부될 수 없는 인간의 자연적 신념임을 고백하고 있다.

나는 어떤 누구보다도 자연종교에 관한 논의에 있어 신중하지 못했음을 고백하지 않을 수 없다. 왜냐하면 처음부터 나는 평범한 사람들로 하여금 그들이 지니고 있는 원리들을 결코 바꾸게 할 수 없다는 사실을 알고 있었으며 또한 나를 평범한 사람으로 보는 한 어느 누구도 나의 의도를 눈치 채지 못하는 사람은 없을 것이다……아무리 아둔하고 어리석은 사람일지라고 모든 것에는 어떤 목적, 의도 또는 계획이 있음을 알게 된다.[01]

흄 역시 『종교의 자연사』 서론에서 필로가 주장한 것과 같은 취지로, 자연의 전 체계는 지성적인 창조자를 드러내 보이며, 진지하게 생각하는 합리적인 탐구자라면 한 순간도 참된 유일신론과 종교의 일차적 원리에 관한 그의 믿음을 의심할 수가 없다고 말한다. 그러나 문제는 『종교의 자연사』에 대한 연구는 이러한 믿음이 사실상 대중종교

---

01 Hume, D., *Dialogues Concerning Natural Religion*, Edited, with an introduction, by N. Kemp Smith, New York: Macmillan, 1947, p. 214.

의 일차적 원리로 작용하지 못하고 있음을 보여주고 있다는 것이다.

비가시적이고 지적인 신을 믿으려는 보편적 성향은 원초적 본능은 아니지만 적어도 인간본성의 일반적 수반물로서 신이 그의 작품 안에 새겨놓은 낙인으로 생각될 수 있으며, 모든 피조물 중에서 선택받았으며 보편적인 창조주의 모상을 지니고 있다는 사실보다 인간을 존엄하게 해줄 수 있는 것은 없다. 그러나 이 세상의 대중종교에서 드러나는 신의 모상을 살펴보라. 신은 우리의 표상 가운데서 얼마나 손상되어 있는가! 그는 그 성품에 있어서 우리가 일상생활 중에 볼 수 있는 덕망 있는 사람들보다도 못한 존재로 추락해 있지 않은가![02]

흄이 지적하는 대중적 종교에서 숭배되는 창조자에 관한 상(image)은 자연의 전 체계를 창조한 지성적 창조자의 모습으로서의 이신론적인 신이 아니라, 신을 인간과 같이 사랑과 증오의 감정에 따라 움직이고 기도나 제물에 의해 마음을 바꾸는 감정적이고 탐욕적인 존재로 이해하는 조잡한 의인적 신인 것이다. 흄에 따르면, 이 같은 신관은 바로 감각과 상상에 기초한 인간의 자연적 성향인 의인적 및 물상화 성향의 산물인 것이다. 요컨대, 인류의 보편적 성향이라고 할 수 있는 대중적인 종교는 우리가 자연의 체계가 지닌 질서를 관조

---

02 Hume, D., *The Natural History of Religion*, ed. by H. E. Root, Stanford University Press, 1994, Ibid. p. 75.

함으로써 깨닫게 되는 이신론에 대한 우리의 자연적 신념에서 기인된 것이 아니라, 자연의 질서에 대한 인간의 무지와 인간의 자연적인 나약성과 성향에서 생겨난 유신론적 신념에서 기인된 것이다. 그렇다면 어떻게 해서 인류가 보편적으로 갖고 있는 이신론에 대한 자연적 신념이 대중종교의 원리가 되지 못하고, 시대와 민족에 따라 다양한 모습으로 나타나는 유신론적인 신념이 대중종교의 원리가 되었단 말인가? 결국 흄에게 있어 모든 종교의 문제는 수수께끼이고, 난제이며, 설명할 수 없는 신비인 것이다.

5. 『종교의 자연사』를 넘어서

흄은 그의 소론(小論)「회의론자(The Sceptic)」에서 종교의 수수께끼를 푸는 실마리를 제공하고 있다.

자연종교가 우리에게 제시하는 추상적이고 비가시적인 대상은 인간의 마음을 오랫동안 움직일 수 없으며, 삶 가운데서는 더욱 그러하다. 감정을 지속시키기 위해서는 감각과 상상에 영향을 주는 어떤 방법을 찾아야 하며 신에 대한 철학적 설명 이외에 역사적인 방식도 수용하여야 한다.[03]

---

03 "The Sceptic," *Essays, Moral, Political, and Literary*, Edited with Foreword & Notes, by E. F. Miller, Indianapolis: Liberty Classics Pub., 1985, p. 167.

요컨대, 여기서 주장하고 있는 흄의 요지는 감각과 상상을 배제한 채 이신론적인 신념을 유지하기가 어렵다는 것이다. 이 같은 주장은 영국 이신론자들이 이신론에 기초한 자연종교를 인류의 원초적 종교로 보고 타락한 기성종교로부터 자연종교로의 복귀를 주장했던 것과는 다른 입장이다. 인류의 종교에는 감각과 상상에 기초한 의인적 유신론의 침투를 막을 길이 없다는 흄의 인식은 『영국사(*The History of England*)』를 집필한 역사가로서 튜더 왕가와 스튜어트 왕가에서 발생한 정치적이고 종교적인 분쟁에 대한 역사적 사료를 검토하고 내린 결론이었다.

우리 본성의 취약성은 우리가 관여하는 모든 것 가운데 뒤섞여 나타난다. 따라서 어떠한 인간적 제도도 완전할 수는 없다. 무한한 정신, 우주의 창조자는 얼핏 생각하기에 모든 종교적인 의례나 제도가 배제된, 더 나아가 아무런 사원도, 사제도, 또 기도문이나 기원문도 없는 완벽하게 순수하며 단순한 예배를 요구하는 것처럼 보인다. 그러나 이러한 종류의 신앙이 빈번히 가장 위험한 광신주의로 타락하는 것을 목격할 수 있다. 우리가 어느 정도 종교를 인간의 취약성에 맞게끔 하기 위해 감각과 상상에 의존할 때 미신의 침투를 막거나 또는 예배에 있어 의례적이며 장식적인 요소들을 강조하지 못하게 하기란 매우 어려우며 거의 불가능하다.[04]

---

04 Mossner, E. E., *The Life of David Hume*, Austin: University of Texas Press, p. 307.

흄의 지적처럼, 감각과 상상에 토대를 두고 있는 종교적 의례나 신화가 부정적인 영향력을 지니고 있음을 부인할 수는 없다. 그러나 문제는 인간의 자연적인 성향이라고 할 수 있는 감각과 상상을 자극하는 종교적 의례나 신화의 필요성을 부인할 수 없으며, 그것들이 종교의 유해성과 밀접한 연관성을 가질 뿐 아니라 종교의 유용성과도 밀접한 연관을 갖는다는 점이다. 흄에 따르면, "어떠한 인간적 제도도 완전할 수는 없다". 따라서 보편적이며 이상적인 종교란 있을 수 없으며 이상적인 제도란 역사적 문맥과 유용성에 입각해서 선택된 중용(happy medium)일 수밖에 없는 것이다.

흄은 『도덕의 원리에 관한 연구』에서 미신과 정의를 비교하면서 양자간의 차이는 전자는 무익한 것인데 반해 후자는 유용성을 지니고 있는 것뿐이라고 말하고 있다. 이것은 어떤 종교를 미신으로 규정 짓는 규준이 종교의 유용성 여부에 있다는 말이 된다. 흄의 이 같은 공리주의적 접근 방법은 결국 교권의 타락을 제도적으로 방지하는 한편 사회의 질서와 평화에 이바지할 수 있다고 판단한 영국국교회를 승인하는 것으로 결론지어진다.

교황권의 지배로부터 벗어난 유럽의 교회 중에서 영국국교회만큼 합리적이며 중용적인 것은 없다. 이는 부분적으로 시민정부의 간섭으로 이루어진 개혁의 덕분이다……고대 미신의 특성을 약화시키고, 그것을 사회의 평화와 이익에 더욱 공존할 수 있도록 만듦으로써 현명한 사람들이 항상 추구해 왔으며 사람들이 좀처럼 유지

하기가 쉽지 않던 중용을 지키고 있다.[05]

흄은 오늘날 철학자로 알려진 인물이지만 당시에는 그의 철학적 저술들은 거의 외면당했으며 그의 이름을 알리게 된 책은 바로 『영국사』였기에 철학자로서보다는 역사가로서 알려졌다. 흄은 「역사의 연구에 대하여」라는 소론에서 "역사적 문맥에 대한 고려가 없는 철학적 사유란 극단으로 흐를 수밖에 없으며 그것은 결코 사물을 바라보는 올바른 관점일 수 없다"[06]고 말하고 있는데, 흄의 영국국교회에 대한 지지는 바로 역사적 문맥에서 고려된 그의 종교철학적 숙고의 결과인 것이다.

흄의 종교철학에 대해 결론을 내린다면, 그의 철학은 신화적 토대 위에서 온갖 광신적인 종교적 계율을 강요해 온 기성종교(기독교)와 모든 종교적 의례와 신화를 거부하고 도덕적 실천만을 유일한 종교적 실천으로 주장해 온 자연종교의 양극단을 거부하고 종교적 신념을 가능하게 하는 인간의 자연적 성향을 수용하면서 역사적인 맥락 가운데서 그 중용점을 찾고자 한 현실에 기반을 둔 계몽주의 철학이었다고 말할 수 있을 것이다.

---

05 Hume, D., *The History of England from the Invasion of Julius Caesar to the revolution 1688*, Indianapolis: Liberty Classics Pub., 1985, Vol. IV., pp. 119-20.

06 Hume, D., "Of the Study of History," *Essays, Moral, Political, and Literary*, Edited with Foreword & Notes, by E. F. Miller, Indianapolis: Liberty Classics Pub., 1985, p. 568.

대우고전총서
007

믿음과 지식

헤겔

황설중

1

헤겔의 『믿음과 지식(*Glauben und Wissen*)』은 1802년 7월 《비판적인 철학 잡지》 제2권에 발표된 상당히 긴 분량의 논문이다. 헤겔은 이 당시 자신보다 나이는 어렸지만 이미 상당한 명성을 얻고 있었던 셸링과 함께 이 잡지의 공동 편집인이었다. 1802년 봄과 여름 동안 헤겔은 심한 압박감 속에서 이 논문을 완성했다고 전해진다.

헤겔은 『믿음과 지식』에 「칸트와 야코비와 피히테 철학으로 그 형식이 완성된 주관성의 반성철학」이라는 부제를 달고 있다. 이 부제가 시사하고 있듯이, 이 논문에서 청년 헤겔은 하나의 완성된 철학 체계의 구성이 아니라, 주로 동시대의 철학들에 대한 비판을 목표로 삼고 있다. 말하자면, 이 논문은 정돈된 형태로 자기의 사상을 펼쳐 보이기보다는 그 당시 주도적인 역할을 담당했던 철학들의 한계와 난점을 드러내고 검토함으로써, 헤겔 자신의 고유한 사변철학을 준비하는 한 과정으로 볼 수 있다.

18~19세기 독일은 다양한 철학적 의견들과 문화적 경향들이 각축을 벌이던 시대였다. 계몽주의의 대두로 인한 종교와 철학 간의 갈등, 계몽주의와 정통 교리주의 간의 갈등, 계몽주의와 낭만주의 간의 대립 등의 문제와 그에 대한 해결 방안이 그 당시 예나에 모여 있던 철학자들의 공통 관심사였다. 헤겔의 『믿음과 지식』은 이처럼 당시의 지적이며 문화적인 다양한 흐름을 배경에 깔고 씌어졌기 때문에, 여러 방향에서 해석될 수 있다. 물론 복잡다기하게 전개되는 글의 흐름이 글의 가치를 손상시킨다고 할 수는 없지만, 매우 난삽하기까지 한 글의 논지를 일일이 파악하는 데 어려움이 따르는 것도 사실이다. 필자는 이런 사정을 감안해서, 이 해제에서는 『믿음과 지식』에서 헤겔이 말하고자 하는 핵심 사항만을 개략적으로 정리하고자 한다. 이것은 나무가 숲을 가리는 우를 범하지 말아야 한나는 이유도 있겠시만, 너무나 상세한 해설이 독자들을 안내하기보다는 미로에 가두어 버릴 위험성도 있기 때문이다.

헤겔은 어떤 철학적 견해들의 등장을 우연한 것으로 간주하지 않고, 의미론적으로 연결된 하나의 총체적인 그물망 속에서 그런 형태로 출현할 수밖에 없는 필연적인 사태들로 파악한다. 이런 점에서 헤겔 자신의 철학함도 이전 철학들이 지닌 자기 한계를 극복하기 위한 이론적 시도로 이해될 수 있다. 그리고 헤겔 철학의 진의(眞意)는 자아의 능력과 범위와 구조를 탐구하는 반성철학들의 불완전한 사태 파악에 대한 비판과 그에 대한 대안의 차원에서 평가될 수 있다.

헤겔은 자기 시대의 계몽적인 문화에 대해 이성이 신앙과 종교에 대해 승리를 거두었다고 서술한다. 그러나 이 승리는 참된 이성의 이념을 실현하지 못한다. 왜냐하면 이성은 신앙을 적대시함으로써 무한한 초감성적인 세계로 진입하지 못하고, 유한한 감성계만을 고수하기 때문이다. 말하자면 절대자는 이성을 초월해 있으며, 즉자적으로 이성을 결여하고 있는 텅 빈 믿음으로 남게 된다는 것이다. 이렇게 됨으로써 헤겔은 유한과 무한의 통일이라는 이성 이념을 실현해야 할 이성이 실제로는 유한과 무한을 절대적으로 고립시키고 대립시키는 지성으로 전락해 버렸다고 진단한다. "이렇게 이성은 단지 지성이 되어 버렸기 때문에, 자신보다 나은 것을 자기 **외부의 그리고** 자기를 **초월한 믿음** 속의 **피안**으로 설정함으로써, 이성은 자신이 아무것도 아니라는 것을 인정한다"고 헤겔은 반성철학이 처한 상황을 집약적으로 표현하고 있다. 반성철학이 직면한 고착 상태에 대한 헤겔의 이런 서술은 반성철학들에서 절대자는 동경의 대상이면서도 인식할 수 없는, 따라서 오로지 믿음의 대상일 수밖에 없음을 가리킨다. 요컨대, 헤겔은 절대자와 관련하여 이성이 다시 한번 신앙의 시녀로 전락한 사태를 역사적으로 처한 자기 시대의 철학적 상황으로 규정하고 있다.

헤겔이 볼 때, 칸트와 야코비와 피히테 철학에서 극명하게 전개되고 있는 것은 다름 아닌 이런 유한한 것과 무한한 것 간의 절대적 대립이다. 헤겔은 칸트와 야코비와 피히테 철학이 이 세상으로부터의 비약을 동경하는 개신교와, 로크와 공리주의적인 행복설로부터 출발하여 이 세상만의 유용성과 절대성을 내세우는 계몽주의 사이에서 방황하는 박쥐와 같은 구조를 갖고 있다고 간주한다. 이런 분열상은 헤겔이 그의 『정신현상학(Phänomenologie des Geistes)』의 「불행한 의식」에서 서술한 사태를 생각나게 한다. 불행한 의식은 영원과 무한을 동경하지만 자신이 고통과 기쁨을 겪는 이 현실로부터 피할 수 없다는 것을 깨닫는다. 불행한 의식은 세계와 동떨어진 신을 동경함으로써 자기 소외를 경험하는데, 『믿음과 지식』에서 유한과 무한의 분열과 고착은 지식과 믿음, 감성계와 초감성계, 현상과 본질, 주관과 객관, 사유와 존재, 자연과 자유의 대립으로 변형되어 등장한다. 헤겔은 칸트와 야코비와 피히테 철학에서 극명하게 드러난 반성철학의 기본 원리를 다음과 같이 단정적으로 서술하고 있다. "칸트, 야코비, 피히테 철학들에서 공통적인 기본 원리는 유한성의 절대성이며, 이로부터 발생하는 유한성과 무한성, 실재성과 관념성, 감성적인 것과 초감성적인 것의 절대적인 대립이며, 그리고 참된 실재적인 것과 절대자의 피안이다."

헤겔은 칸트와 야코비와 피히테가 이성을 말하고 있지만, 분리된 사유 규정들을 통해 사태를 고찰하고 있기 때문에 그들은 사실상 사태의 개념적 파악과 관련하여 지성의 수준에 머물러 있다고 생각한다. 달리 말한다면, 반성철학은 아무런 비판적 검토 없이 개념들에 대한 일상적인 이해와 사용에 의존한다는 것이다. 이렇게 개념들 간의 내적인 상호 연관성을 통찰하지 못하고 통속적인 개념의 이해나 사용 방식을 철저하게 검사하지 않은 채, 어떤 개념이나 사유 규정을 자명한 것으로 전제하거나 정의(定義)한다는 것은, 헤겔이 『철학적 학문들의 백과사전(*Enzyklopädie der philosophischen Wissenschaften*)』에서 사용한 표현을 따른다면, 그 철학들의 무의식성(Bewußtlosigkeit)을 드러내는 것 이외에 아무것도 아니다. 사실상 반성철학들이 내세운 근대적 이성이 지성에 불과하다는 헤겔의 비판은 반성철학들의 개념의 이해와 사용 방식이 정당화될 수 없음을 의미한다. 바로 이렇기 때문에, 헤겔은 대립적인 개념들을 통일시키기 위해 반성철학들이 모색한 시도가 실패로 종결될 수밖에 없다고 결론짓는 것이다. 주관과 객관, 지식과 믿음 등의 다양한 개념적 대립을 고수하는 반성철학들의 자기 한계와 이로 인한 이성 이념의 실현 불가능성에 대한 분석이야말로 『믿음과 지식』의 산만하고 난해한 내용을 관통하는 주요한 요점이라고 정리할 수 있다. 반성철학의 지성적 사유 방식에 대한 헤겔의 비판은 곧바로 어떤 사태를 이해하고 설명하는 데 있어 반성철학이 결국 비정합적이고 불철저한 단계에 머무를 수밖에 없음을 뜻한다고도 볼 수 있다.

반성철학들은 개념들을 — 예컨대, 유한한 것과 무한한 것의 개념을 — 여전히 절대적으로 대립하는 것으로 이해하고 사용한다. 그러나 헤겔이 보기에 이런 개념들의 이해와 사용방식은 근거지워진 것이 아니다. 왜냐하면 "이 철학들은 경험적인 것이란 무한한 개념과 단적으로 대립하며, 유한한 것과 무한한 것이라고 하는 이 대립의 영역이 절대적이라는 것을 인식하는 데서 성립한다. (그러나 무한성이

유한성과 이렇게 대립하고 있을 경우, 각자는 타자와 마찬가지로 유한하다 [는 것을 그 철학들은 미처 간파하지 못하])"기 때문이다. 그러므로 유한한 것과 대립하며 유한한 것을 배제하는 무한한 것이란 유한한 것이며, 따라서 참된 무한한 것이 아니다. 즉 유한한 것에 의해 제약되는 무한한 것이란 사실상 겉모습만 무한한 것인 또 다른 유한한 것에 불과하다. 헤겔에 따르면, 무한한 것이라는 개념 자체가 온전한 정체성(正體性)을 확보하기 위해서는 이런 개념의 지성적인 대립을 넘어서서 필연적으로 유한한 것과 무한한 것의 통일이어야만 한다. 헤겔은『믿음과 지식』에서 이런 사변적인 개념의 통일 운동을 본격적으로 전개하고 있지는 않지만, 최소한 "이런 대립을 넘어서 있는 영원한 것이야말로 참된 최초의 것이고 제3자"라는 그의 서술은 이미 사변철학의 정향성(定向性)에 대한 윤곽을 충분히 예시하고 있다고 볼 수 있다. 이런 점에서『믿음과 지식』은 개념들의 자기운동을 본격적으로 서술하기 전, 반성철학들에서 출현하는 개념들의 절대적 대립을 비판하는 예비 과정으로 독해될 수 있다.

헤겔은 칸트와 야코비와 피히테 철학들이 유한과 무한 등의 개념들의 대립을 기본 원리로 삼는다는 점에서는 공통적이지만, 이 철학들은 서로간에 대립을 형성한다고 본다. 즉 반성철학 내에서 칸트와 야코비와 피히테 철학의 진행은 일종의 이론적인 완성을 향한 변증법적 경험을 보여 준다는 것이다. 헤겔은 칸트 철학이 주관성의 객관적인 측면이라면, 야코비 철학은 주관적인 측면이고, 이에 대한 종합을 피히테 철학이라고 보고 있다. 헤겔은 이 세 철학이야말로 주관성의 형이상학이 취할 수 있는 온갖 형식들을 망라한 것이고, 이런 이론적 발달 과정을 통해 주관성의 형이상학이 완성되었다고 평가한다.

2

헤겔은 『믿음과 지식』에서 칸트가 이질적인 요소들을 매개하고 통일할 수 있는 중간항을 안출했다고 평가한다. 즉 칸트가 그의 이론을 수미일관하게 전개한 결과, 감성과 지성, 특수와 보편, 유한과 무한 등의 대립물들이 통일되어야 할 필요성과 그 달성의 가능성을 파악했다는 것이다. 헤겔은 이런 대립물들의 통일 가능성을 칸트의 근원적으로 종합적인 통각, 생산적 상상력, 반성적 판단력, 직관적 지성 등에서 발견할 수 있으며, 이성 이념의 실현이라는 맥락에서 그 가치를 인정해야 한다고 판정한다. 헤겔은 어쨌든 "칸트가 이성의 이념의 단초를 마련했다는 데서 그의 공적을 인정해야만 한다"고 칸트 철학의 위대성을 높이 평가하고 있다.

그런데 헤겔이 보기에, 칸트 철학은 자체 내에 참된 사변적 이념의 싹을 갖고 있으면서도 이런 맹아를 계속해서 발전시키지 못한 채 중도에서 멈추어 버리고 원래의 출발 지점으로 되돌아가 버린다. 헤겔이 칸트의 통일 시도를 높이 평가하면서도 계속 전진하지 못한 채 "지성 속에 머물고 만다"고 거듭 비판하는 까닭이 여기에 있다.

왜 칸트는 결국 지성의 틀을 벗어날 수 없었는가? 헤겔에 따르면, 칸트는 개념들의 대립들을 넘어서려고 시도하는 가운데 사변적 이념의 필연성을 인정하면서도 "보편적인 것과 특수한 것이 불가피하게, 그리고 필연적으로 구별된다는 입장을 단호하게 견지하지 않으면 안 된다"고 여겼기 때문이다. 즉 칸트가 제안하고 있는 사변적 이념의 근저에는 여전히 초감성적인 것과 감성적인 것, 보편과 특수, 현상과 물자체, 신앙과 지식 등의 대립들이 굳게 깔려 있다는 것이다.

사실상 칸트의 이런 한계는 칸트가 사유 규정들을 사유 규정들 자체의 자기운동에 의해 서술하는 것이 아니라, 애초에 인식하는 주관의 선험적인 구조에서 발견하려 한 시도와 맞물려 있다. 『정신현상학』이나 『논리학의 학(Wissenschaft der Logik)』에서 헤겔이 강조하고 있듯이, 칸트의 범주표에 의해 도출되는 사유 규정들은 범주들의 자기 정체성을 확보하기 위해 다른 범주들과 관계 맺을 수밖에 없는 내적인 의미론적 전체 연관이 도외시된 채, 단지 주관적인 선험적 틀로서만 이해된다. 그래서 헤겔에 의하면, 결국 칸트의 사유 규정들은 사태 자체의 규정이 될 수 없다. 이와 유사하게 『믿음과 지식』에서 헤겔은 칸트의 반성적 판단력, 생산적 상상력 등이 사변적 이념을 간취하기는 하면서도 참된 의미의 주관과 객관의 통일에 도달할 수 없는 이유를 그것들이 근원적인 의미에서 주관성의 영역을 벗어나지 못했기 때문이라고 보고 있다. "이 생산적 상상력이란 단지 주관의 속성이고, 인간과 인긴 지성의 속성에 불과하기 때문에, 그것은 성삭 그 자신을 바로 생산적 상상력이게끔 한 [양 항을 매개하는] 중심이기를 스스로 포기하고, 주관적인 것이 되고 만다"는 헤겔의 지적은 바로 주관성에 갇혀 버린 칸트 철학의 발생론적 한계를 가리킨다고 볼 수 있다. 헤겔이 칸트 철학에 대해 누차 안타까움을 토로하고 있는 듯한 대목을 단적으로 말한다면, 사변적 이념의 길을 개척했으면서도 "칸트 철학이 절대적 유한성과 주관성으로 되떨어지고 만다는" 데로 수렴된다. "칸트 철학의 전체적인 과제와 내용은 절대자에 대한 인식작용이 아니라 이런 주관성에 대한 인식작용이거나 인식 능력에 대한 비판이 되고 말기 때문에" 결과적으로 유한과 무한, 현상과 본질, 지식과 신앙의 통일은 근원적으로 종합적이지 못한 통일로 격하되며, 그래서 칸트 철학에서 사유와 존재의 통일은 당위가 되어 버리고, 신앙은 지식에 대립하면서 지식이 파악할 수 없는 텅 빈 것으로 남게 된다는 것이다. 헤겔은 『철학적 학문들의 백과사전』에서 주관의 인식 능력을 탐구하려는 칸트의 기획을 "수영을 배우기 전에는 물에 들어가지 않으려는" 어리석은 행동에 비유하고 있다. 이런 시도는 참된 사태에 대한 개념적 파악을 원천적으로 봉쇄하거나 왜곡할 뿐이다. 왜냐하면 헤겔에 의하면, 칸트에서는 사실상 사유의 터전을 이루는 사유 규정들의 운동 자체가 사유와 분리 불가능한데도 사유 규정들에 앞선 사유의 운동을 상정하고 있을 뿐만 아니라, 이런 사유 규정들이 자기 스스로 운동하도록 그대로 놓아 두지 못하고 주관성이라는 틀에 옭아매기 때문이다.

헤겔은 칸트가 유한과 무한의 충돌을 해소하는 데 실패했으며, 이것은 칸트 철학이 "지식은 형식적인 지식이고 이성은 순수한 부정성으로서 절대적 피안이라는 것, …… 그리고 무한성과 유한성은 서로 대립하는 가운데 각자가 동등하게 절대적이라는 것"이라는 반성철학의 보편적 특징을 그대로 보존하기 때문이라고 결론내린다. 칸트 철학에 대한 헤겔의 집요한 비판적 분석은 참된 철학의 이념으로서의 절대적 동일성이란 인식이나 지식을 넘어선 피안이 아니라 대립이 절대적으로 지양되어 있는 통일이며, 칸트 철학이 미해결로 남겨 놓은 이 문제가 바로 자신의 사변철학의 과제임을 시사하고 있다. 어떤 의미에서 헤겔 철학은 칸트가 맹아로서 가지고 있던 사변철학의 싹을 그대로 키운 것이며, 칸트가 되돌아온 지점에서 멈추지 않고 계속 나아갔을 경우 도달한 철학의 유형이라고도 볼 수 있다. 헤겔은 『믿음과 지식』에서 칸트의 비판적 계승자로서 자신의 면모를 확실하게 부각시키고 있다.

3

『믿음과 지식』에서 야코비의 철학은 가장 길게 다루어지고 있을 뿐만 아니라 가장 혹독한 비판의 대상이 되고 있다. 헤겔은 야코비가 스피노자와 칸트를 얼마나 악의적으로 왜곡하고 상대방을 빈정거리고 있는지를 일일이 원문과 대조하면서 지적하고 있다. 헤겔은 원초적으로 이런 곡해가 "유한한 것의 무화(無化)에 대한 야코비의 혐오"에 의해 초래되었다고 생각한다. 야코비 철학이란 단적으로 "주관적인 것과 유한한 것의 측면을 내표하는 전형"이기 때문에, 헤셀은 이로부터 유한한 것을 무화하려는 모든 철학적 시도에 대한 (왜곡, 잘못된 인용, 빈정거림에 기반한) 논박이 야코비 철학의 기본 특징을 구성하게 되었다고 간주한다.

왜 야코비가 경험적인 진리를 절멸시키려는 모든 시도에 대해 그렇게 악담을 퍼붓게 되었는가는 칸트 철학을 떠나서는 이해할 수 없다. 칸트에 따르면 경험의 세 계기들, 즉 감각뿐 아니라 직관과 범주도 현상만을 산출할 뿐, 즉자와 영원한 것에 대해서는 어떤 인식도 주지 못한다. 인과, 후속 등의 모든 개념들은 현상에 한정되며, 유한한 것의 관계들은 즉자적으로 아무것도 아니고, 이 관계들에 따르는 인식작용이란 현상들의 인식작용에 불과할 뿐 결코 물자체에 접근할 수 없다. 말하자면 칸트에게는 객관에 대한 인식이 전혀 즉자적인 것이 아니다. 그렇게 되면, "즉자와 이성은 이런 유한성의 형식들을 아주 넘어서서 그것들로부터 떨어져서 순수하게 유지된다."

잘 알려져 있는 것처럼, 칸트는 경험론자들처럼 우리 외부 세계에 대한 원초적인 지각이나 확실한 경험 사례들을 제시하고 축적하는 것이 아니라, 경험들을 가능하게 만드는 아프리오리한, 즉 경험과 독립해 있는 조건들을 탐구하고자 하였다. 대상에 대한 우리의 인식 가능성의 보편적인 조건들을 확보함으로써, 외부세계의 인식에 대한 확실성을 획득하려는 것이 칸트의 순수 이론 철학의 과제였다. 헤겔이 볼 때, 칸트의 물자체의 인식 불가능성은 이런 비판철학의 기획으로부터 필연적으로 귀결될 수밖에 없는 것이다. 왜냐하면 헤겔이 『정신현상학』에서 자세하게 서술하고 있듯이, 모든 인식은 이미 주관적인 인식 가능성의 조건에 의해 가공되거나 변형될 수밖에 없기 때문이다. 따라서 칸트 철학의 기획은 대상 자체에 대한 참다운 인식에는 도달할 수 없다는 자기 제한을 지니며, 인식의 영역은 현상에 한정되지 않을 수 없게 된다.

이렇게 칸트처럼 현상과 물자체 사이에 넘어설 수 없는 간격을 설정해야만 할 경우, 즉 "대상 자체가 어떻게 현상하는가"에 대해서만 인식할 수 있을 뿐, "그것이 정말 어떤가"에 대해서 인식할 수 없다고 할 경우, 끔찍한 결과를 맞이할 수밖에 없다고 야코비는 주장한다. "만약 그렇게 이해된다면, 사물들의 유한한 존재가 절멸되고 유한한 사물들이 현상들과 유령들로 변질되는 끔찍한 결과를 가져올 것이다. 이성이 유한한 것을 절대적이지 않은 것으로 인식하고 영원하지 않은 것으로 인정한다면, 인간은 …… 환상을 통해서만 현존재를 가질 수 있고, 이성을 통해서는 단지 무(無)에 이를 수 있을 뿐"이기 때문이다. 야코비는 칸트의 이성이 낳는 대상들을 환영들이라고 해석하고, 그렇게 되면 인간의 삶의 터전인 현실적인 경험 세계는 모두 부정될 수밖에 없다고 해석한다.

이제 야코비는 칸트의 이성이 낳는 대상들이란 환영과 환상에 불과하기 때문에, "자연의 계시를 믿어야 하고, 이 믿음을 통해 영원한 진리들을 받아들여야 한다"고 단정한다. 이것은 야코비가 일상적인 현실성에 관한 지식, 즉 감성적인 지각의 영역을 믿음 안에 포함시키고 있을 뿐만 아니라, 나아가 믿음과 영원한 진리들을 완전히 감성적 지각의 영역에 한정하고 있다는 것을 의미한다. 말하자면 야코비는 이성의 객관성을 부정하면서 감성적인 경험을 영원한 진리로 간주하는 것이다. "우리 인간들은 감관을 통해서, 그리고 보고 지각하고 감각하는 …… 계시를 통해서 사물들을 사실들로 받아들인다." 야코비에게 이성은 자의적인 것이며, 오히려 이성적인 것은 감각과 본능과 개성으로서만 포용된다. 이렇게 "야코비의 철학에서 이성은 본능과 감정으로만 파악되기" 때문에, 그에게 중요한 것은 지식을 통한 매개가 아니라 계시를 통한 직접적인 확실성의 믿음이며, 이런 믿음을 그는 일상적인 경험과 직접적인 표상에까지 확대한다고 볼 수 있다. 그러나 이성을 비판하는 이런 야코비의 견해는 헤겔이 볼 때, 철저하게 칸트를 오해한 데서 비롯한 것이다. "요컨대 야코비나 쾨펜은 칸트가 이성개념들의 이론적인 실재성에 관해 말한 것을 이성개념들의 실재성 일반으로 언표하고 있다." 쉽게 말해서, 칸트의 이론적인 차원의 논의를 야코비는 그대로 현실적이고 경험적인 차원의 논의로 받아들였다는 것이다.

어쨌든 야코비는 이런 오해에 근거를 두고 유한한 것과 시간적인 것에 진리가 존재하지 않는다는 칸트 철학에 반대하면서, 영원한 진리들이 아니라 일상적인 현실성의 진리에 초점을 맞춘다. 요점만을 간추린다면, 칸트 철학의 결론인 바 "유한성의 무(無)에서 (오히려) 야코비는 어떤 절대적인 즉자를 간취하는 것이다." 헤겔은 야코비 철학의 핵심을 한 마디로 '유한한 것의 절대존재'와 '개념에 대한 보편적인 혐오'로 규정하고 있다. 애초부터 야코비의 철학함은 현실적인 시간 안에서 살아 숨쉬는 인간 자체를 향해 있다고 볼 수 있다. 마치 개념이 인간을 위해 만들어졌지 인간이 개념을 위해 만들어지지는 않았다는 듯이, "야코비의 철학함의 원리는 개인적인 것과 특수한 것을 개념 위에 올려 놓으며 주관적인 생명성을 강조한다."

이런 맥락에서 헤겔은 반성철학 내에서 칸트 철학과 야코비 철학이 대립적인 극단을 형성한다고 평가한다. 왜냐하면 칸트 철학에서는 유한성과 주관성이 개념의 객관적인 형식을 갖는 반면, 야코비 철학에서는 유한성과 주관성이 내적인 생명으로 충일한 개체성으로 변질되기 때문이다. 또한 칸트에서는 유한한 사물들이 현상인 데 반해, 야코비에서는 유한한 사물들이 물자체들이다. 야코비의 경우, "유한한 사물들의 관계들은 단순히 의식적인 지성의 주관적인 것에 그치는 것이 아니라 객관적인 것이다." 헤겔의 서술에 따른다면, 칸트가 유한성을 무화(無化)하는 입장을 취한 반면, 야코비는 유한성을 절대적으로 고수(固守)하는 입장을 취하고 있는 것이다.

칸트와 야코비의 이런 대립관계에도 불구하고, 헤겔은 양 철학이 근본적인 측면에서는 공통적이라고 평가한다. 칸트 철학이 개념의 객관성과 무한성을 획득하는 데 반해 야코비 철학은 경험적인 우연성을 원리로 삼는다는 점에서 양 철학은 적대적이지만, 양 철학에서는 대립이 절대적으로 존재하기 때문이다. "즉, 양 철학에서 유한성과 자연적인 것과 지식은, 초자연적인 것과 초감성과 무한성과 절대적으로 대립하는 것이다." 헤겔이 보기에 칸트와 야코비는 대립적인 항들의 한 측면만을 강조하는 데서 상이할 뿐, 그 논의의 바탕은 여전히 대립적인 개념들의 이해와 사용에 기초를 두고 있다. 야코비는 사태에 대한 모든 사유 규정의 매개를 부정하고 오로지 직접성만을 내세우는데, 벌써 이런 직접적인 지식에서 직접성과 매개, 유한과 무한, 특수한 것과 보편적인 것이 배타적인 타자로서 대립하고 있다. 헤겔이 유한한 것을 즉자로 고양시키는 야코비 철학을 '절대적 독단론'이나 '독단주의'로 명명하는 까닭은 (칸트와 마찬가지로) 야코비 철학이 사변적 이념의 동일성을 개념적으로 파악하지 못한 채, 여전히 개념들을 단적으로 대립된 것으로서 고정시키고 독립적인 것으로 간주하는 지성 철학으로부터 한치도 벗어나지 못했다고 보기 때문이다.

야코비가 오로지 직접적인 확실성의 믿음에 호소하게 된 배경은 사유 규정(지성개념)들에 의해 매개된 지식에 의해서는 즉자적인 대상이 알려질 수 없다는 칸트의 비판 이론의 결과 때문이다. 야코비는 이런 지식의 매개의 제약성을 극복하기 위해 현실성과 감성적인 경험에 호소한다. 그러나 이것은 헤겔이 보기에 "진리와 신앙의 표현들을 가장 통속적이고 경험적인 현실성의 의미[의 수준으]로 격하시킨" 데에 불과하다. 야코비는 일상적인 현실성을 좀 더 정합적으로 해명하기 위한 지적인 시도를 포기하고 원래의 상식적인 세계 이해로 되돌아간다. 이런 점에서 보면, 칸트를 딛고 앞으로 나아가고자 한 야코비의 시도는 오히려 칸트 이전의 형이상학으로 후퇴한 셈이다.

야코비는 개념을 자의적이고 주관적으로 간주하면서, 감각이나 본능이 제공하는 직접적인 확실성의 믿음이나 계시에 의존한다. 그러나 헤겔은 "야코비가 이성적인 사유 대신에 내세운 감각작용의 표현과 본능의 주관성 등이 이성적인 것을 은폐한다"고 비판한다. 야코비 철학이 갖는 이론적 난점은 다름 아니라 모든 지식의 매개를 부정하고, 본능이나 "감관의 증언을 진리의 계시로 받아들이는" 야코비 철학의 주장 자체로부터 비롯된다. 『믿음과 지식』에서 간헐적으로 언급되고 있는 이런 종류의 비판은 헤겔의 후기 저작인 『철학적 학문들의 백과사전』에서 좀 더 본격적으로 전개된다. 『철학적 학문들의 백과사전』에서 헤겔은 직접적 지식이나 감정에 대한 호소는 이미 자기주장의 정당성에 대한 지적인 해명(매개)을 포기하고 있다는 점을 부각시킨다. 즉 직접적인 지식은 어떤 사태를 해명하는 데 있어 자기주장의 정당성에 대한 학문적인 근거지움이나 매개된 지식을 배제하고 있다. 그렇기 때문에, 믿음에 의한 주관적인 확신이나 본능을 학문의 시발점으로 삼는 것은 독단적인 전제 설정에 해당된다고 볼 수 있다. 지식의 매개나 근거지움을 요구하지 않는 곳에서 모든 주장은 동등한 권리를 갖고 제시될 수 있기 때문이다. 야코비의 직접적 지식에서 문제의 초점으로 떠오르는 것은 자신의 주관적인 계시의 권위일 뿐이다. 이런 측면에서 헤겔은 야코비 철학을 신의 동경을 원리로 삼는 개신교와 가장 가깝다고 본다. 결국 주관적인 계시나 확신을 학문의 시발점으로 삼는 야코비 철학은 최소한 직접적인 주관적 욕망이나 경향과, 정당화된 학문적 주장들을 구별할 수 있는 어떤 가능성도 자체 내에 지니고 있지 못하다. 이 점이 헤겔이 야코비를 그토록 부정적으로 평가하는 중요한 이유들 가운데 하나이다. 헤겔이 헤르더, 슐라이어마허, 야코비의 제자였던 쾨펜을 비판하는 맥락도 바로 이들이 주관적인 믿음만을 중시하는 야코비의 직관주의를 계승하고 있기 때문이다.

4

칸트 철학에서 중요한 것이 사유이며 무한한 것이고 객관적인 것의 형식이라면, 야코비 철학에서 강조되는 것은 감정이고 유한한 것이고 주관적인 개성이다. 피히테 철학에서 야코비의 이런 주관성은 칸트의 사유의 객관성과 종합된다. 피히테는 칸트와 야코비가 실패한 종합의 시도를 "자아(自我)가 비아(非我)와 같아야 한다는 당위적인 요구"로 제출하며, 이 점에서 헤겔은 피히테 철학을 반성철학 내에서 이론적으로 전진한 사유의 형태로 간주한다.

피히테는 자아를 절대적 주체로서의 절대적 자아로 파악하면서, 자아=자아라고 하는 자아의 무제약적이고 절대적인 원리가 철학의 체계를 가능하게 한다고 생각한다. 자아=자아라고 하는 제1 원칙의 절대적 자아는 순수한 의식이면서 순수한 활동성이다. 즉 자아는 사물들을 감각하거나 직관하지 못하고, 단지 자신의 감각작용과 직관작용만을 직관하고 자신의 지식을 알 뿐이다. 그래서 피히테의 경우, 최초의 것이며 유일하게 확실한 것은 순수하고 공허한 활동성이거나 순수하고 자유로운 행위이다. 헤겔은 피히테에게는 "자아=자아라고 하는, 순수한 지식과 순수한 직관작용과 순수한 감각작용 이외에 아무것도 존재하지 않는다"고 단정적으로 언급한다.

피히테는 공허한 지식이나 자아를 최초의 것으로 삼는다. 자아는 이처럼 절대적인 공허이고 비규정성이기 때문에, 모든 규정성은 자아에 낯설고, 자아는 실재성과 맺는 관계를 파악할 수 없게 된다. 피히테는 이 자아가 공허한 동일성에 그친다는 것을 자각하기 때문에, "유일한 진리와 확실성, 즉 순수한 자기 의식과 순수한 지식은 불완전한 것이고 어떤 타자에 의해 제약받는다는 것을 인정한다." 말하자면 피히테는 자아=자아라고 하는 절대적 원리의 불완전성을 인식하면서 이로부터 감관 세계로 전진해야 할 필연성을 인식하는 것이다. 헤겔의 표현을 빌리면, "피히테 철학의 출발점인 완전히 공허한 것[자아=자아라는 원칙]은 자기의 절대적 결핍으로 인해서 자기 충족의 직접적인 필연성을 자기 내에 내포하는 장점을 지닌다. 또한 그것은 [자기와는 다른] 타자로 나아가고 이 타자로부터 또 다른 타자로 계속 진행하면서 무한한 객관적 세계로 전진하지 않으면 안 되는 직접적인 필연성을 자기 안에 갖는다."

자아=자아라고 하는 피히테의 제1 원칙이 자아=비아라고 하는 제2 원칙으로 전진해야 하는 까닭이 여기에 있다. 객관적인 세계에 의해 완전해진다는 것은 순수한 지식이 단지 한 부분에 불과한 절대적인 것의 불완전성으로부터 이 부분을 완전하게 만드는 또 다른 부분을 추론하는 형식을 지닌다는 것을 뜻한다. 이런 피히테의 추론은 제1 원칙이 한편으로 절대적이면서 또 다른 한편으로는 유한한 부분이라는 것을 말해 준다. 헤겔은 피히테의 이런 자아의 이중적인 역할 수행이 애초부터 피히테에 의한 (제1 원칙과 제2 원칙과 제3 원칙의) 종합의 시도가 실패로 끝날 수밖에 없음을 함축하고 있다고 여긴다. 왜냐하면 "절대적인 것으로 정립된 것에 결함이 있으며 이 절대적인 것은 단지 한 부분에 불과하다는 통찰은 총체성의 이념을 통해서만 가능하기" 때문이다. 다시 말해서 피히테는 사실상 총체성의 이념을 전제하고 있으면서도, 저 공허하고 순수한 결핍태인 자아가 절대적인 진리와 확실성을 갖는다고 주장하기 때문에 "[피히테의] 형식적인 인식은 전체에서 출발하는 것이 아니라 부분에서 다른 부분들로 전진한다. 따라시 그것은 표상 일반에서나 혹은 인식에서나 자신의 부분성을 벗어날 수 없다. [……] 이를 통해 총체성의 모든 참된 이념은 단적으로 파괴되고" 마는 것이다. 요컨대, 헤겔은 피히테가 총체적인 통일의 사태를 일면적인 부분들로 파악함으로써 참된 인식작용을 수행하지 못한다고 보는 것이다. 헤겔에 의하면, 이런 난점을 극복하기 위한 "참된 인식작용이란 어떤 부분도 아니고, 불완전하지도 않으며,

경험에 있어서만 그 확실성과 진리를 갖는 것도 아닌, 절대자에서 출발해야" 한다.

피히테의 자아의 이중성은 순수 의식과 경험적 의식을 교차적으로 연출하기는 하지만 결코 양자의 동일성을 달성하지는 못한다. 헤겔은 피히테가 자아와 비아의 통일을 달성할 수 없는 이유를 피히테 자신이 순수 자아와 경험적 자아의 이원성의 절대적 간극을 설정한 데 기인한다고 판단한다. 달리 표현하면 피히테 철학에서는 동일성을 지니는 절대적 자아와, 자아와 비아의 분열로 빠져드는 유한한 자아(자기의식)가 바로 피히테 철학의 내재적 부정합성으로 인해 통일될 수 없으며, 제2 원칙과 제3 원칙은 결코 제1 원칙으로 환원될 수 없다는 것이다.

피히테의 제1 원칙에서 자아는 순수한 활동성과 순수한 사유로서의 절대적 주체이다. 이 절대적 자아가 순수하기 위해서는 "특수성과 완전히 결별한 보편성으로서 순수하게 대자적으로 정립되어야" 한다. 이미 헤겔이 『피히테와 셸링 철학 체계의 차이(*Differenz des Fichteschen und Schellingschen Systems der Philosophie*)』에서 누차 강조하고 있듯이, 피히테 철학에서 통일을 결여한 경험과 우연적인 다양성의 왕국은 이렇게 공허한 사유와 맞설 수밖에 없다. 이 절대적으로 순수한 자아가 경험이나 실재성과 관계 맺는다면, 그것은 곧바로 그 순수성을 상실하고 말 것이기 때문이다. 그래서 피히테가 제1 원칙에서 제2 원칙, 제3 원칙으로 전진해 간다 하더라도, 그리고 제3 원칙에서 자아와 비아를 매개하는 어떤 X의 분할 가능성을 도출한다 해도, 제2 원칙과 제3 원칙의 자아는 제1 원칙의 자아로 원리적으로 복귀할 수 없다. 왜냐하면 이 유한한 자아(비아)는 (제1 원칙의) 자아와 맞서 있으며 자아의 순수성을 침범하기 때문이다. "이렇게 피히테의 관념론에서 지식의 체계는 경험적인 실재성과 절대적으로 대립해 있는 완전히 공허한 지식의 지식이며, 다양성과 절대적으로 대립해 있는 통일의 지식이고, 이런 대립항들의 상대적인 동일성의 지식이다."

자아 자체가 자아로 존재하기 위해서는 자아=비아가 되어야 하지만, 이 자아=비아는 결코 최초의 절대적 자아로 환원될 수 없다. 이 사태를 달리 표현한다면, 절대적 자아의 활동성 자체는 그것이 파악되는 즉시 활동적인 것, 사유된 것, 즉 비아로 전락하기 때문에, 비아로 되는 순간 자아의 절대성은 붕괴된다. 그래서 헤겔은 비아가 필수적으로 요구되면서도 비아를 자아로 되돌릴 수 없는, 비아와 자아 사이에 놓인 심연의 간극을 피히테 철학에서는 극복할 수 없다고 해석한다. 제1 원칙에서 나타나는 자아가 무한하고 절대적인 자아라면, 제2 원칙을 거쳐 자아-비아의 대립인 제3 원칙에서 출현하는 자아는 유한한 자아이며, 여기서 무한과 유한은 통일되지 못한 채 대립에 머물게 된다. 그래서 칸트와 야코비를 비판하고 있는 것과 같은 맥락에 서서, 헤겔은 "이런 피히테의 지식 체계에서는 이원론으로부터의 탈출이란 사유될 수 없으며", "피히테의 관념론이 **이론적인 학문**이라 명명한 것은 이제 무한성과 유한성의 저 대립을 산출하는 것 이외에 아무것도 아니"라고 서술하는 것이다.

피히테에서는 결국 제3 원칙이 제1 원칙으로 통일되지 못하기 때문에, 즉 유한한 자아(자기의식)의 자아-비아의 대립이 절대적 자아로 통일되지 못하기 때문에, 절대적 자아의 직접적이며 추상적인 동일성만이 남게 된다. 피히테가 절대적 자아를 절대적 주체로 상정해도, 절대적 자아의 순수한 비매개성이 유한한 자아와 절대적 자아의 통일을 불가능하게 만들기 때문에, 피히테 철학의 관념론의 형식에서는 "필연적으로 특수한 것이 뒤에 남게 된다. (……) 그래서 …… 여기서 우리는 현실성과 실재적인 측면의 참된 이념성을 전혀 사유할 수 없는 것이다." 한마디로 헤겔이 지적하고 있는 피히테 철학의 결정적인 한계란 피히테의 제1 원칙의 절대적 자아가 비동일성을 도외시할 수밖에 없는 동일성이라는 데에 집중된다. 헤겔이 보기에 피히테의 절대적 자아가 매개성을 배제하는 직접적 동일성이라는 것은 곧 피히테의 철학이 직접성과 매개, 보편성과 특수성, 비동일성과 동일성, 주관성과 객관성, 관념성과 실재성, 무한성과 유한성 등의 이원적인 개념들의 대립 구도로부터 벗어나지 못하고 있다는 것을 뜻한다. 동시에 이것은 피히테 철학에서는 "실재적인 것 자체가 완전히 형식적이거나 관념적으로 정립되기 때문에, 이 이론적인 관념론의 전체 골격은 모든 내용을 추상해 버린 논리적 형식들의 구성일 뿐"이라는 것을 의미한다. 헤겔은 피히테의 사유와 지식이 이렇게 철저하게 형식적이고 무내용적일 뿐만 아니라 경험적인 실재성과 대립하고 있기 때문에, 말하자면, "공허함과 내용이 항상 서로 엇갈리기" 때문에, 피히테 철학에서 동일성과 통합을 이룩하려는 "이성적인 인식과 사변적인 이념은 직접적으로 지양되고 따라서 불가능하다"고 결론 내린다. 이런 맥락에서 헤겔은 피히테의 철학이 주관성의 한계를 넘어서기는커녕 오히려 객관성과 대립해 있는 절대적 자아의 형식성만을 고수하는 '절대적 주관성의 철학'이라고 규정하는 것이다.

5

지금까지 간략하게 살펴본 것처럼, 칸트와 야코비와 피히테 철학에서 완전한 순환을 형성하는 이 주관성의 형이상학은 개념들의 대립에 기초를 두고 있다. 이런 지성적인 사유에서 객관과 주관, 존재와 사유 등은 서로 동떨어진 것으로서 취급된다. 그런가 하면 결과적으로 주관에 기반하여 모든 사태를 해명하려는 반성철학들에서 "이성의 절대적인 객관과 대상으로서의 절대자는 이성적인 인식작용이 미칠 수 없는 절대적인 피안으로 변형되고" 만다. 이처럼 주관성의 형이상학에 있어 무한성은 유한성의 순수한 무화로 이해되고 사용되기 때문에, 헤겔은 "무한성이 절대자로 내세워지면서도 이를 통해 무한성은 유한성과의 대립에 감염되지" 않을 수 없다고 언급한다.

주관성의 형이상학에 대한 이런 비판은 이후 헤겔이 전개하고자 하는 자신의 사변철학에 대한 방향을 예고해 준다. 비록 『믿음과 지식』에서 헤겔은 칸트, 야코비, 피히테 철학을 비판하는 데 주력하고 본격적으로 개념들의 운동을 서술하고 있지는 않지만, 이런 비판적 분석 과정 자체가 이미 사변철학의 특징적인 단초들을 함축하고 있는 듯이 보이기 때문이다. 주관성의 형이상학의 개념들에 대한 이해는 (신과 자아의 관계에서 드러나듯이) "[양자택일 이외에] **제3의 길은 존재하지 않는다**"는 데에 기초를 두고 있다. 이에 반해 헤겔은 철학에는 제3의 길이 있다고 말한다. 그리고 헤겔에 의하면, "제3의 길이 있기 때문에, [진정한] 철학이 존재한다. (……) 즉 신은 자기 바깥에 있는 어떤 것에 의해서도 규정되지 않으며, 이것은 신 바깥에서는 어떤 것도 따로 존립할 수 없다는 것을 의미한다. 신 바깥에서는 어떤 것도 결코 존립하지 못하며 어떤 것도 [자립적인 것으로] 인정될 수 없기 때문에, 모든 형식 논리학의 원리이며 이성을 단념한 지성의 원리인 바, **이것이냐 저것이냐**라는 양자택일은 [이것이냐 저것이냐가 배제한] 절대적인 중심에서는 흔적도 없이 말살된다." 말하자면 헤겔은 진정한 (사변)철학은 "존재와 사유는 하나라고 하는 긍정적 이념을" 개념적으로 파악하는 데서 성립된다고 주장하는 것이다. 그리고 (개념들에 대한 양자택일적인 지성적 고찰 위에서가 아니라) 이런 동일성 위에서야 비로소 개념들의 자기운동이 참되게 이해되고 사용될 수 있다고 보는 것이다.

이미 『믿음과 지식』에서 어느 정도 서술되고 있기는 하지만, 무한이 유한과 아무런 관련이 없거나 혹은 대립해 있을 경우, 그런 무한이란 나쁜 무한일 수밖에 없다는 것을 헤겔은 이후 『논리학의 학』에서 좀 더 명확하게 서술하고 있다. 무한은 유한과 대립할 경우, 기껏해야 유한한 무한일 뿐이다. 그래서 무한한 것은 유한한 것이 부활하는 가운데 긍정적으로 자신을 드러내야 한다. 즉 헤겔이 말하는 사변철학의 참된 무한이란 유한을 배척하거나 혹은 유한과 대립하는 무한이 아니라, 유한을 자기의 필연적인 구성요소로서 포함하면서 운동하는 무한을 가리킨다. 『믿음과 지식』에서 헤겔은 이런 사태를 "무한성은 …… 형식적 추상의 개념이었던 것에 철학적인 실존을 부여해야 한다"거나 "무한성은 철학에 …… 절대적인 수난을 회복시켜야 한다"고 표현한다. 이런 입장을 확대할 경우, 헤겔은 『믿음과 지식』을 통해 신성함이나 은총은 낯설고 초월적인 무한자로부터 나온다는 전통적인 종교관을 반박하고 있다고 볼 수 있다. 헤겔은 지식과 격리되거나 지식을 배척하는 파악 불가능한 초월적 믿음이 아니라, 자기 자신을 알려고 노력하는 인간 자신의 승리로부터 유래하는, 말하자면 인간의 지식과 조화를 이루는 믿음을 부활시킬 수 있고 부활시켜야만 한다고 주장하는 것이다.

또 다른 측면에서 『믿음과 지식』을 관통하는 주관성의 형이상학에 대한 헤겔의 비판은 인간의 주관이 사태를 구성하고 처리할 수 있다는 근대의 계몽적인 '이성'을 극복하려는 시도로도 이해될 수 있다. 헤겔은 근대의 '이성'에 대해 "이른바 이성이란 어느 것이나 [그 가치를] 개별성으로 계산하고, 모든 이념을 유한성 아래 정립[하고 포섭]하는 것 이외에 아무것도 아니다"라고 규정한다. 칸트와 야코비와 피히테의 철학에서 이해되고 사용되는 개념들에 대한 헤겔의 비판은 즉각 이런 계산적이며 도구적인 합리성의 한계에 대한 분석으로 번역될 수 있다. 인간이 세계의 주인임을 내세우는 근대적인 '이성'(계몽)의 표상은 그 계몽을 규정하는 범주들 자체의 역동적인 운동에 의해 자기 붕괴에 직면할 수밖에 없다는 것이 헤겔의 진단이다. 이런 점에서 『믿음과 지식』에서 암시되고 있는 헤겔의 사변이란 특정한 합리성의 유형으로서의 도구적 합리성의 정당성에 대한 자기 반성적인 합리성의 유형이거나, 혹은 사태를 좀 더 정합적으로 근거지으려는 합리성의 유형으로 해석될 수 있다. 『믿음과 지식』을 통해 헤겔은 신비로운 정신주의의 옹호가 아니라, 주관성의 형이상학에 대한 철저한 비판적 분석을 통해 협소한 '이성'(지성)의 한계를 드러내면서, 이성에 의한 이성의 자기 비판을 모색하고 있다고 말할 수 있을 것이다.

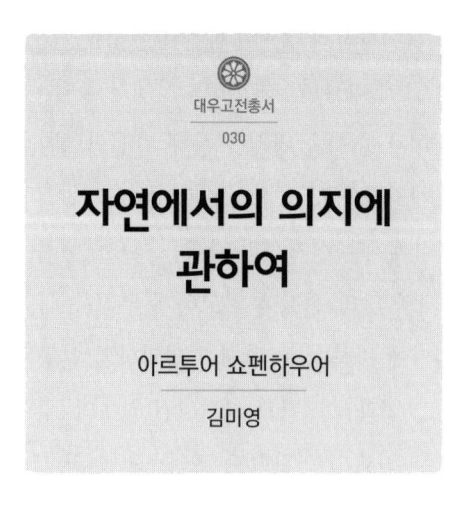

대우고전총서
030

자연에서의 의지에 관하여

아르투어 쇼펜하우어

김미영

1. 『자연에서의 의지에 관하여』의 철학적 배경

『자연에서의 의지에 관하여(*Über den Willen in der Natur*)』는 1836년에 출판되었고 19년이 지나 개정판이 나왔다.

쇼펜하우어는 이 책에서 경험과학의 연구 결과를 통해 자신의 철학을 증명하려고 시도한다. 쇼펜하우어는 1818년에 『의지와 표상으로서의 세계(*Die Welt als Wille und Vorstellung*)』를 출간한 이후 자연과학을 비롯한 다양한 분야에 대한 독서와 연구를 통해 자신의 사상을 심화시켰다. 그 결과가 이 책에 반영된 것이다. 1835년에 작성한 「입문」에서 그는 자신의 철학체계에서 이 책이 갖는 특별한 중요성을 피력한다. 그에 따르면, 경험적인 것에서 출발하여 형이상학의 본래적 핵심에 이르는 서술 방식을 통해 자신의 형이상학이 자연과학과 공통의 경계지점을 갖는 유일한 것이라는 사실이 증명된다. 이로써 자신의 철학체계는 실재성과 경험을 초월하여 허공에 떠다녔던 이전의 철학체계와 달리 현실에 견고하게 뿌리를 내린다는 것이다. 『자연에서의 의지에 관하여』는 당시 자연과학의 연구 성과를 빠짐없이 기술하면서 그 성과를 철학과 연결시킨 최초의 책이라고 할 수 있다. 포이어바흐는 칸트의 인간학도 프리스의 인간학도 이루지 못한 사유의 인간학적 전회가 이 책에서 일어났다고 평가한다.

이 책의 초판이 나왔을 때 쇼펜하우어는 아직 세상에 알려지지 않은 철학자였다. 1835년에 그는 1819년부터 적어둔 생각들을 첨가하여 『의지와 표상으로서의 세계』의 개정판을 내려고 출판사에 문의했지만, 초판도 대부분 파지가 되었다는 답변을 듣고 계획을 포기했다. 이듬해에 쇼펜하우어는 그동안 써둔 원고를 모아 이 책 『자연에서의 의지에 관하여』를 썼다. 그러나 쇼펜하우어가 "17년간의 침묵을" 깨고 내놓은 이 책도 그의 철학에 대한 관심을 불러일으키지는 못했다.

개정판이 나온 시기의 시대적 상황은 달랐다 헤겔철학에 대해 포이어바흐를 비롯한 유물론적 사상가들의 비판이 이어졌으며, 콩트의 실증주의를 중심으로 자연과학에 기초하여 세계를 설명하려는 시도가 서서히 시대정신으로 자리를 잡게 되었다. 쇼펜하우어의 철학도 학계의 관심을 끌게 되었다. 이미 19년 전에 자연과학을 통해 자신의 형이상학을 증명하려고 시도했으며, 자신의 철학이 "다음 시대의 철학"이라는 이름으로 불릴 것을 요구한 쇼펜하우어는 사실상 시대를 앞서갔던 것이다. 다음 시대에는 "더 이상 의미 없는 쓸데없는 말, 텅 빈 상투어, 유희하는 대구법에 만족하지 않고, 실재적 내용과 진지한 설명"이 철학에서 요구될 것이라고 그는 초판의 「입문」에서 말한다.

그로부터 19년 후에 쓴 개정판의 「서문」에서 쇼펜하우어는 자연과학자들의 "극단적이고 편협한 유물론"을 비판한다. 그는 "도가니와 시험관을 다루는 신사들"을 지적하며 "단순한 화학이 제약사의 능력은 줄 수 있겠지만 철학자의 능력을 줄 수는 없다는 사실"을 강조한다. 그는 화학이나 물리학 혹은 생리학을 배웠지만 그 밖에는 세상에서 아무것도 배우지 않은 사람들이 계몽가로 자처하는 현실을 비판한다. 자연과학 분야의 전문가라 해도 자연과학 외에는 아무것도 배우지 않았다면 대중과 다를 바 없는 무지한 사람이라는 것이다. 쇼펜하우어는 자연과학의 한계를 지적한다. 물리학을 비롯한 자연과학은 고유의 탐구 과정에서 설명이 끝나는 지점에 이르게 되는데, 이것이 바로 형이상학적 고찰이 시작되는 지점이라는 것이다. 자연과학은 이제부터 그 연구 대상을 형이상학에 넘겨줘야 한다고 그는 주장한다. 자연 속에 움직이며 작용하고 있는 모든 힘의 본질은 물리적인 힘을 넘어서는 의지라는 것을 과학자들은 인식하지 못한다는 것이다. 이 점에서 쇼펜하우어는 물질적 세계의 법칙만을 받아들이는 로크의 경험주의를 받아들이지 않는다. 그는 우리가 경험하는 현상의 본질인 실재에 접근하려고 시도한다.

『자연에서의 의지에 관하여』에서는 쇼펜하우어철학의 핵심 개념인 무의식적 의지가 집중적으로 다루어진다. 그는 생리학과 해부학을 비롯한 자연과학과 언어학 및 중국학까지 망라하는 모든 학문 영역의 연구 결과를 통해 동식물뿐 아니라 생명 없는 무기물에 이르는 모든 존재에게서 의지현상이 표명된다는 것을 제시한다. 이를 통해 쇼펜하우어가 증명하려는 것은 자신의 존재론이다. 즉 그는 칸트의 회의주의에 대해 우리가 자신의 내면을 통해 사물 자체에 접근할 수 있으며, 우리가 내면에서 발견한 의지는 자연현상의 본질인 의지와 동일한 것이라고 주장한다. 이러한 자신의 형이상학적 입장을 입증하기 위해 쇼펜하우어는 자연에서 일어나는 무의식적 의지현상을 기술하는 것이다. 나아가 그는 모든 존재에게 동일한 근원적 실재인 의지를 윤리학의 기초로서 제시한다. 이로써 쇼펜하우어는 자연과학에서 출발하여 윤리학에 이르는 모든 학문 영역을 일관되게 조망하는 철학적 체계를 완성하는 것이다.

무의식적 의지는 쇼펜하우어철학의 핵심 개념이지만 그의 철학이 비합리주의로 해석되는 계기를 제공하기도 한다. 쇼펜하우어는 합리성에서 비합리성으로의 전회를 완성했으며, 프로이트의 무의식 개념을 선취한다고 평가되기도 한다. 그렇지만 쇼펜하우어가 말하는 최초의 것이자 근원적인 것인 무의식적 의지는 개별자의 의지를 의미하지 않는다. 오히려 개별자의 의지는 언제나 동기라는 원인에 의해 필연적으로 작용한다고 그는 주장한다. 쇼펜하우어는 이 책에서 무의식적 의지는 물리적인 것이 아니라 형이상학적인 것이라는 점을 강조한다.

『자연에서의 의지에 관하여』에 서술되는 쇼펜하우어의 철학은 그 자신이 강조하듯이 칸트철학에 대한 수용과 칸트철학의 문제에 대한 극복이라는 맥락에서 가장 정확하게 이해될 수 있다. 쇼펜하우어는 객관적으로 실재 자체를 인식할 수 없다는 칸트의 회의주의를 수용한다. 지성은 단순한 현상에 제한되어야 하며 결코 사물 자체에 관한 인식능력이 아니라는 칸트의 발견에 따라 쇼펜하우어는 우리가 인식하는 세계는 표상의 세계일 수밖에 없다고 주장한다. 쇼펜하우어는 칸트 사후 50년이 지나 "진정한 철학"이며 "하나의 혁명"인 비판철학에 대한 지식이 사라졌고, 철학 교수들에 의해 독일철학이 타락의 상태에 처하게 된 현실을 비판한다. 그는 독자들에게 칸트의 책을 직접 읽을 것을 권한다.

다른 한편으로 쇼펜하우어는 칸트가 실재에 대한 인식을 철저히 해명하지 않는다고 비판한다. 그는 객관적 인식의 방법으로는 사물의 내부로 들어갈 수 없다는 점에서만 칸트의 관념론을 수용한다. 쇼펜하우어는 우리가 인식하는 주체인 동시에 인식되는 존재인 물자체이므로 외부에서는 들어갈 수 없는 본질에 이르는 길이 우리의 내부로부터는 열려 있다고 주장한다. 칸트가 절대로 인식될 수 없다고 간주한 이 물자체는 "우리에게 직접적으로 알려진 무척 친숙한", 우리 자신의 의지라는 것이다. 쇼펜하우어는 의지를 직접적으로 의식되는 유일한 것으로서, 자연현상에서 표현되는 의지와 동일한 근원적 실재로서 받아들인다. 이 의지는 인식과 독립적인 것이어서 인식이 없이도 성립한다는 것을 그는 강조한다.

이로써 쇼펜하우어는 의지작용을 인식으로부터 도출하려는 경험적 지식과 관점의 한계를 지적한다. 표상세계의 법칙을 실재의 법칙으로 간주하는 "편협한 유물론"을 그는 비판하는 것이다. 그는 형이상학의 탐구 대상인 의지를 자연현상의 근원적 실재로 제시함으로써 자연과학과 형이상학의 분리를 극복하고, 과학에 대한 실천철학의 우월성을 주장한 칸트의 철학에 실제적 기반을 제공하는 것이다.

2. 이 책의 내용

『자연에서의 의지에 관하여』에서 쇼펜하우어는 각 학문 분야의 연구 결과를 병렬적으로 제시하면서 자신의 철학적 입장을 밝힌다. 각 장은 서로 독립적이다. 그러면서도 쇼펜하우어의 철학적 입장을 증명한다는 점에서 내용상 다시 만난다.

생리학과 병리학 장에서 쇼펜하우어는 인식 없는 의지의 가능성을 해명한다. 우선 그는 의학자인 브란디스(Joachim Dietrich Brandis)가 질병에 관한 저술에서 의식 없는 의지를 생명 기능의 원천으로 서술한 것은 자신의 학설에 대한 표절이라고 주장한다. 자신이 칸트의 학실로부터 도출한 근원적인 형이상학적 신리를 브란디스는 아무런 승명 없이 단순히 주장한다는 것이다. 또한 생리학자인 로자스(Anton Rosas)는 자신의 논문을 그대로 베껴 썼다고 쇼펜하우어는 비난한다. 그렇지만 그는 표절보다 더 해로운 것은 철학을 수단으로 삼는 철학 교수들의 기회주의라고 주장한다. 기회주의자들은 빵 한 조각을 얻기 위해 진리를 어길 수 있다는 것이다.

쇼펜하우어는 생리학자 슈탈(Georg Ernst Stahl)이 물체의 모든 내적 기능을 완성하는 것이 의지임을 간파했으면서도 의지를 인식으로부터 분리하지 못하고 이성적 영혼 개념을 전제함으로써 불합리성에 빠지게 되었다고 주장한다. 또한 해부학자 할러(Albrecht von Haller)가 자극성과 감수성으로 물체의 내적 기능을 설명하려 했지만, 이러한 경험적 해명은 한계점에 이를 수밖에 없었다고 주장한다. 쇼펜하우어는 의지를 인식으로부터 완전히 분리하는 것이 자신의 학설에서 핵심임을 밝힌다. 지금까지 철학자들이 의지를 인식에 의해 제약된 것이라고 간주했지만, 오히려 의지가 처음의 것이며 존재 자체로서, 유기체에서 인식이 성립하기 위한 조건이라는 것이다. 그래서 인간에게서 생명의 원리를 형성하는 것으로서 영원하고 파괴될 수 없는 것은 영혼이 아니라 의지라는 것이다. 쇼펜하우어는 의지가 물자체로서 완전히 근원적인 것인 반면에 인식은 의지의 가시성인 신체의 일부분인 뇌의 기능일 뿐이라는 점을 강조한다. 따라서 그는 인식 없는 과정에서도 일어나는 의지(Wille)를 인식에 의해 매개되는 자의(Willkür)와 구분한다. 신경을 통해 뇌와 교류하는 신체 부분만이 자의적이고 다른 내적 조직의 운동은 비자의적인 자극에 의해 유도되지만, 의지는 어디에나 항상 있다는 것이다.

쇼펜하우어는 의지가 인식 없는 과정에서도 작용한다는 것이 해부학자 할러 이후에 일어난 생리학의 발전에 의해 증명된다고 본다. 의식에 동반되는 행동뿐 아니라 무의식적으로 일어나는 생명과정도 신경계의 지배를 받는다는 사실이 밝혀졌다는 이유에서다. 의식은 뇌에서 나오는 신경에 의해 조종되는 반면 무의식적 생명과정은 신경절에 의해 관리되므로, 뇌와 연결되지 않는 내적 과정도 "독자적 생명"을 갖는다는 것이다. 이 생명에 대해 화학자인 헬몬트(Jan Baptist van Helmont)는 모든 기관이 독자적인 자아를 갖는 것 같다고 표현한 사실을 지적한다.

쇼펜하우어는 의식적·무의식적 운동 모두 의지의 운동이므로, 신체의 운동을 두 원천에서 도출할 필요는 없다는 점을 강조한다. 생물학자인 트레비라누스(Gottfried Reinhold Treviranus)는 갑각류나 어류에게서 자의적인 장소 이동 운동과 생체 운동인 호흡작용이 완전히 하나로 일치하는 점을 발견했으며, 생리학자 뮐러(Johannes Peter Müller)도 의지가 동공에 영향을 미친다는 것을 증명하려고 시도했다는 사실을 지적한다.

그러나 쇼펜하우어는 이 두 운동의 동일한 원천이 의지라는 사실에 생리학자들은 실험적 연구와 가설의 방법으로는 결코 도달하지 못할 것이라고 주장함으로써 자연과학적 방법의 한계를 지적한다. 물리적인 것에 대한 설명이 끝에 도달한 어디서나 그 설명은 형이상학적인 것과 만난다는 것이다. 다만 그는 메켈(Johann Friedrich Meckel)이나 부르다흐(Karl Friedrich Burdach) 같은 몇몇 생리학자들이 단순히 경험적인 방법으로 "식물의 자유의지"를 추정하거나 생명 없는 물체에도 있는 "자기애"를 증명함으로써 의지가 자연현상의 근원적 원동력이라는 진리를 어느 정도 인식했다는 점을 지적한다.

비교해부학 장에서 쇼펜하우어는 의지가 인식에서 도출되는 것이 아니라 최초의 것이고 본질 자체라는 점이 동물의 신체구조에서 나타난다는 점을 제시한다. 그는 동물의 신체가 동물의 의욕이 추구하는 목적에 상응하는 수단이므로 목적과 정확히 일치해야 한다고 주장한다. 그리고 자신의 이 주장은, 육식동물의 골격이 동물의 성향과 욕망에서 발전한다는 판더(Pander)와 알통(d'Alton)의 주장을 통해 입증된다고 본다. 또한 생리학자인 부르다흐도 배아, 신체, 생식기들이 "의지하므로" 그 형태가 결정된다고 주장하는 것을 지적한다. 그러나 쇼펜하우어는 이 자연과학자들이 근원력을 부정함으로써 그들이 넘어설 수 없는 한계인 형이상학적 문제에 이르렀다는 사실을 보여준다고 주장한다.

쇼펜하우어는 자연신학적 증명의 목적론을 비판함으로써 의지가 지성으로부터 독립적이라는 점을 다시 강조한다. 자연신학적 증명에서는 의지작용이 인식에서 도출된 것으로 간주되었으므로, 목적개념이 동물의 현실적 존재에 선행했다는 것이다. 쇼펜하우어는 이와 같은 목적 개념을 받아들이지 않으며, 자연에 질서를 부여한 것이 지성이라는 자연신학적 사상은 완전히 잘못된 것이라고 주장한다. 지성은 세계의 이차적 원리일 뿐 결코 그 현존의 조건이었을 수 없다는 이유에서다. 지성계는 감성계로부터만 재료를 획득하므로 "지성이 자연을 산출한 것이 아니라 자연이 지성을 산출했다"라고 쇼펜하우어는 주장한다. 따라서 목적론적인 모든 사실은 그 사실들이 발견되는 존재 자체의 의지로부터 해명된다는 것이다.

쇼펜하우어는 동물의 생활방식과 신체조직의 관계를 열거함으로써 의지가 인식에 앞선다는 사실을 강조한다. 그는 시간적으로는 동물의 기관이 생활방식에 선행하지만, 본질적으로는 의지가 기관의 형태를 결정한다고 주장한다. 동물이 자신의 생계를 위해 영위하려는 생활방식이 그 동물의 신체구조를 결정했다는 것이다. 그래서 많은 동물에게서 의지의 지향이 그에 필요한 신체 부분이 있기도 전에 표현된다는 점을 지적한다. 이것은 어린 숫염소, 송아지가 뿔을 갖기도 전에 맨머리로 들이받는 사실에서 알 수 있다는 것이다. 이로부터 그는 의지가 인식으로부터 발생하는 것이 아니라, 즉 자신이 발견하는 도구를 사용하는 것이 아니라 최초에 있는 근원적인 것이라고 주장한다. 그런 방식으로 살려는 열망이 먼저 그 동물이 가진 도구들을 결정한다는 말이다. 아리스토텔레스도 침으로 무장한 곤충들에 대해 "투지(鬪志)를 가지므로 무기를 갖는다", "자연은 활동을 위해 기관들을 만든다"라고 주장함으로써 동물의 신체구조가 의지에 따른다는 사실을 표현한다는 것이다.

그런데 쇼펜하우어는, 라마르크(Jean-Baptiste de Lamarck)가 동물의 조직체를 결정한 것은 동물의 의지라는 사실을 정확히 보았으면서도 사물 자체인 의지를 시간 안에서 파악했기 때문에 오류에 빠진다는 점을 지적한다. 라마르크는 동물의 의지가 동물 자체보다 더 근원적일 수 있다는 생각에 결코 이를 수 없었으므로, 지향 없이 지각만을 갖는 동물을 가장 먼저 설정한다는 것이다. 그래서 지각의 인식에서 의지가 발생하고, 이 의지에서 동물의 기관이 발생한다고 보았다는 것이다. 이로써 라마르크는 동물종이 사용을 통해 기관을 산출하기 전에 이미 멸종했어야 한다는 반론에 부딪힌다는 점을 지적하고, 이에 대해 쇼펜하우어는 의지가 물리적인 것이 아니라 형이상학적인 것이라고 주장한다. 모든 동물종은 시간 밖에 있는 형이상학적인 것으로서 자신의 의지를 통해 자신의 형태와 조직을 결정했다는 것이다.

쇼펜하우어는 의지가 인식에서 도출되지 않으며 오히려 최초의 것이고 본질 자체임을 다시 강조한다. 그리고 신체기관으로 무장된 동물은 의지의 현상이며 지성도 이 기관에 속한다고 주장한다. 쇼펜하우어는 동물의 무수한 형태가 의지 지향의 표현이라는 점을 제시한다. 맹수들의 이빨과 발톱은 싸우려는 의지의 표현이며, 토끼의 늘어난 귀는 도피하려는 의지의 표현이라는 것이다. 지성도 종을 보존하는 수단이라고 주장한다. 그래서 지성은 종의 보존에 필요한 정도에 따라 늘어나거나 줄어든다는 것이다. 매우 적게 번식하는 코끼리, 말, 원숭이가 탁월한 지성을 갖는다는 사실로부터 쇼펜하우어는 종의 보존이 어려울수록 지성이 발달했다고 주장한다. 그리고 인간의 이성도 인간의 욕구가 크고 근력이 약하며 번식이 느리다는 상황에 의해 요구되었다는 것이다. 그는 인간의 지적 능력이 탁월한 것도 개별자의 확실한 보존을 위해 요구되었기 때문이라고 본다.

쇼펜하우어는 동물학자 생틸레르(Étienne Geoffroy Saint-Hilaire)가 입증하듯이 척추동물 전체에서 뼈의 숫자와 배열은 변화하지 않지만, 크기나 형태는 의지의 목적에 따라 가변적이라는 점을 지적한다. 의지의 목적이 다르므로 예를 들어 동일한 팔뼈가 원숭이, 악어, 두더지에서 다르게 형성되었다는 것이다. 마찬가지로 지성의 저장소인 두개골도 생계를 얻는 방식의 어려움에 따라 늘어나거나 휘거나 한다는 것이다. 쇼펜하우어는 동물의 목적에 대한 신체구조의 적합성 및 동물 내부 작용의 합목적성으로부터 동물의 신체는 의지의 가시성이며 객체성이라는 결론을 도출한다. 그래서 신체 안에 있는 모든 것이 최종 목적인 그 동물의 생명을 위해 도모한다는 것이다. 여기서는 의욕, 행위, 성취가 하나이며 동일한 것이라고 쇼펜하우어는 주장한다. 의지가 먼저 의도를 갖고 목적을 인식하고 수단을 목적에 맞추고 하는 것이 아니라, 의지의 의욕이 직접적으로 목적이고 직접적으로 성취라는 말이다.

식물생리학 장에서 쇼펜하우어는 퀴비에(Georges Cuvier)를 비롯한 동식물학자들의 주장을 인용하여 식물의 자발적인 운동에 대해 기술함으로써 의지가 인식 없이도 작용한다는 사실을 제시한다.

동물학자 퀴비에는 식물이 동물의 움직임과 유사한 자발적 운동을 갖는다고 기술한다. 예를 들어 식물은 빛을 향할 때를 제외하면 언제나 수직 방향으로 나아가며, 뿌리는 좋은 토양과 수분을 향해 간다는 것이다. 퀴비에는 이러한 운동이 외부 원인의 영향에 의한 것으로 설명될 수는 없으며, 단순한 관성의 힘과는 다른 어떤 내적 성향을 받아들여야 한다고 주장한다. 퀴비에의 기록에 따르면, 식물학자 뒤트로셰(Henri Dutrochet)는 식물이 물체가 아니라 내부의 원리에 따라 움직인다는 사실을 실험을 통해 보여주었다. 공기도 습기도 식물이 자라는 방향을 결정하지 않는다는 것이다. 식물학자 마이엔(Franz Meyen)은 식물들의 자유로운 운동으로부터 일종의 의지 작용을 도출하며, 트레비라누스는 덩굴손식물이 버팀목 주위를 감을 때 살아 있는 식물의 주위만을 감거나 자신에게 적합한 양분을 흡수할 수 있는 식물의 주위만을 감는 현상에서 자발적 운동이 표명된다고 주장하며, 식물학자 도베니(Charles Daubeny)는 식물의 뿌리가 흙의 성분을 선택하는 능력을 갖는다는 사실을 실험을 통해 보여주었다. 또한 쇼펜하우어는 플라톤이 식물에 욕망을 부여한 사실을 언급한다.

쇼펜하우어는 많은 식물학자들이 식물의 자발적 운동을 관찰했지만, 식물에 의지를 부여하는 것에 동의하지 않은 것은 의식이 의지의 조건이라는 선입견에 사로잡혀 있었기 때문이라고 주장한다. 의지가 처음의 것이며 인식으로부터 독립적이라는 사실을 그들은 납득할 수 없었다는 것이다. 식물은 의식을 갖지 않지만, 의지를 직접적으로 갖는다고 쇼펜하우어는 주장한다. 의지는 사물 자체로서 식물 현상의 실체이기 때문이라는 것이다.

쇼펜하우어는 의지에 대한 직접적 인식의 가능성을 언급한다. 그것은 자신의 의지에 대한 직접적인 지각으로서 그 인식 안에서 사물 자체는 더 이상 은폐되어 있지 않다는 것이다. 의지가 자신에 대해 의식하는 것을 쇼펜하우어는 내감(內感)의 공이라고 말한다. 내감은 우리의 최초이자 직접적인 인식으로서 의지의 다양한 활동을 지각한다는 것이다.

그러나 쇼펜하우어는 인간이 아닌 동물에게서 인식능력은 다른 신체기관들이 그렇듯이 오직 보존을 목적으로 나타난다는 점을 다시 강조한다. 그리고 식물의 욕구는 인식을 요구하지 않으므로 자극에 대한 수용성이 인식을 대체한다고 말한다. 동물과 인간에게서 인식이 수행하는 것을 식물에게는 자극의 수용성이 수행하므로, 식물은 빛이나 태양을 지각하지 않지만 그쪽으로 향한다는 것이다.

쇼펜하우어는 이러한 식물의 의지작용은 자극의 감각과 구분되지 않고 하나로 융합되어 있는 반면에 동물에게서 동기와 의지작용은 분리되어 있으며, 인간에게서 의지와 지성은 명백히 분리되어 천재의 지성은 의지의 지배에서 벗어나 완벽한 객관성에 도달할 수 있다고 주장한다. 이로부터 개별적 행위들이 자유롭다는 착각이 초래된다는 것이다. 이 문제를 쇼펜하우어는 다음 장에서 다룬다.

물리천문학 장에서 쇼펜하우어는 영국의 천문학자 존 허셜 경(Sir John Frederick William Herschel)이 중력을 의지현상으로 표현함으로써 자신의 학설을 과학적으로 표명했다고 주장한다. 그러나 그는 허셜이 인과성 개념의 근원을 경험으로 보았으며, 의지가 의식과 밀접하게 결합되어 있다는 생각에 사로잡혀 있다고 비판한다.

쇼펜하우어는 자연에 두 개의 다른 운동원리가 있다는 일반적인 생각에 대해 언급한다. 플라톤은 내부로부터 움직이는 영혼과 외부로부터 운동을 받아들이는 육체 사이의 대립을 언급하며, 아리스토텔레스도 움직이는 모든 것은 자기 자신에 의해서거나 다른 어떤 것에 의해 움직인다고 함으로써 두 운동을 구분한다는 것이다. 또한 쇼펜하우어는 루소가 전달된 운동에서 원인은 운동사의 외부에 있고 자발적 운동의 원인은 운동자의 내부에 있다고 주장하며, 당시의 생리학자인 부르다흐도 운동의 규정 근거를 내부와 외부로 구분하고, 혼이 있는 물체만이 자신 안에 운동의 계기를 갖고 독자적으로 운동한다고 주장하는 사실을 지적한다.

이러한 구분을 쇼펜하우어는 받아들이지 않는다. 운동이 두 개의 근원을 갖지 않는다는 이유에서다. 운동은 내부에서 시작하여 의지에 귀속되거나 외부에서 시작하여 원인에서 발생하는 것이 아니라는 말이다. 그는 오히려 의지와 원인이 분리되지 않고 물체의 모든 운동에서 동시에 일어난다고 주장한다. 한편으로 내부의 운동은 언제나 동기라는 원인을 통해 표현되며, 다른 한편으로 외적 원인을 통해 일어나는 것으로 보이는 물체의 운동도 본질적으로는 그 물체가 갖는 의지의 표현으로서, 원인에 의해서는 이 표현이 불러일으켜졌을 뿐이라는 것이다. 그러므로 이 두 운동은 모든 운동의 예외 없는 유일한 내적 원리인 의지를 따르며, 원인, 자극, 동기는 외적으로, 즉 시공간 안에서 현상적으로 표현되는 계기일 뿐이라고 그는 주장한다.

쇼펜하우어에 따르면, 이 두 운동이 다른 것으로 보이는 이유는 의지의 운동에 대해 파악하는 것이 어렵다는 점에 놓여 있다. 그는 자연현상에 대한 이해 가능성이 의지가 더 표현될수록 줄어들며, 반대로 존재 자체에 관련되지 않는 단순한 현상일수록 늘어난다고 말한다. 자연의 가장 낮은 단계에서 원인과 결과는 동질적이므로, 여기서는 인과결합이 가장 완벽하게 이해되지만, 존재의 사다리에서 상승할수록 인과성의 파악 가능성은 줄어든다는 것이다. 그는 이미 전기, 화학 작용에서 원인과 결과 간의 유사성은 사라지고 인과성은 두꺼운 장막에 싸인다는 점을 지적한다. 존재의 사다리에서 높이 올라갈수록 결과에 더 많은 것이, 원인에 더 적은 것이 놓여 있는 것으로 나타나서 유기적 영역에서 원인과 결과의 관계는 전혀 이해되지 않는다는 것이다. 더욱이 인식하는 존재의 영역에서 행위와 그 행위를 불러일으키는 사물 사이에는 아무런 유사성도 관계도 없으며, 개념을 갖는 인간은 객체의 현존이나 실재성을 행위동기로 요구하지도 않으므로 인간의 행위에서 원인과 결과의 분리는 거대해지고 신체의 운동은 원인 없이 발생하는 것으로 나타난다는 것이다.

그러나 쇼펜하우어는 인과성에 대한 이해 가능성이 없어진 자연의 최고 단계에서 "완전히 다른 종류의 해명이 완전히 다른 측면으로부터, 즉 우리 자신의 내면으로부터 암흑에 마주쳐 온다"라고 말한다. 인식하는 우리가 인식되는 객체 자체가 됨으로써 의지가 동인이라는 인식이 성립한다는 것이다. 그리고 그는 이 자기의식에 의해 인식 없는 자연의 모든 과정의 내부에 대한 통찰도 가능해진다고 주장한다. 자연력과 생명현상들에서 인식되지 않는 내부는 우리 내부의 의지와의 동일성을 통해 접근될 수 있다는 것이다. 또한 그는 의지에 의한 운동도 자연에 대립하고 인과성의 원리를 전적으로 회피하는 설명될 수 없는 것으로 나타나지만, 자기의식에서 외적·내적 인식의 통일이 완성된다면 인과성의 모든 단계에서 그 본질의 동일성이 인식될 것이라고 주장한다. 그래서 인간의 운동이 충돌한 공의 운동보다 필연성을 적게 갖지 않는다는 것이 알려지고, 내부로부터 얻은 인식을 외부를 인식하기 위한 열쇠로 삼아 자연현상에서의 인과관계를 철저히 알 수 있다는 것이다.

이로써 쇼펜하우어는 데카르트 이래로 철학이 중점적으로 다루는 핵심 물음이 해결될 것이라고 주장한다. 현상의 본질은 우리에게 직접적으로 알려진 의지와 본질적으로 동일하다는 것이다. 그래서 "의지가 있는 곳에 더 이상 인과성이 없고, 인과성이 있는 곳에 의지가 없다"라는 오류를 정정하여 쇼펜하우어는 "인과성이 있는 모든 곳에 의지가 있다. 그리고 어떤 의지도 인과성 없이 행하지 않는다"라고 말한다. 인과성은 세계의 한 측면인 표상의 본질이고, 의지는 세계의 다른 측면, 즉 물자체라는 것이다. 인과성이 더 분명히 나타날수록 의지가 적게 표명되듯이 반대로 우리 자신에게서는 의지가 더 직접적으로 의식되고 인과성은 더 먼 것으로 나타나는 것일 뿐, 인과성과 의지는 언제나 함께 성립한다는 말이다.

언어학 장에서는 많은 언어에서 생명 없는 물체가 의욕을 갖는 것으로 표현되는 점을 지적한다. 세네카는 불이 의지한다고 표현하며 아리스토텔레스는 땅의 의지에 대해 표현한다는 것이다. 쇼펜하우어는 "물이 넘치려고 한다" "불이 붙지 않으려고 한다"라는 일상적 표현에서도 사물에 의지가 부여된다는 점을 지적한다. 반면에 사물에 인식, 표상, 지각, 사유가 부여된 경우는 없다는 것이다. 그는 독일어, 영어, 이탈리아어의 경우를 예로 들어 생명 없는 사물의 의욕에 대한 표현들을 제시한다. 또한 산스크리트 어원의 언어와 근본적으로 다른 중국어에서도 우주의 재료인 양(陽)이 의지를 갖는 것으로 표현되는 점을 지적하고 화학적 현상에도 욕망이 적용된다는 점을 예시한다. 따라서 모든 내적 충동을 의욕으로 표현하는 것이 곧 사물의 본질에 대한 표현이라는 것이다.

생물자기학이 자신의 학설에 대한 가장 사실적인 증명을 제공한다고 쇼펜하우어는 주장한다. 생물자기학에서는 근원적인 의지가 인간 개별자에게서 고찰되며, 자연 운행의 법칙인 인과율에 따라 설명될 수 없는 사물들이 다루어지며, 이로써 자연에 대한 초자연적 지배가 명시된다는 것이다. 그는 생물자기학에서 의지는 물자체로서 나타나므로 개별화의 원리가 사라지고, 개별자를 분리시키는 경계는 부서진다고 주장한다.

쇼펜하우어는 생물자기학의 현상을 마법의 현상과 비교한다. 마법은 일상에서도 보존되었으며, 경험주의자 베이컨조차 입증하는 무사마귀(Warzen)에 대한 감응요법을 위해서도 요구되었다는 것이다. 쇼펜하우어는 생물자기학과 감응요법이 물리적 작용에 대립적인 마법적 작용의 가능성을 경험적으로 증명한다고 주장한다. 또한 그는 칸트의 철학적 전환에 따라 우리가 인식하는 것이 단순한 현상이라면, 현상의 법칙에 근거하여 마법적 작용을 비웃을 수는 없다고 주장한다. 그 비난이 근거하는 법칙의 선천성은 그 비난을 바로 현상에 제한한다는 것이다. 쇼펜하우어는 로크의 철학을 추종하는 영국인과 프랑스인들이 물질적 세계의 법칙을 무조건적이라고 간주하고 물리적 영향 이외의 것을 승인하지 않는다고 비판한다. 이들은 물리학을 믿지만 형이상학을 믿지 않으며, 소위 "자연적 마법" 이외의 어떤 것도 허용하지 않는다는 것이다. 같은 이유에서 쇼펜하우어는 메스머(Franz Anton Mesmer)의 물질주의적 입장을 받아들이지 않는다. 마법의 본질적 동인은 의지이며, 의지작용은 현상적으로 인식될 수 있는 물리적 작용이 아니라는 것이다.

중국학 장에서는 중국의 세 종교에 대해 기술한다. 쇼펜하우어는 불교를 "지구상에서 가장 중요한 종교"로 일컬으며 노자의 도교도 그 의미와 정신에서 불교와 완전히 일치한다고 주장한다. 반면에 공자의 지혜를 학자와 정치가들이 좋아하는 장황하고 상투적인 정치철학으로 간주한다. 공자의 가르침은 형이상학을 배제한 무미건조하고 지루한 "완전히 독특한" 학설이라는 것이다. 이 세 종교는 서로 반목하지 않고 공존하며, 무신론적이라는 점을 쇼펜하우어는 강조한다. "물질로부터 독립적이고 물질을 마음대로 지배하는 것으로서 신, 영혼, 정신이라는 단어들은 중국어에 전혀 없다"라는 것이다. '천(天)'은 신을 의미하는 단어가 아니라는 점을 쇼펜하우어는, 하늘에 죄를 심판하고 결정하는 어떤 인간이 있는 것이 아니라는 주희(朱熹)의 말을 통해 제시한다. 그러나 최고의 통제를 수행하는 어떤 것이 없다고 할 수도 없다는 주희의 말과 "하늘의 정신은 인류의 의지가 무엇인가로부터 도출된다"라는 말을 쇼펜하우어는 자신의 학설과 일치하는 것으로 해석한다.

윤리학에 관해 마지막 장에서 짧게 언급한다. 쇼펜하우어는 형이상학이 윤리학의 바탕이어야 한다는 점을 강조하고, 절대적 당위로서 등장하는 칸트의 정언명법과 피히테의 도덕철학을 비판한다. 그는 자신의 의지형이상학이 윤리학의 실제적이고 직접적인 버팀목이라고 주장한다. 책임은 자유를 전제하며, 자유는 의지의 자존성을 전제하므로 윤리학의 핵심인 자유와 책임은 의지에서 출발해야 가능하다는 것이다. 쇼펜하우어는 존재에서 자유가 나온다는 입장을 짧게 언급하면서, 본성의 필연성에 따라 행동하는 것이 자유라는 스피노자의 주장에 동의한다. 나아가 그는 자신의 윤리학이 도달하는 금욕주의적 결론이 불교를 비롯한 동양종교뿐 아니라 고대의 참된 기독교와도 모순적이지 않다는 점을 지적한다.

여기서 언급한 윤리학의 문제를 쇼펜하우어는 몇 년 후 노르웨이와 덴마크의 왕립학술원에 제출한 현상논문들에서 계속 논의한다. 그는 1839년에 쓴 「인간의지의 자유에 관하여」에서 자유의지의 문제를 철저히 분석하며, 1840년에 쓴 「도덕의 기초에 관하여」에서 칸트의 정언명법에 함축된 당위성을 비판하고 윤리학의 형이상학적 근거를 제시한다. 그는 이 두 논문을 묶어서 1841년에 『윤리학의 두 근본문제(*Die beiden Grundprobleme der Ethik*)』를 출판한다.

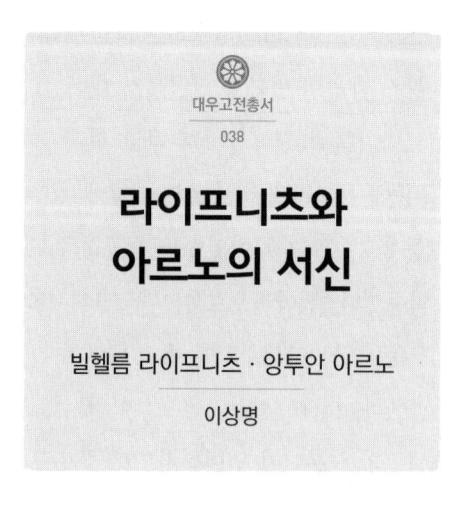

대우고전총서
038

라이프니츠와
아르노의 서신

빌헬름 라이프니츠 · 앙투안 아르노

이상명

1. 서신 교환의 배경과 의미

1686년, 라이프니츠는 처음으로 자신의 형이상학을 체계적으로 기술한 한 편의 글을 쓴다. (37절로 이루어진 이 글은 현재 『형이상학 논고(*Discours de métaphysique*)』로 알려져 있다.) 그리고 이 사실을 헤센-라인펠스(Hessen-Rheinfels)의 영주 에른스트에게 알리고 그 글의 요약문(서신 2)을 아르노에게 전달해줄 것을 부탁한다. 이것이 1686년부터 1687년까지 약 2년에 걸친 라이프니츠와 아르노의 서신 교환의 시작이다.

오늘날 대(大)아르노(Le Grand Arnauld)라고 불리는 앙투안 아르노는 1612년 프랑스 파리의 법률가 집안에서 태어났다. 아르노는 소르본 대학에서 로마가톨릭 신학을 공부하고 성직자가 되었지만 이후 얀센주의[1] 운동에 동참하면서 소르본 대학에서 추방되어 얀센주의 신학자로 활동했고, 포르-루아얄(Port-Royal) 수도회의 회원으로 또 지도자로도 활동했다. 신학적으로 아우구스티누스의 교리를 엄격하게 지킬 것을 주장하는 얀센주의를 옹호하면서 가톨릭의 예수회와 개신교를 비판했다. 1660년에는 포르-루아얄 수도원 학교에서 가르칠 교재로 얀센주의 신부이자 언어학자였던 클로드 랑슬로(Claude Lancelot, 1615~1695)와 함께 '포르-루아얄 문법'으로 알려진 『일반 이성 문법(*Grammaire générale et raisonnée*)』을 썼고, 1662년에는 피에르 니콜(Pierre Nicole, 1625~1695)과 함께 '포르-루아얄 논리학'으로 알려진 『논리 혹은 사고의 기술(*La logique ou l'art de penser*)』을 썼다. 아르노는 신학에서는 얀센주의에 영향을 받았지만 철학에서는 데카르트주의자라 할 수 있다. 그가 데카르트 철학을 처음 접했을 때, 데카르트의 생각에 비판적이어서 『성찰』에 대한 네 번째 반박을 쓴 것으로 유명하다. 하지만 이후 데카르트 철학을 옹호하는 주요 철학자 중 하나가 된다. 그가 활동했던 당시 프랑스에서 그는 수학자로 더 유명했다. 1667년에는 『신기하학 원론(*Nouveaux éléments de géométrie*)』을 써서 17세기의 유클리드로 알려졌다. 얀센주의 운동에 대한 박해로 인해서 그의 일생은 평탄하지 않았다. 아르노는 교황 인노켄티우스 11세(Innocentius XI)와 루이 14세 간의 권리 논쟁에서 교황의 편을 들었다는 이유로 박해받자 1679년부터 스페인령 네덜란

드로 망명해 여러 도시에 숨어 지내고 있었다. 1686년 라이프니츠가 아르노에게 서신을 보내기 위해서 에른스트 영주를 경유할 수밖에 없었던 것도 아르노의 거처를 알고 있는 사람 중 하나가 에른스트 영주였기 때문이다.

헤센-라인펠스의 영주 에른스트가 라이프니츠의 서신을 아르노에게 전달하는 중개 역할을 기꺼이 받아들인 것은 철학적 의견 교환에 관심이 있었다기보다는 여기 번역된 서신 27에 분명히 나타나는 것처럼 라이프니츠를 가톨릭으로 개종시키는 데 관심이 있었기 때문이다.—에른스트 영주는 칼뱅주의 집안에서 가톨릭으로 개종한 상태였다. 그리고 아르노 또한 에른스트와 같은 의견이었다. 이들의 권유에도 불구하고 라이프니츠는 평생토록 가톨릭으로 개종하지는 않았다. 하지만 종교개혁 이후 구교와 신교의 다툼이 끊이지 않던 시대에 서로 입장과 관점은 다르더라도 종교라는 테두리 안에서, 서로 다르지만 종교에 대한 어떤 목적과 의도를 가지고 있었던 것이 에른스트 영주를 경유하는 서신 교환이 가능했던 이유일 것이다. 그리고 이것이 라이프니츠와 아르노가 에른스트 영주에게 보낸 서신들과 에른스트 영주가 이 둘에게 보낸 서신들을 모두 같이 '라이프니츠와 아르노의 서신'이라는 제목으로 묶어야 하는 이유이다.

라이프니츠의 입장에서는 아르노와의 서신 교환이 종교와 철학 두 측면에서 모두 고려되었다. 『형이상학 논고』를 씀으로써 자신의 형이상학 체계에 대한 구상을 마친 라이프니츠는 당대 영향력 있는 철학자에게서 자신의 견해를 검토받고 또 가능하다면 인정받고 싶었다. 이때 데카르트의 『성찰』에 대한 날카로운 비판으로 유명한 아르노는 그 목적에 더없이 적합한 인물이었다. 서신 교환이 시작된 1686년 라이프니츠는 학문 여정 중 중기에 있는 39세의 열정적인 수학자이자 철학자였고, 73세의 아르노는 그 당시 학문의 중심이었던 파리에서 신학, 철학, 수학에서 이미 저명한 대학자였다는 것을 생각하면 라이프니츠의 이 의도는 쉽게 이해될 수 있다. 더구나 데카르트 철학에 대한 비판을 담고 있는 자신의 견해가 데카르트주의자로 알려진 아르노에게 어떻게 보일지 확인하는 것은 라이프니츠에게 더없이 중요한 문제였을 것이다. 이와 동시에 라이프니츠가 아르노를 선택한 데에는 종교적 목적도 있었다. 신교와 구교의 통합을 위해 노력하는 사상가였던 라이프니츠는 자신의 형이상학적 견해가 가톨릭교회에서 어느 정도 허용될 수 있는지, 가톨릭교회의 대신학자에게 확인받고 싶은 열망이 있었다. 아르노가 라이프니츠의 첫 번째 서신과 요약문에 대해서 매우 거칠고 무관심한 태도로 비판하고 철학적 견해와 관계없이 소속 교회의 차이를 이유로 배척하는 듯한 인상을 주었던 것에 라이프니츠가 그토록 실망하고 격분했던 것도 이런 기대 때문이었을 것이다.(서신 3, 10)

이 서신 교환이 에른스트 영주를 경유하기는 했지만 라이프니츠가 아르노를 모르는 상태는 아니었다. 1671년 11월 초 청년 라이프니츠는 처음으로 아르노에게 편지를 보냈다.(A II, 1, N. 87) 하지만 이때 아르노는 아무런 반응도 보이지 않았다. 라이프니츠는 1672년부터 1676년 사이 외교 업무차 파리에 체류했는데, 이 기간 중 1673년에 아르노의 집을 방문하고 그와 그의 동료들과 만나 철학적 토론을 한 것으로 전해진다. 1673년 3월 26일 파리에서 라이프니츠가 요한 프리드리히 공작(Herzog Johann Friedrich)에게 보낸 서신(A II, 1, N. 112)에서 그는 "세계적으로 저명한 아르노씨를 집 안에서 알현했다."고 전한다. 그리고 아르노에 대한 자신의 평가를 다음과 같이 전한다. "아르노 씨는 참된 철학자가 가질 수 있는 가장 깊고 가장 근본적인 사유를 하는 사람입니다. 그의 목적은 일반인들에게 종교의 빛을 밝히는 것뿐만 아니라 인간의 정념으로 흐려진 이성의 불꽃을 다시 일으키는 것입니다." 그리고 아르노를 만났을 때, 그는 대화 형식으로 변신론 문제를 다룬 자신의 라틴어 저작 『철학자의 고백(*Confessio philosophi*)』을 아르노에게 보여 주어 자신의 종교적·철학적 역량과 관심을 그에게 표시하려고 하기도 했다. 말하자면 라이프니츠는 아르노를 깊은 신앙심과 철학적 합리성을 동시에 갖춘 대학자로 판단했고, 자신이 고려하는 종교적 측면과 철학적 측면을 동시에 만족시킬 수 있는, 자신의 형이상학적 견해를 평가하기에 더없이 적합한 인물로 생각하고 있었다.

서신 교환에 적극적이고 절실했던 것은 물론 라이프니츠다. 라이프니츠가 아르노보다 더 젊은 학자였기 때문만은 아니다. 라이프니츠는 서신 교환을 자신의 형이상학을 시험해볼 수 있는 기회로만 계획한 것은 아니었다. 아르노와 달리 라이프니츠가 논의에 매우 집중하고 아르노의 반박에 대해서 매우 상세하게 답변한 것을 보면, 그가 이 서신 교환에 더 특별한 계획을 가지고 있었다는 것을 짐작할 수 있다. 그 계획은 바로 아르노와 주고받은 서신들을 출판하는 것이었다. 서신 교환이 끝나고 몇 년 후, 1695년 라이프니츠는 자신의 완성된 형이상학 체계를 소개하는 「새로운 체계(Système nouveau)」를

『지식인 저널(*Journal de sçavans*)』에서 출판하려고 했는데, 출판 전 4월 16일 푸셰(Foucher)에게 보낸 편지에서 아르노와 주고받은 서신들을 이 논문과 함께 출판할 계획이 있다고 전한 것을 통해서 이를 확인할 수 있다. 라이프니츠의 출판 계획은 그가 남긴 서신들의 초고에서도 확인할 수 있다. 그가 아르노의 문제 제기에 답하기 위해 실제로 아르노에게 보낸 서신을 쓰기 전 다른 버전의 초고를 쓰면서 답변에 심혈을 기울였고, 서신 초고에 나중에 출판을 계획한 것으로 보이는 많은 수정과 교정을 했다는 점으로 그의 출판 의도를 확인할 수 있다. 그럼에도 그의 출판 계획은 그가 살아 있던 당시에는 실현되지 않았다.

그 당시 학자들이 자신의 서신을 출판하는 것은 이례적인 일이 아니었다. 하지만 매우 많은 글을 남겼음에도 생전에 극히 적은 양의 책을 펴낸 라이프니츠가 이 서신들을 출판하려고 했다는 것은 주목할 만하다. 그는 자신의 철학 체계를 정립하고 알리는 데 아르노와의 서신 교환을 매우 중요한 기회로 삼았고, 또한 자신의 견해를 상세하게 기록할 수 있는 기회로 여겼던 것이다. 라이프니츠가 이 서신들에 부여한 중요성은 앞에서 언급한 「새로운 체계」에서도 직접적으로 확인할 수 있다. 라이프니츠는 이 논문을 시작하면서 자신의 체계가 아르노와 서신 교환을 시작한 1686년에 이미 구상되었다는 것을 다음과 같이 밝힌다.

나는 이 체계를 이미 몇 해 전 구상했고 지식인들과 의견을 교환했다. 그중 우리 시대의 가장 훌륭한 신학자이자 철학자 중 한 명(아르노—라이프니츠의 주)은 가장 고귀한 지위를 지닌 인물(에른스트 영주—필자)에게서 나의 견해 중 몇몇을 듣고 매우 역설적이라고 판단했다. 하지만 그는 나의 해명을 듣고 나서 세상에서 가장 관대하고 모범적인 방식으로 그 판단을 철회했다. 그리고 그는 나의 명제 일부를 인정했고 그가 동의하지 못하는 다른 부분에 대해서는 비난을 중단했다.

아르노에게 보낸 서신에서 설명한 내용들은 이후 라이프니츠의 후기 사상에 큰 영향을 미쳤다. 위에 인용한 부분처럼 직접적인 언급은 없지만, 1694년 『지식인 논집(*Acta Eruditorum*)』에 발표한 「제일철학의 개선과 실체 개념에 관하여(*De primae philosophiae emendatione, et de notione substantiae*)」, 같은 저널에 1695년에 발표한 「동역학 견본(Specimen dynamicum)」 그리고 이후 드 볼더(de Volder)와 주고받은 서신들에 나타나는 형이상학적 견해는 아르노와의 서신 교환에서 나오는 내용을 기반으로 한다. 그리고 『형이상학 논고』와 아르노와의 서신에서 주장된 내용이 이후 『모나드론(*Monadologie*)』(1714)을 구성하는 데까지 중추적 역할을 한 것을 보면 아르노와의 서신 교환이 그의 철학 여정에서 얼마나 중요한 일이었는지, 또 이 서신들이 그의 철학 저작들 중에서 얼마나 중요한 작품인지 알 수 있다.

2. 서신의 판본들과 번역 대본

라이프니츠 사후, 아르노와 주고받은 서신들은 그의 다른 저작들처럼 남겨진 유작 속에 오랫동안 묻혀 있었다. 라이프니츠와 아르노의 서신이 세상에 알려지게 된 것은 1845년 그로테펜트(C. L. Grotefend)가 하노버에 보관된 유작들 중에서 서신의 초고 원본들을 발견하면서부터다. 오랫동안 묻혀 있던 수고 원본들은 라이프니츠가 출판을 계획했다는 것을 보여주듯이 아르노의 서신과 에른스트 영주의 서신, 그리고 『형이상학 논고』와 관련된 저작들별로 분류되어 있었다. 그로테펜트는 이 유고들을 편집해 1846년 『하노버 왕립도서관의 수고에서 나온 라이프니츠, 아르노 그리고 헤센-라인펠스의 영주 에른스트 간의 서신 교환(*Briefwechsel zwischen Leibniz, Arnauld und dem Landgrafen Ernst von Hessen-Rheinfels aus den Handschriften der Königlichen Bibliothek zu Hannover*)』을 출판한다. 17세기 39세의 젊은 철학자와 노년의 대학자 간의 서신 논쟁은 160년이 지나 세상의 빛을 보게 된 것이다.

그로테펜트의 지대한 공헌 이후 프랑스에서도 라이프니츠가 아르노에게 보낸 서신에 대한 중요한 판본이 발간되었다. 1857년 푸셰 드 카레유(Foucher de Careil)는 라이프니츠와 아르노의 서신들이 모두 에른스트 영주의 중개로 이루어졌다는 점에 주목하고 에른스트 영주가 보관하고 있던 서신의 사본들을 편집해 『라이프니츠의 미발간 서신과 저작(*Lettres et opuscules inédits de Leibniz*)』을 발간한다. 이 판본에 수록된 서신들은 라이프니츠가 아르노에게 또 아르노가 라이프니츠에게 실제로 보낸 발송 사본이란 점에서 의미가 있다.

　그로테펜트 판 이후 중요한 판본은 1875년에서 1890년 사이에 7권으로 발간된 게르하르트(C. J. Gerhardt)의 『라이프니츠의 철학 저작(*Die philosophischen Schriften von Gottfried Wilhelm Leibniz*)』에 수록된 것이다. 여기에 『형이상학 논고』는 4권에, 아르노와 주고받은 서신들은 2권에 수록되어 있다. 게르하르트 판이 아카데미 판이 출간되기 전까지 학술 인용에 쓰였고, 본 번역에 참고한 메이슨(Mason)의 영어 번역 등 다른 번역서들이 대본으로 삼았기 때문에 중요하기는 하지만, 아르노와의 서신에 한해서는 그로테펜트 판과 큰 차이가 없다. 두 판본 모두 라이프니츠의 유작에 보관되어 있던 서신들을 편집한 것이다. 아르노에게 보관되어 있던 서신들을 추적해 편집한 판본은 이후 1952년 로디-루이(G. Rodis-Lewis)에 의해서 『라이프니츠가 아르노에게 보낸 서신(*Lettres de Leibniz à Arnauld*)』이라는 책으로 발간되었다.

　그 이후 1997년 라인하르트 핀스터(Reinhard Finster)는 아직 출판되지 않은 서신 초고들과 라이프니츠가 보유하고 있던 서신들과 아르노가 보유하고 있던 서신들을 비교해 그 차이도 편집해서 거의 표준이 될 만한 편집본을 발간한다. 이 핀스터 판본이 이 번역에서 처음에 대본으로 삼았던 『앙투안 아르노와의 서신 교환(*Der Briefwechsel mit Antoine Arnauld*)』이다. 핀스터 판은 가장 최근에 출판된 것이고 번역을 시작할 당시 가장 완전한 판본이었기에 번역 대본으로 삼아 번역을 시작했는데, 2009년 라이프니츠의 철학 서신을 편집한 아카데미 판이 발간되었다. 이것은 『라이프니츠 전집(*Sämtliche*

Schriften und Briefe)』두 번째 시리즈 2권으로 1686년부터 1694년까지 라이프니츠가 왕래한 모든 철학 서신을 편집한 것이다. 이 아카데미 판에는 핀스터 판에는 없는 한 편의 서신이 더 수록되어 있고, 서신의 날짜, 서신의 순서 등에서 핀스터 판과 약간의 차이가 있다. 아카데미 판이 출판되면서 필자는 번역 대본을 아카데미 판으로 바꾸었고 서신의 순서, 날짜 등도 아카데미 판에 따라 번역했다.

라이프니츠와 아르노가 주고받은 서신에 등장하는 철학적 주제나 개념, 견해 등을 확인하고 연구하는 데 사실상 아카데미 판에 수록된 33통의 서신 전부를 번역 소개할 필요는 없다. 철학적 관심에 한한다면, 그저 몇몇 주요 서신들로 충분할 것이다. 그럼에도 이 번역에서 33통의 서신 전부를 번역한 데에는 두 가지 이유가 있다. 첫째는, 현재 우리는 라이프니츠와 아르노가 1686년부터 2년간 주고받은 서신을 서양철학의 고전 텍스트로 마주하고 있다는 것이다. 만약 우리가 이 둘이 서로 서신을 통해 논쟁하는 그 시점, 그 현장에 있다면, 우리에게 필요한 것은 아르노가 어떤 반박을 했고, 라이프니츠가 어떻게 답변을 했는가일 것이다. 하지만 우리는 약 320년 전에 있었던 철학자들의 서신 교환을 통해서, 물론 철학적 논쟁이 가장 중요하시만, 그뿐만 아니라 그들이 서신과 논쟁을 대하는 태도, 전략, 주제 외의 관심 등 여러 가지를 함께 파악할 수도 있다. 따라서 이 둘에 대한 철학 연구에 필요한 만큼 발췌하고 축약해서 부분만을 번역하는 것보다는 전체를 번역하는 것이 고전 텍스트를 현재에 전하는 더 좋은 방법이라고 생각했기 때문이다. 둘째는, 라이프니츠와 아르노의 서신은 물론이고 라이프니츠의 모든 서신들이 세계기록유산에 등재

된 인류 지성사의 유산이기 때문이다. 라이프니츠는 상당히 많은 서신을 남긴 학자로 유명하다. 그는 1,100명의 수신인에게 1만 5,000통에 달하는 서신을 보냈고 그 양은 거의 20만 장에 달한다. 유네스코는 2007년 라이프니츠의 전 서신을 보호할 가치가 있다고 판단하고 세계기록유산으로 지정했고 하노버 라이프니츠 도서관에 보관하고 있다. 세계기록유산이라는 특별한 가치 때문에 전편을 번역 소개할 필요가 있다고 생각했다.

3. 서신 시기별 주요 내용과 해설

라이프니츠와 아르노 간의 서신 논쟁은 크게 보아 두 가지 주제로 이루어진다. 하나는 라이프니츠의 논리학, 형이상학, 자연신학과 관련 있는 개체적 실체의 완전 개념과 술어는 주어에 내재한다는 원리이고, 다른 하나는 그의 형이상학, 자연철학과 관련된 물체 개념과 물체적 실체 개념에 관한 것이다. 서신은 1686년 2월 라이프니츠가 에른스트 영주를 경유해서 아르노에게 자신의 『형이상학 논고』 각 절의 요약문(서신 2)을 보내면서 시작된다. 그런데 라이프니츠가 이 서신 교환을 매우 중요하게 여겼음에도, 즉 아르노의 판단을 중요하게 여기면서도, 논고 전체가 아닌 요약문만을 보낸 것은 이해할 수 없다. 왜냐하면 아르노는 그 요약문만으로 논고에 나타난 라이프니츠의 주요 형이상학 체계를 이해할 수 없었기 때문이다. 그러나 한편 전체 서신 교환이 진행된 단계를 보면, 요약문만 보낸 것이 라이프니츠의 의도였을 수도 있다. 여하튼 서신 교환은 이렇게 시작되었다. 이후 진행되는 서신 논쟁은 아르노의 문제 제기와 반박, 그에 대한 라이프니츠의 답변과 해명에 따라 다섯 시기로 구분해볼 수 있다. (이 시기 구분에서 서신 24와 32, 33은 내용상 다섯 시기에 포함되지 않는다.)

1: 1686년 2~4월(서신 1~6)
2: 1686년 5~8월(서신 7~15)
3: 1686년 9~12월(서신 16~19)
4: 1687년 3~4월(서신 20~23)
5: 1687년 8~10월(서신 25~31)

1: 1686년 2~4월(서신 1~6)

라이프니츠의 부탁에 대한 아르노의 반응은 기대 이하였다. 아르노는 거칠고 무관심한 태도로 라이프니츠의 견해를 평가했고, 대표적으로 요약문 13항을 반박했다. 아르노는 13항에 따르면 모든 인간사는 운명적 필연성보다 더한 필연성으로 정해지며, 이것은 곧 신에게 자유가 없다는 것을 의미한다고 혹평한다. 특히 아르노가 이런 견해는 가톨릭교회에서 인정될 수 없다고 한 것은 라이프니츠에게 결정적인 비판이었을 것이다. 라이프니츠는 아르노의 무성의하고 불쾌한 비판에 화를 내지만 대화의 길을 계속 잇고 논의를 문제 중심으로 이끌기 위해서 아르노가 '운명적 필연성'이라고 비판한 것에 초점을 맞춘다.

아르노의 반박은 이런 것이다. 예를 들어 만약 아담과 같은 개체적 실체의 완전 개념이 아담과 그의 후손에게 일어날 모든 일을 포함하고 있다면, 어떻게 신이 그들을 창조할 자유가 있다고 말할 수 있는가? 이에 대해서 라이프니츠는 아르노가 절대적 필연성과 가설적 필연성을 혼동하고 있다고 간주한다. 라이프니츠는 절대적 필연성을 논리적 필연성 혹은 형이상학적 필연성이라고도 부르는데, 그 의미는, 어떤 것이 절대적으로 필연적이라면, 그것의 반대는 모순을 함축하는 것이다. 예를 들어 아담의 현존이 절대적으로 필연적이라고 할 때, 우리가 아담의 현존을 부정하면 모순이 발생한다. 이에 비해 가설적 필연성은 어떤 조건이나 가정이 만족될 경우에 필연적이라는 것이다. 라이프니츠의 견해는, 신은 이 우주를 창조할 때 우주의 모든 일을 개개의 사건들까지도 함께 고려하기 때문에, 신이 아담을 창조할 때 아담에게 속하는 모든 일뿐만 아니라 아담의 후손에게 속하는 모든 일 또한 함께 고려한다는 것이다. 그리고 이런 신의 모든 결정은 절대적 필연성이 아니라 가설적 필연성에 의해서 필연적이기 때문에 신의 자유는 전혀 손상되지 않는다. 말하자면 신이 아담을 특정한 후손을 갖도록 창조한다는 가정이 만족되면, 아담의 후손들은 그렇게 태어날 것이고 확실하게 그렇게 태어난다는 것이다.

라이프니츠의 견해는 신이 이런 아담을 창조하도록 전혀 강제되지 않는다는 것을 함축한다. 그리고 통상적인 신학자들의 공허한 주장, 즉 자유의 본질에 대해서 고찰하지 않고 신은 절대적으로 완전한 자유를 가지며 무엇이든 창조할 수 있다고 믿는 것에 문제가 있다는 판단하에 신의 자유를 확실하게 해명하려는 의도가 있다. 신이 아담을 창조하고 그가 몇 명의 후손을 갖도록 창조하는 것이 절대적으로 필연적이라면, 사실상 신에게 자유가 없는 것이다. 하지만 신은 무한하게 많은 가능한 아담 중에서 이 우주의 질서와 연결에 가장 적합한 특정한 아담을 선택하고 창조한다. 따라서 신의 창조는 우연적 사건이다.

2: 1686년 5~8월(서신 7~15)

아르노는 에른스트 영주에게 보낸 서신 7과 직접 라이프니츠를 수신인으로 쓴 서신 8에서 자신이 거친 표현을 사용한 것에 대해서 유감을 표명한다. 이어 자신이 반박한 문제를 구체적으로 살피고 항목별로 조목조목 문제를 제기한다. 라이프니츠 또한 아르노의 진정성 있는 사과에 대한 반응으로 대화의 긴장을 해소하려는 노력을 보이고, 아르노가 제기한 문제에 답하려고 노력한다. 발송하지 않은 서신 11과 12는 실제로 아르노에게 발송한 서신 13과 14를 쓰기 위해 사전에 준비한 것으로 보인다. 라이프니츠가 서신을 통한 학술적 대화가 제대로 진행되는 것으로 믿고 본격적으로 자신의 견해를 구체적이고 논증적으로 해명하려고 노력한 흔적으로 보인다.

아르노의 반박에 답하면서 라이프니츠는 자신이 철학에서 근본 원리로 생각하는 누 원리를 언급한다. 그 하나는 라이프니츠 진리 이론의 근본 원리인 "술어는 주어에 내재한다."이고, 다른 하나는 충족 이유율로 알려진 "이유 없이는 아무것도 존재하지 않는다." 혹은 "이유가 주어질 수 없는 것은 아무것도 없다."이다.

아르노는 자신이 절대적 필연성과 가설적 필연성을 혼동한 것이 아니고 자신도 신의 결정과 그에 따르는 모든 인간사의 관계는 가설 필연적이라고 생각한다고 해명한다. 계속해서 아르노가 제기한 문제는 신이 무한하게 많은 가능한 아담 중에서 특정한 한 아담을 선택하고 창조했다는 설명에 대한 반박인데, 다음 3가지로 정리할 수 있다. 첫째, 신은 아담을 창조할 때 그에게 일어날 모든 일을 신의 관념에 가지고 있겠지만, 우리가 가지고 있는 아담의 개체적 개념은 그와 같지 않고, 실제로 구의 종개념처럼, 아담 자체에 대해서 우리가 가지고 있는 개체적 개념도 신의 지성에 있는 것과 다르다. 둘째, 아르노는 아담과 아담의 후손에게 속하는 모든 일이 신의 결정에 의존하는지 아니면 독립적으로 내적이고 필연적 연결이 있는지 묻는다. 예를 들면, 삼각형의 정의와 같은 수학적 진리는 신의 결정과 관계없이 내적이고 필연적 연결을 갖는데, 가능한 아담의 개념이 삼각형의 개념과 같이 실제로 존재하지 않는 수학적인 개념과 같은 것인가, 그렇다면 신의 의지와 독립적이라는 가능한 것에 대한 개념은 허구와 같다고 비판한다. 그리고 셋째, 다수의 나 자신을 생각할 수 없는 것처럼 단일한 존재를 다수로 생각할 수 없다는 것이다.

아르노의 반박에 대해서 라이프니츠는 먼저 종개념과 개체개념을 구별해야 한다고 답한다. 종개념은 신의 의지의 결정에 독립적이며 영원하고 필연적인 진리를 갖지만, 개체개념은 이 개체를 창조할 것이라는 신의 의지의 결정에 의존하며, 때와 장소 등의 개체적 정황과 관계되어 있는 우연적 진리를 갖는다. 따라서 아담과 그에 속하는 모든 일 간의 연결은 내적이기는 하지만 절대적으로 필연적인 것이 아니다. 왜냐하면 이 모든 일은 신의 자유의지에 의한 결정에 따라 일어나기 때문이다. 따라서 이 연결은 가설 필연적이며 라이프니

| 라이프니츠와 아르노의 서신

츠는 이 연결을 우연성의 의미에서 '경향적'이라고 한다. 그리고 신은 아담과 같은 특정한 개체를 창조하기 전 무한하게 많은 가능한 개체를 본다. 그렇지 않으면 신은 알지도 못하는 것을 창조하는 셈이 되기 때문이다. 이 가능한 개체의 개체적 개념은 신의 가능한 의지의 결정과 관계된다. 즉 실재하는 아담을 창조하는 현실적 결정 이전에 고찰되는 가능한 개체의 개념은 신의 자유의지에 의한 결정도 가능한 것으로서 포함한다. 이 가능한 개체개념을 통해서 라이프니츠는 한편 신의 현실적 결정과 독립적이지만, 다른 한편 가능한 것으로서 신의 결정에 의존하는 중도를 마련한다. 이 가능한 아담이라는 생각은 라이프니츠의 유명한 가능 세계 이론을 배경으로 한다. 가능한 개체는 물론 가능성의 관점에서 고찰된 것이고 그것의 개념은 가능한 개체에게만 적법하게 적용된다. 따라서 현실적 개체가 처해 있는 상황은 가능한 개체의 상황과 다르고 그것에 적용되는 법칙도 그와 다른 법칙이다.

　　이어서 라이프니츠는 아르노가 제기한 '다수의 나 자신'을 생각하는 것이 불가능하다는 것에 대해서 개체적 실체로서 아담이나 나 자신에 대해서 다수를 생각하는 것은 불가능하다는 것을 인정한다. 다만 우리가 가능한 아담과 같이 하나 이상의 아담을 생각할 수 있는 것은 아담을 추상적으로 파악할 때, 즉 '일반성의 관점에서'라고 한다. 일반성의 관점에서 본 다수의 나 자신이나 다수의 가능한 아담에 대한 개념은 아직 완전히 현실적으로 규정되지 않은 개체의 개념을 가리킨다. 여기서 라이프니츠는 구의 일반 개념과 개체적 실체의 완전 개념의 차이를 설명한다. 구의 일반 개념은 불완전하며 구가 되기 위해서 필요한 성질들만을 포함한다. 반면에 나 자신의 개념과 같은 개체개념은 완전하며 개체에 대해서 말할 수 있는 것 전체를 포함한다. 구의 일반 개념에서는 어떤 현실적 구의 지름을 연역할 수 없지만 라이프니츠라는 개체의 완전 개념에서는 '그가 여행을 할 것이다.' 같은 구체적 술어를 도출할 수 있다. 즉 일반성의 관점에서 본 '다수의 나 자신'과 같은 일반 개념은 일반적인 인간이 되기 위해 필요한 조건들은 포함하지만 내가 여행을 하는지 하지 않는지와 같은 구체적인 결정들은 담고 있지 않다. 그리고 완전 개념에 포함되어 있는 '여행한다'와 같은 구체적인 결정이 주어인 나와 연결되어 있지만 그 연결은 필연적인 것이 아니라 확실한 것이다. 즉 내가 여행을 하는 것은 필연적인 사건이 아니라 확실한 사건이다. 왜냐하면 여행을 하기 전, 여행을 하는 일이 물론 신의 자유 결정에 의존하지만, 나에게는 여행을 하는 선택지도 여행을 하지 않는 선택지도 주어져 있고 나는 '여행한다'를 자유롭게 선택하기 때문이다.

라이프니츠는 이 생각들이 자신이 생각하는 진리의 원리인 "참인 명제에서 술어 개념은 항상 주어 개념에 포함된다."에 근거한다고 설명한다. 그의 진리 이론에 따르면 필연적 진리는 명제의 개념 분해가 유한하지만 우연적 진리는 무한하다. 따라서 이 우연적 진리는 증명 가능하지만 신만이 그런 증명을 할 수 있다. 주어와 술어의 연결로 표현하면 일반 개념은 주어와 술어의 연결이 필연적이지만 개체 개념은 우연적 혹은 경향적이다. 라이프니츠가 주장하는 개체적 실체의 완전 개념은 그 개념의 분해가 무한하게 진행되는 우연적 진리를 포함하고 있는 것이다.

이제 이 진리의 원리를 그가 주장한 그리고 아르노가 반박한 명제 13항과 관련해보자. '모든 개인의 개체적 개념은 그에게 언젠가 일어날 모든 일을 포함한다.'는 것은 이 진리의 원리에서 귀결된다. 이 개념의 진리치, 즉 개체에 대해서 말할 수 있는 술어가 참인지 거짓인지는 확실하지만 우연적 원인에 의해서 결정된다. 각 개체의 행위는 신 혹은 피조물의 자유의지에 의존하기 때문에, 필연적 이유가 아니라 경향적 이유에 의해서 선택된다. 그런데 아르노의 문제 제기처럼, 우리는 신이 사물을 보는 것처럼 볼 수 없다. 즉 신이 가지고 있는 것과 같은 개체적 실체의 완전 개념을 가질 수 없다. 그렇다면 우리가 가질 수 없는 이런 개념이 어떤 의미가 있는가? 이에 대해서 라이프니츠의 입장은 우리가 개체적 실체의 완전 개념을 가질 수 있다는 것이 아니라 이런 개념이 있어야 한다는 것이다. 왜냐하면 선험적 원인이 있어야 하기 때문이다. 아담의 개체적 개념에 포함된 모든 일은 그것이 다른 사람이 아닌 아담에게 포함되는 선험적 이유가 있어야 한다. 비록 우리는 그 일들이 실제로 일어난 이후에 경험을 통해서 확인할 수 있겠지만 선험적 원인은 있어야 한다는 것이다. 그렇다면 라이프니츠는 왜 선험적 원인이 꼭 있어야 한다고 생각했을까? 라이프니츠는 우연적 인과관계가 적용되는 것에서도 진리를 증명할 수 있다고 믿었다. 그러나 무한하게 진행되는 우연적 인과관계에서 선험적 원인이 없다면 그것의 진리를 증명하는 것은 불가능하다. 라이프니츠가 가능한 아담의 개념을 언급하는 것도 마찬가지 맥락이다. 현실적 아담이 창조되기 전 신이 가지고 있는 가능한 아담의 개념이 바로 선험적 원인을 제공한다고 생각한 것이다. 바로 이런 이유에서 라이프니츠는 신의 지성을 '가능한 실재성의 나라'로 보고 '가능성의 뿌리'라고 표현한 것이다. 이런 가능한 것이 없다면 선택의 자유도 우연성도 있을 수 없다.

이런 해명 이후 라이프니츠는 자신의 형이상학적 체계를 전체적으로 조망하면서 모든 개체적 실체는 서로 연결되어 있고, 각자 자신의 관점과 방식에 따라 전 우주를 표현하며, 그 자체로 하나의 세계와 같기 때문에, 그들 각각의 상태는 그들의 이전 상태의 자유롭고 우연적인 귀결이라고 주장한다. 또한 논의를 더 진전시키기 위해서, 실체들 상호 간의 작용, 영혼과 신체의 합일에 관한 자신의 공존 가설을 소개한다. 이 공존 가설은 예정조화 가설의 전신이라 할 수 있다. 공존 가설과 관련하여 라이프니츠에게 실체적 형상 개념을 도입하는 것은 매우 중요한 문제이다. 왜냐하면 공존 가설은 물체가 단지 연장으로 구성된 현상이 아니라 실체적 형상을 가지고 있는 하나의 실체라는 것을 전제하는데, 이 견해는 데카르트주의자인 아르노의 견해와 분명히 다르기 때문이다.

3: 1686년 9~12월(서신 16~19)

아르노는 서신 16에서 개체적 실체의 완전 개념과 술어는 주어에 내재한다는 원리를 인정한다. 사물의 가능성과 무한하게 많은 가능한 우주 중에서 선택하는 신의 창조를 이해하는 것에는 만족하지 않지만 다른 문제를 제기하면서 논의 주제를 바꾼다. 아르노가 관심 있는 주제는 공존의 가설, 즉 실체들 상호 간의 일치에 관한 가설과 물체에서 실체적 형상의 역할에 관한 것이다.

아르노가 실체적 형상 문제에 의문을 제기하는 것은 당연하다. 그는 철학적으로 데카르트주의자이기 때문에, 그 당시 많은 데카르트주의자들과 마찬가지로 영혼과 물체가 실재적으로 상이하다는 생각을 견지하고 있는데, 라이프니츠의 견해는 이와 배치되고 데카르트 철학에 대한 비판을 담고 있기 때문이다. 사실 라이프니츠도 아르노와 서신 논쟁을 하면서 이 문제에서 가장 크게 부딪힐 것을 예상했을 것이다. 왜냐하면 그는 실체적 형상을 도입하는 그의 물체적 실체 개념에 대해서 완전하게 확신하지 못하고 있었기 때문이며, 확신하지 못했던 이유는 실체적 형상의 도입이 그 당시 유럽 철학의 주류였던 데카르트의 기계론 철학과 실체 이원론에 저항을 받을 것이라는 점을 알고 있었기 때문이다.—근대 기계론 철학은 목적론적 세계관을 설명하는 아리스토텔레스-스콜라철학의 개념인 실체적 형상을 거부했다. 이것은 『형이상학 논고』와 아르노에게 보낸 요약문의 차이에서도 확인된다. 라이프니츠는 실체적 형상을 재도입해야 한다는 주장을 담고 있는 『형이상학 논고』 10절에서 아르노의 비판을 예상하고 "물체가 실체라면"이라는 문구를 요약문에서 지우고 보냈다. 또한 11절에서는 그 자신도 그가 받게 될 저항을 예상한다고 밝힌다.

내가 어떤 식으로 고대 철학의 명예를 회복시키고 거의 추방된 실체적 형상에 원래의 권리를 다시 부여할 것을 주장할 때, (나는 이것을 물체가 실체라고 말할 수 있다는 가정하에 주장하는 것이다) 내가 중대한 역설을 제안하고 있다는 것을 안다. 그러나 사람들이, 내가 근대 철학에 대해서 충분히 숙고했고, 물리학의 실험과 기하학의 증명에 많은 시간을 보냈으며, 오랫동안 이 존재[실체적 형상]의 무의미함에 대해서 확신하고 있었다는 것을 안다면, 나를 경솔하게 비난하지는 않을 것이다. 하지만 나는 내 자신의 연구를 통해서 우리 근대 철학자들이 토마스 아퀴나스와 그 시대의 다른 위대한 인물들을 충분히 공정하게 대하지 않았다는 것을 알고 난 후, 그리고 스콜라 철학자들과 신학자들의 견해를 적절하게 적합한 곳에 사용하기만 하면, 그 견해에 사람들이 상상하는 것보다 훨씬 많은 확고한 견해가 있다는 것을 알고 난 후, 결국 내 의지와 반대로 어쩔 수 없이 이 실체적 형상을 다시 인정하지 않을 수 없었다.

17세기 데카르트, 스피노자와 함께 합리주의 철학자로 분류되면서도 그들과 가장 다른 라이프니츠의 고유의 철학은 사실상 이 실체적 형상의 재도입과 관련되어 있다. 그리고 중기 철학에서 가장 주목해야 하는 주제이기도 하다.

아르노가 먼저 언급한 문제는 데카르트의 철학에서부터 시작되었다고 할 수 있는 고전적인 심신 관계 문제라고 할 수 있다. 아르노는 서신 16에서 다음의 예를 들어 말한다. 내 팔에 상처가 날 때 영혼이 어떻게 고통을 느끼는가? 그리고 내가 팔을 올리려고 할 때 내 신체는 어떻게 내 의지의 결정을 따르는가? 아르노가 제기한 문제는 분명 심신 관계에 대한 데카르트의 관점을 따른 것이다. 이에 대해서 라이프니츠는 서신 17과 18로 답변한다. 영혼이 느끼는 고통은 신체의 영향을 받지 않고 영혼 자신에게서 생기며, 영혼이 팔의 고통을 아는 것은 영혼이 전 우주를 표현하고 그 자신의 신체를 특별하게 더 표현하기 때문이다. 마찬가지로 신체도 영혼의 생각에 따라 맞춘다. 하지만 이것은 영혼이 신체에 영향을 주어서가 아니라 신체가 자신에게 고유한 법칙에 따라 스스로 움직이기 때문이다. 따라서 모든 실체들 간에는 일반적 일치가 조화롭게 일어난다.

다음으로 아르노는 어떻게 물체가 실체적 형상을 소유할 수 있는지에 대해서 7개의 항목으로 의문을 제기한다. 첫째는 물체에 실체적 형상을 가정하면 연장 실체와 사고 실체의 구별이 없어진다는 것이고, 둘째는 실체적 형상이 분할 불가능하다면 우리의 영혼과 다를 바가 없을 것이고, 분할 가능하다면 실체적 형상의 가정이 물체의 일체성을 얻는 데 아무런 역할도 하지 않는다는 것이다. 그리고 셋째로 아르노는 대리석 조각을 예로 들면서 대리석이 깨진다면, 대리석에 들어 있는 실체적 형상은 어떻게 되느냐고 묻는다. 그리고 지구, 태양, 달 그리고 우유의 예를 들면서 이런 사물들에서 어떻게 실체적 형상을 이해해야 하는가라고 의문을 제기한다. 이 문제들은 전적으로 영혼과 물체가 실재적으로 상이하다는 데카르트의 관점에서 제기된 것이다.

라이프니츠에게 영혼 혹은 정신이 생각하는 실체라는 데카르트를 비롯한 ⌐ 당시 기계론 철학자들이 받아들이는 견해는 전혀 문제가 아니다. 필자가 아는 한, 라이프니츠는 어떤 저작에서도 이 사유 실체의 개념을 부정한 적이 없다. 단지 다른 관점에서 언급하는 것만 있을 뿐이다. 그에게 문제는 '물체적 실체' 개념이었다. 그리고 데카르트와 다른, 라이프니츠 자신의 철학이 드러나는 부분 중에 하나도 바로 이 물체적 실체 개념이다.

라이프니츠가 보기에 물체를 그 자체로만 보면, 즉 실체적 형상을 부가하지 않고 보면, 이것은 기계나 돌무더기처럼 자기 스스로 실체가 될 수 없다. 그래서 대리석 조각을 사람들은 실체라고 보지 않고 단지 부분의 집적이라고 보는 것이다. 라이프니츠가 다른 곳에서 든 예처럼, 양떼나 물고기로 가득 찬 연못과 같은 것이다. 그리고 데카르트의 주장처럼 물체를 연장적 실체로 이해할 경우도 이것은 마찬가지이다. 말하자면, 데카르트가 규정한 물체적 실체 개념, 즉 연장을 본질로 하는 물체라는 개념은 물체를 실체가 아니라 단지 현상의 지위에 머물게 한다. 이 경우 물체는 일종의 사고의 양태일 뿐이다. 이런 물체가 실체가 될 수 없는 이유는 물질이 무한하게 분할 가능하기 때문이다. 무한하게 분할 가능한 것에서는 참된 일체를 찾을 수 없고 단지 근접에 의해서 하나 되는, 집적에 의한 일체만이 있을 뿐이다. 이와 달리 실체적 일체성은 분할 불가능하고 파괴 불가능한 존재를 요구한다. 이런 존재는 물체의 형태나 운동에서는 찾을 수 없다. 라이프니츠가 이런 존재의 예로 든 것은 자아 혹은 영혼이다. 그래서 우리는 우리의 영혼을 유비로 다른 실체적 형상을 생각할 수 있다. 라이프니츠가 재도입해야 한다고 주장하는 실체적 형상이 물체에서 하는 역할은 물체에 일체성을 부여하고 생명이 있는 존재로 만드는 것이다. 결국 라이프니츠가 주장하는 물체적 실체는 살아 있는 물체, 즉 동물이나 생물 등의 유기체를 가리킨다. 따라서 생명이 없는 물체에는 실체적 형상도 없는 것이다. 이런 라이프니츠의 물체 개념은 데카르트의 실체 이분법을 넘어서 있다. 데카르트의 실체 이원론적 관점으로는 이해할 수 없는 것이다.

| 라이프니츠와 아르노의 서신

라이프니츠가 주장하는 실체적 형상은 17세기 과학자들과 철학자들이 거부했던 주요 개념 중 하나다. 스콜라철학에서는 사물의 목적을 가리키는 말로 사용되어 목적론적 세계관과 연결된 개념이었기에 목적론적 세계관을 부정하고 기계적 자연관을 주장한 그들에게는 인정할 수 없는 개념이었다. 그러나 라이프니츠가 기계론 철학을 부정하거나 기계론 철학의 성과를 인정하지 않는 것은 아니다. 그는 자연의 개별 현상은 형태, 크기, 운동 등의 기계론의 원리로, 수학적으로 충분히 설명할 수 있다고 인정한다. 하지만 그 기계론의 법칙이나 원리들은 그 자체로 설명할 수 없다. 그것은 어떤 형이상학적 이유에 근거한다는 것이다. 예를 들면 한 물체가 왜 그런 형태를 가지고 있는지 왜 운동하는지 등의 문제는 기계론 철학 자체만으로 설명할 수 없고 형이상학적 고찰로 그 이유를 찾아야 한다는 것이다.

4: 1687년 3~4월(서신 20~23)

아르노는 약 3개월 후 라이프니츠의 해명에 답한다. 그가 서신 20에서 다루고 있는 문제는 여전히 심신 관계 문제와 물체 개념이다. 라이프니츠는 아르노의 서신 20에 세 개의 서신을 준비했다. 첫 번째 서신 21은 아르노의 개종 권유에 대한 답신이고 아르노가 제기한 문제에 대한 답신은 서신 22에서 다루고 있다. 하지만 이 서신 21과 22는 아르노에게 보내지 않은 서신이다. 실제로 아르노에게 보낸 서신은 23이다. 이 네 번째 시기에 주제적으로 포함되지는 않지만 라이프니츠는 아르노의 답변을 독촉하는 서신 24를 7월 말경 보낸다.

아르노는 먼저 라이프니츠가 영혼이 그것의 신체에서 일어나는 일에 대해서 더 분명한 표현을 갖는다고 말한 것을 이해하기 어렵다고 한다. 라이프니츠의 견해에 따르면 영혼은 표현을 통해서 물체를 인식하고 고통을 느낀다. 왜냐하면 영혼은 자신의 고유한 방식으로, 즉 다른 물체들이 자기 신체와 맺는 관계에 따라서 전 우주를 표현하기 때문이다. 그렇다고 영혼이 자기 신체에서 일어나는 일을 완전하게 다 안다는 것을 의미하는 것은 아니다. 물체의 부분들과의 관계에 등급이 있기 때문이다. 우리는 신경을 통해서 우리의 신체를 지각하고 표현하지만 신경이 영혼에 작용하고 또 다른 물체가 신경에 작용하기 때문이 아니라 그것들이 자발적인 관계에 의해서 서로를 표상하기 때문이다. 따라서 영혼의 더 명확한 표현은 신체의 더 명확한 인상에 상응한다. 그리고 영혼이 자기 신체의 변화를 더 분명하게 표현하는 것은 다른 외부 물체보다 가깝기 때문이다. 그래서 라이프니츠는 우리 신체에 눈에 띄는 변화가 생기면 외부의 변화보다 내부 기관의 변화가 생기기 때문에 더 잘 알게 된다고 답한다. 하지만 아르노는 이 답변에 만족하지 못하고 다음 서신에서 이 문제에 대해서 계속 의문을 제기한다.

아르노는 라이프니츠의 공존 가설이 기회원인 가설과 유사한 점이 있다고 보았다. 라이프니츠는 영혼이 팔운동의 실재적 원인이라고 보지 않고 신체가 바늘에 찔린 것이 영혼이 고통을 느끼는 실재적 원인이라고 보지 않기 때문이다. 즉 영혼과 물체를 실재적 원인으로 보지 않는 것은 기회원인 가설을 주장하는 사람들과 유사하다. 하지만 라이프니츠의 공존 가설과 기회원인 가설의 다른 점은 신의 역할이다. 라이프니츠는 신은 창조 때 모든 실체에게 자신의 상태를 유지할 힘을 주었고 정신적 실체든 물체적 실체든 각 실체의 모든 상태는 그 실체의 이전 상태의 결과라고 주장한다. 따라서 사유와 의지가 정신에서 나오는 것처럼 운동에서 실재적인 것은 물체적 실체 자체에서 나온다. 신은 기회원인 가설에서처럼 사물들을 조화 일치시키기 위해서 매 순간 기적을 행하는 것이 아니라 이 우주의 일반 질서를 유지하는 것처럼 각 실체의 존재를 보존하는 역할을 한다. 따라서 라이프니츠는 기적 또한 신의 일반 질서에 포함되어 있고 단지 신이 피조물들에게 부여한 힘을 능가하는 일일 뿐이라고 여긴다. 따라서 물체적 실체는 신이 창조할 때 그것에 부여한 법칙에 따라 운동을 계속 유지할 힘을 가지고 있다. 따라서 운동의 연속성은 기적이 아니며, 정신의 어떤 작용이 물체를 운동하게 하는 것도 아니고 물체도 정신의 본성에 어떠한 변화도 야기하지 않는다. 물체와 정신은 신이 태초에 그들에게 부여한 그들 고유의 법칙에 따라 사고하고 운동한다. 이 설명은 두 가지 장점을 갖는다. 첫째는 고대 아리스토텔레스에게서 주장된 최초의 운동자로서의 신 개념을 보존하고, 둘째는 물체적 실체는 스스로 운동할 수 있다는 것이다. 물론 연장이나 분할 가능한 것으로 구성된 물체가 아니라 영혼이나 실체적 형상을 가지고 있는 물체적 실체가 스스로 운동할 수 있는 힘을 부여받았다는 것이다. 라이프니츠는 이런 힘을 능동력(vis activa)이라고 부른다. 이 능동력은 아르노와의 서신 외 다른 저작에서도 물체에서 인정해야 한다고 역설하는 것이다. 그렇지 않으면 물체는 (데카르트의 주장처럼 연장으로만 구성된 물체는) 연장이 추상적 개념에 불과한 것처럼, 단지 현상에 불과하고, 실체적 일체성을 갖지 않는, 무한하게 분할 가능한 존재가 되기 때문이다. 그렇게 되면 우리가 어떤 특정한 형태와 크기를 가지고 있는 하나의 물체라고 하는 말은 실체가 없는 말이 된다.

따라서 라이프니츠의 견해에 따르면, 흔히 영혼과 물체의 합일이라고 하는 것 혹은 통상적으로 사람들이 영혼과 물체의 상호 작용이라고 하는 것은 각각 자신의 법칙을 따르는 두 실체 사이에 신이 태초부터 정해놓은 공존 외에 다른 것이 아니다. 이 공존의 가설은 이후 예정조화의 가설로 이름을 달리해 나타난다.

다음으로 아르노가 서신 20의 후반부에서 제기하는 문제는, 물체를 단지 기계나 실체들의 집적으로 이해하는 것이 왜 문제가 되느냐는 것이다. 아르노는 아우구스티누스의 말을 인용하면서, 일체란 분할 불가능해야 하는데, 어떤 물체도 분할 불가능하지 않기 때문에 참된 일체성은 오직 정신에만 있으며 참된 일체성을 갖지 않는 것이 물체의 본질이라고 할 수 있다고 말한다. 그렇다고 참된 일체성을 갖지 않는 물체를 단지 현상에 불과하다거나 상상적인 어떤 것이라고 할 필요는 없다. 따라서 물체를 기계나 실체들의 집적으로 이해하는 것은 합리적이라는 것이다. 그에 따르면, 참된 일체성을 갖는 것은 사고하는 정신적 실체뿐이다. 따라서 모든 것을 기계적으로 설명할 수 있는 동물이나 심지어 식물에게 실체적 형상을 부여할 아무런 이유도 근거도 없다. 인간의 영혼과 관련해서도 영혼이 인간의 신체에게 일정한 자아나 일체성을 부여한다고 할 수는 있지만 신체가 파괴 불가능하도록 만들지는 않는다. 우리 신체의 유기 조직 또한 계속되는 기계적 집적으로 이해되어야 한다. 물체에도 정도에 따라 일체성을 말할 수 있지만, 결코 정신적 실체가 소유하는 것과 같은 내적이고 참된 일체성을 갖지 않는다.

　아르노의 의문과 제안에 답하기 위해서 라이프니츠는 매우 근본적인 관점에서 문제에 접근한다. 그래서 물체 개념에 대해서 아르노와 매우 근본적인 관점의 차이가 나타난다. 우선 라이프니츠는 집적에 의한 존재만 있는 곳에는 실재적 존재가 없다고 생각한다. 집적체는 자신의 실재성을 자신을 구성하는 것의 실재성에서 얻는데, 그 구성 부분이 또다시 집적체면, 결국 그것은 아무런 실재성도 갖지 못하는 것이다. 그것의 구성 부분을 무한하게 계속해서 찾아야 하는데 그것은 불가능하기 때문이다. 하지만 라이프니츠의 견해는 모든 집적에 의한 존재는 참된 일체성을 부여받은 존재를 가정한다는 것이다. 그래서 라이프니츠는 전 물체계에 기계만 있다는 아르노의 견해는 인정하지만 실체들의 집적만 있다는 것에는 동의하지 않는다. 왜냐하면 실체들의 집적이 있다면, 이 집적체가 기인하는 실체도 있어야 하기 때문이다. 물질의 무한 분할에 의해서 계속해서 작아지는 물체의 구성 부분은 영원히 계속해서 작아진다. 어느 순간에 그 분할이 멈춰 이것이 가장 작은 부분, 즉 원자라고 할 수 있는 것은 없다. 그렇다면 물체를 구성하는 참된 일체는 무엇인가? 라이프니츠는 데카르트의 물체 개념을 겨냥해서, 물체를 연장적인 것으로 이해한다면 무한 분할에 의해서 수학의 점에 이르게 되고 이 점을 참된 일체로 여기게 되는데 사실상 이 점은 추상적 개념일 뿐이라고 거부한다. 그렇지 않으면 에피쿠로스가 주장한 원자에 이르게 되는데 이것도 참된 일체가 아니다. 라이프니츠에게 최후의 일체는 분할 불가능하고 실재적인 것이어야 하기 때문이다. 그래서 라이프니츠는 실체적 형상을 재도입해야 한다고 주장하는 것이다.

이런 라이프니츠의 견해는 '참된 일체가 없으면 다수도 없다.'는 근본적인 생각에서 비롯된 것이며, 이 생각은 동일 명제인 "실제로 **하나**의 존재가 아닌 것은 실제로 하나의 **존재**도 아니다(Ce qui n'est pas veritablement UN estre, n'est pas non plus veritablement un ESTRE)." 라는 공리로 표현된다. 스콜라철학에서 이것은 "일체와 존재는 상호 교환 가능하다(ens et unum convertuntur)."는 것으로 알려진 것이다. 따라서 라이프니츠의 견해에 따르면, 참된 일체를 소유하지 않은 사물들에 실체적인 것이 없다고 말할 필요가 없다. 이 사물들은 그들의 합성에 포함되는 참된 일체성만큼 실재성을 갖는다. 아르노의 주장대로 참된 일체성을 갖지 않는 것이 물체의 본질이라고 하면, 그래서 물체가 우연에 의한 일체처럼 어느 정도에 맞는 일체성만을 갖는다고 하면, 물체의 실재성을 보장할 수 없게 되고 결국 물체에서 어떤 실체적인 것도 말할 수 없는 상상적인 현상에 불과한 것이 되기 때문이다.

라이프니츠가 주장하는, 물체의 실재성을 확보할 수 있는 물체적 실체를 인정하지 않으면, 물체의 현실적 하위 분할 때문에 물체에 어떤 고정된 형태를 지정할 수 없고 운동의 실재성도 보장할 수 없다. 물체적 실체가 가지고 있는 운동의 원인인 힘을 인정하지 않으면 운동의 주체를 설명할 수 없기 때문이다. 그리고 라이프니츠는 인간에게만 이런 참된 일체성과 실체를 인정하는 것은 불합리하다고 생각한다. 그는 스스로 확신하지는 못하지만, 동물도 식물도 참된 일체를 소유할 것이라고 가정한다. 이것이 세계를 더 완전하게 하는 관점의 다수성과 다양성에도 적합한 것이기 때문이다.

아르노와 라이프니츠가 가지고 있는 근본적인 관점의 차이는 여기서 드러난다. 아르노는 물체 개념을 논하면서 데카르트의 견해에 따라 영혼과 물체를 실재적으로 다른 두 실체로 보고 물체를 연장적인 것으로 이해한다. 하지만 라이프니츠는 영혼과 물체가 완전히 분리된 두 실체라고 보지 않는다. 즉 실체 이원론의 관점을 넘어선 것이다. 라이프니츠는 물체적 실체 개념을 설명하면서 물체를 생명체로 보고 있다. 그 당시 말피기, 스바메르담, 레이우엔훅 등에 의한 생물학이나 생리학의 성과들을 언급하면서, 그는 자신의 물체적 실체 개념에 적합한 것으로 영혼 있는 물체, 즉 유기체나 생명체를 염두에 두고 있다. 그래서 라이프니츠는 '물방울에도 많은 살아 있는 동물이 있다.'거나 동물의 생성과 죽음은 이미 살아 있는 동물의 성장과 축소일 뿐이라고 하면서 영혼 전이 대신 동물의 변형을 주장한다. 따라서 모든 영혼 있는 물체 혹은 유기 조직을 지닌 물체는 무한하게 분할되는 가장 작은 부분에까지도 똑같이 영혼 있는 물체, 생명이 있는 물체로 구성되고 이 부분들이 그 물체의 실재성을 말해준다.

그러나 라이프니츠가 모든 집적에 의한 존재들이 가정한다고 말하는 '참된 일체성을 부여받은 존재'가 무엇을 가리키는지 분명하지 않다. 그는 '참된 일체성을 부여받은 존재'를 '단일 실체(substance singuliere)'라는 말로 표현하고 있는 것 같지만, 단일 실체와 집적에 의한 존재는 다른 것이라고 선을 긋는다. 그의 주장에 따르면, 이 '참된 일체성을 부여받은 존재'는 물체계의 선험적 근거 역할을 한다. 즉 물체의 실재성을 확보하기 위해서 필요한 존재로 인식한 것이다.

그것이 무엇을 가리키는지는 분명하지 않지만, 라이프니츠는 이후 '참된 일체성을 부여받은 존재'나 '단일 실체'의 의미에서 모나드 개념을 사용한다.

5: 1687년 8~10월(서신 25~31)

라이프니츠와 아르노의 서신 교환 다섯 번째 시기는 아르노가 1687년 8월에 쓴 서신 25로 시작된다. 그리고 라이프니츠에게 이 서신을 전달해 달라고 부탁하는, 에른스트 영주에게 보내는 서신 29에서 아르노는 라이프니츠의 주장에 동의하지 않는다는 입장을 밝히고 라이프니츠의 개종을 계속해서 권고한다. 서신 25는 아르노가 라이프니츠에게 쓴 마지막 서신이다. 라이프니츠는 이 서신에 대한 답장으로 서신 29와 31을 보냈다.

아르노가 마지막 반박에서 제기한 문제는 3가지로 정리할 수 있다. 첫째는 라이프니츠가 실체들 간의 관계에서 거듭 언급하는 '표현' 개념에 관한 것이고, 둘째는 물체가 어떻게 스스로 운동할 수 있는지를 묻는 것이며, 셋째는 라이프니츠가 최후의 분할 불가능한 일체로 상정하는 실체적 형상과 이것이 유기체와 맺는 관계에 대한 문제이다. 아르노는 이 마지막 문제와 관련해서 6항목에 걸쳐 이의를 제기하고 자신의 견해를 밝힌다.

먼저 아르노는 라이프니츠가 말하는 표현이 사고나 인식을 의미한다면, 우리가 외부 세계에 대한 사고나 인식보다 더 가까운 자기 신체에 대한 사고나 인식을 더 많이 가지고 있다는 것에 동의할 수 없다고 한다. 그의 생각에 따르면, 우리의 영혼이 토성의 위성 운동보다 우리 신체의 림프 운동에 대한 인식을 더 많이 가지고 있는 것은 아니기 때문이다. 라이프니츠는 이 의문에 답하기 위해서 기하학의 투영 관계나 수학적 모사 관계의 관점에서 표현에 대한 일반적 정의를 한다. 그의 정의는 "한 사물과 다른 사물에 대해서 말할 수 있는 것 간에 지속적이고 규칙적인 관계가 있을 때 하나는 다른 하나를 표현하다."는 것이다. 라이프니츠의 해명에 따르면, 이 표현에는 자연적 지각이나 감각 그리고 지성적 인식이 속한다. 자연적 지각이나 감각에서 물질적인 것, 분할 가능한 것은 분할 불가능한 존재나 참된 일체성을 부여받은 존재에서 표현되고 표상된다. 지성적 인식은 여기에 의식을 동반한 것이고 사고라 불린다고 설명한다. 표현은 일종의 신체적 공감에서 나타난다. 영혼은 신체를 통해서 가장 작은 변화에도 반응하기 때문이다. 우리 몸의 림프 운동의 경우 우리가 분명하게 지각하지 못하는 것은 그것이 우리에게 매우 익숙하기 때문이다.

라이프니츠는 앞서 논의된 고통의 원인에 대해서도 자신의 설명이 데카르트주의자들의 설명이나 기회원인의 가설과는 다른 자연적 설명이라고 한다. 그의 해명에 따르면, 모든 신체의 상태는 영혼의 상태에 상응한다. 따라서 바늘에 찔리기 전과 찔릴 때 신체의 상태는 각각 영혼의 상태에 상응하고 각 신체의 상태는 영혼에 의해 표현된다. 바늘에 찔린 신체의 상태는 고통을 느끼는 영혼의 상태에 상응한다. 차이점은 데카르트의 설명이나 기회원인 가설이 영혼에 일어난 변화의 원인을 신체에서 찾고 신체에서 일어난 변화의 원인을 영혼에서 찾으려고 한 반면 라이프니츠는 영혼과 신체는 서로에게 일어난 변화의 원인이 아니라고 생각한다. 영혼에 일어난 변화의 원인은 영혼의 이전 상태이고 신체에 일어난 변화의 원인은 신체의 이전 상태이다. 이 설명으로 라이프니츠는 모든 실체가 서로 조화롭게 연결되어 있다는 예정조화의 가설로 나아간다. 라이프니츠에 따르면, 그의 가설은 가장 강한 신 존재 증명이다. 왜냐하면 모든 실체가 서로 완벽하게 조화와 일치를 이룬다는 것은 각 실체가 신의 의지인 보편 원인을 표현하는 것이기 때문이다.

정지한 물체가 어떻게 스스로 움직일 수 있느냐는 아르노의 의문은 사실상 라이프니츠의 철학에서는 유효하지 않다고 할 수 있다. 왜냐하면 라이프니츠는 완전히 정지한 물체는 없으며 너무 작은 움직임이라서 그 운동이 관찰되지 않더라도 모든 물체는 운동하고 있다고 생각하기 때문이다. 더욱이 물체는 다른 외부 물체로부터 동력을 전달받는 것이 아니라 자기 자신의 탄성력에 의해서, 물체 자신에 이미 주어져 있는 힘에 의해서 움직인다. 모든 물체의 현재 운동 상태는 이전 상태의 결과이며, 운동에서 실재적인 것은 물체적 실체 자체로부터 생긴다. 따라서 각각의 실체는 자신 안에 자기 상태의 직접적인 원인을 가지고 있다.

아르노는 라이프니츠가 살아 있는 물체나 영혼이 있는 물체에만 실체적 형상을 요구한다고 생각했다. 따라서 자연에서 생명이 없는 부분들에는 최후의 일체를 갖지 않는 다수의 존재만 있다고 생각했다. 하지만 라이프니츠에게 세계는 살아 있는 물체와 영혼 있는 물체들로 가득 찬 곳이다. 그 영혼의 수는 무한하게 많다. 왜냐하면 끝없이 분할 가능한 물질의 아무리 작은 부분이라도 살아 있는 물체, 영혼이 있는 물체, 즉 물체적 실체가 없는 부분은 없기 때문이다. 라이프니츠의 범유기체 철학을 대표하는 이 마지막 명제는 이미 청년기 저작에서부터 나타나며, 연속 합성의 문제에 몰두했던 파리 체류 시기(1672~1676)에 더 확고해진 테제다. 즉 그는 이미 청년기에 이 범유기체 사상을 가지고 있었던 것이다. 이런 그의 사상적 전개로 보면, 물체적 실체 개념은 이 범유기체론을 주장하기 위해서 반드시 정립해야 했던 개념이라고 할 수 있다.

아르노에게 결정적으로 수용될 수 없었던 라이프니츠의 견해는 바로 그의 범유기체 사상의 핵심적 개념인 물체적 실체 개념이었다. 그래서 그는 에른스트 영주에게 라이프니츠가 "자연학에서 매우 기이하고 지지하기 힘든" 견해를 가지고 있다고 비판한 것이다. 하지만 그것은 아르노가 데카르트의 실체 이원론 시각에서 이 이원론을 넘어서 있는 라이프니츠의 견해를 보았기 때문이다. 아르노의 비판은 물질은 원래부터 다수의 존재일 뿐이기 때문에, 물질과 전혀 다른 실체적 형상을 부여한다고 해서 외적으로 단일한 것으로 보일지는 몰라도 내적으로 완전한 일체가 될 수는 없다는 것이다.

서양철학의 전통에서 이런 물질 혹은 물체 개념은 자연스러운 것이라 할 수 있다. 하지만 라이프니츠는 물질 혹은 물체 개념의 개선을 통해서 실체 개념을 개선하려는 의도를 가지고 있었다. 이 비판에 대해 라이프니츠는 물질을 그 자체로만 보면, 무한 분할 가능성 때문에 고정된 형태도 고정된 크기도, 고정된 운동도 규정할 수 없는, 무지개와 같은 현상일 뿐이다. 따라서 참된 실재는 이 물질이 귀속되는 실제로 하나의 존재인 영혼 있는 실체라고 답한다. 즉 물질에 최초의 고정되고 규정된 존재를 부여하는 것이 실체적 형상이라는 것이다. 계속해서 라이프니츠는 이 실체적 형상을 인간에게서처럼 다른 유기 조직을 지닌 물체나 영혼 있는 물체에서도 인정해야 한다고 주장한다. 유기 조직을 지닌 물체가 다수의 기관, 체액, 혈관 등의 부분으로 구성되어도 그 일체성을 상실하는 것은 아니며 그 각 조직들은 자신의 고유한 형상을 가지고 있는 고유한 물체적 실체를 가지고 있기 때문이다.

계속해서 아르노는 실체적 형상이 물질과 같이 분할 가능하거나 정신과 같이 사고하고 분할 불가능해야 한다는 관점에서 의문을 제기한다. 결과적으로 라이프니츠는 이 문제에서 중요한 부분을 아직까지 완벽하게 탐구하지 못했기 때문에 충분히 설명하지 못한다고 고백한다. 하지만 아르노의 의문에 대해서 그는 모든 분할 불가능한 실체가 정신이고 사고해야 한다고 확신하는 것은 근거가 없다고 말한다. 왜냐하면 분할 불가능한 실체의 개념이 사유하는 실체의 개념과 동일하다는 것은 증명할 수 없기 때문이다. 라이프니츠는 실체적 형상의 재도입을 주장하고 자신의 개선된 물체적 실체 개념을 주장하면서 데카르트의 실체 이원론을 이미 넘어서고 있는 것이다.

마지막으로 아르노는 라이프니츠가 주장한 실체적 형상과 동물 영혼의 불멸성에 대해서 반박한다. 예를 들어 불에 탄 누에가 불에 타기 전과 동일한 영혼을 가지고 있는 동일한 동물이라는 것은 불가능하다. 불에 탄 재에 어떻게 동일한 영혼이 있을 수 있는가라는 반박이다. 라이프니츠는 레이우엔훅의 실험을 예로 들면서 물방울에도 무한하게 많은 생물이 있는데, 재에도 영혼이 있는 물체가 있을 수 있고 불에 탄 재는 단지 유기 조직이 작아진 것이며, 재에서 누에로 변형되는 것이 불가능한 것은 아니라고 답한다. 라이프니츠의 이 생각은 우리의 상식과 상당히 먼 기이한 생각일 수 있다. 하지만 이것이 전혀 불가능하다는 것이 증명된 것도 아니다. 이 생각에 따르면, 재가 된 누에는 자신의 영혼을 계속해서 가지고 있고 그 영혼은 작아진 유기 조직과 계속 연결되어 있다. 한 유기체와 연결되어 있던 영혼은 그 유기 조직이 타서 파괴되더라도 다른 유기체와 연결된다. 라이프니츠는 『모나드론』에서 자연에는 물체 없는 영혼이 존재하지 않는다고 말한다. 라이프니츠는 데카르트의 실체이원론적 개념인 정신과 신체, 영혼과 물체라는 용어를 사용하지만 실상 그의 생각 속에 실체는 생명체, 유기체이다. 그의 견해에 따르면 자연에는 유기 조직을 갖지 않은 물체가 없고, 영혼을 갖지 않는 물체가 없기 때문이다.

이어 라이프니츠는 물질과는 다른 정신의 특별한 역할에 대해서 언급한다. 이것은 이성적 영혼을 가지고 있는 인간에 대한 것이다. 동물의 영혼은 힘과 운동에 대한 물질적 법칙에 의해서 통제되지만 정신은 정의의 법칙에 따른다. 이런 의미에서 동물적 실체는 물질적이라 할 수 있으며, 신보다는 세계를 더 표현하지만 정신은 신을 더 표현한다. 왜냐하면 신 자신이 하나의 정신이고 창조된 정신은 유한과 무한의 차이에서만 신과 다르기 때문이다. 그래서 정신과 신은 함께 하나의 공동체를 이룬다. 라이프니츠는 이 공동체를 아우구스티누스의 『신국론』에 나오는 예를 따라 정신의 일반 공화국, 혹은 보편 공화국이라고 부른다. 우리 인간이 도덕적 자격을 갖추고 보상과 처벌의 도덕적 법칙에 지배되는 것은 이 정신이 기억과 의식, 반성 능력을 가지고 있기 때문이다.

라이프니츠와 아르노의 서신 교환은 이로써 끝을 맺는다. 라이프니츠가 남부 독일과 이탈리아 여행 중 플젠과 베니스에서 아르노의 답신을 독촉하는 서신 32와 33을 쓰기는 했지만 서신 33은 아르노에게 전달되었는지도 확실하지 않고 아르노는 그 이후 라이프니츠에게 답하지 않았다.

아르노와의 서신에 담겨 있는 라이프니츠의 형이상학은 이후에도 계속 큰 변화 없이 이어진다. 단지 이 서신과 중기 저작들이 매우 늦게 세상에 알려지고 연구되었을 뿐이다. 늦게 알려진 탓에 우리는 라이프니츠 철학에 대해서 전통적으로 이해되어온 것과는 다른 면이 있음을 뒤늦게 보게 된다. 서양 철학사에서 라이프니츠는 흔히 영혼과 같은 모나드 개념으로 세계를 설명하는 관념론적 형이상학자로 알려져 있다. 하지만 이 서신의 논의에서도 두드러지게 나타나듯이 그는 물체 개념의 개선에 매우 많은 노력을 기울인 자연철학자의 면모도 갖추고 있다. 점점 더 확고한 지지를 얻어 가는 근대 물리학, 생물학, 의학 등의 발전과 함께하면서, 그는 철학에서 물체 개념이 제대로 정립되지 않았다는 것을 깨닫고 물체를 그 본래의 모습에 따라 실체로 볼 수 있는 개념을 구축하려고 했고, 그것이 그가 이 서신에서 주장하고 있는 물체적 실체 개념이다. 라이프니츠가 물체적 실체로 보고 있는 것은 유기체, 생명체다. 대표적으로 인간이 그 대상이지만, 동물과 식물에서도 그 구조가 발견된다고 그는 믿는다. 라이프니츠가 물체적 실체를 설명하는 것을 보면, 우리가 '자아'라는 의식을 갖게 되는 것이 사고하는 정신적 실체를 통해서만이 아니라는 생각이 담겨 있는 것처럼 보이기도 한다. 아마도 라이프니츠는 이 자아라는 의식은 영혼과 신체의 합일에서 비롯된다고 할 것 같다. 어쨌든 라이프니츠는 이 물체적 실체 개념을 통해서 전 우주가 영혼이나 생명을 가지고 있는 물체적 실체로 가득 차 있다는 범유기체, 범생명체 사상을 펼친다. 그리고 세계를 이렇게 이해하는 것이 신과 인간과 세계에서 일어나는 일들을 가장 합리적이고 가장 질서 있게 이해하는 것이라고 생각한다. 라이프니츠가 중기 저작에서 물체 개념의 개선을 통해서 유기체 개념과 모든 부분에 영혼이 있는 '자연 기계' 개념을 주장한 것에 비해서, 라이프니츠를 관념론 형이상학자로 알고 영향받았던 프랑스의 라 메트리(La Mettrie), 디드로(Diderot) 등이 데카르트의 이원론을 비판하면서 인간을 정신보다 물질적인 기계로 설명하는 물질주의가 등장한 것을 보면 서양 철학사의 아이러니가 아닐 수 없다.

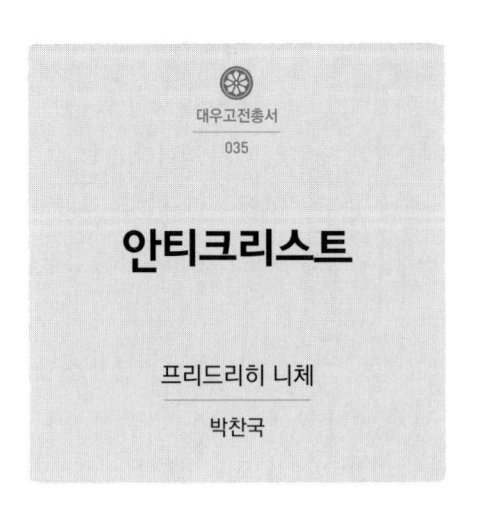

대우고전총서

035

안티크리스트

프리드리히 니체

박찬국

1. 『안티크리스트』의 성격과 의의

니체의 『안티크리스트』는 그 제목이 이미 시사하듯이 그리스도
교 비판을 주요한 목표로 삼고 있다. 역사상 그리스도교를 비판하는
책들은 많았지만 니체의 『안티크리스트』만큼 비판의 강도가 신랄한
책은 전무후무할 것이다.

니체의 『안티크리스트』는 니체가 죽기 12년 전인 1888년 늦여름
과 가을에 저술되었다. 니체의 저작 가운데 『이 사람을 보라』가 『안티
크리스트』보다 늦게 저술되었지만, 『이 사람을 보라』는 자전적인 성

격을 가진 것이기 때문에 자신의 사상을 본격적으로 펴는 책은『안티
크리스트』가 마지막이라고 해야 할 것이다. 따라서『안티크리스트』
는 니체의 최종적인 사상을 담은 책이라고 할 수 있다. 나중에 보겠
지만 니체는 한때 '모든 가치의 전환'이라는 부제를 붙였을 정도로 이
책에서 자신이 일생 동안 시도한 가치전환의 총결산이 이루어졌다고
생각했다.

『안티크리스트』에서 가치전환의 총결산을 행하고 있다고 생각
했던 만큼, 니체는 이 책에서 그리스도교뿐 아니라 그것과 연관된
플라톤 이래 헤겔과 쇼펜하우어 그리고 사회주의나 무정부주의 등
의 사조에 이르는 서양철학도 신랄하게 비판하고 있다. 니체에게 그
리스도교는 서양철학의 역사 전체와 분리된 특별한 현상이 아니다.
니체에 따르면 그리스도교는 자신 이전의 플라톤주의에 뿌리를 두
면서, 특정한 종교로서의 그리스도교가 역사를 규정하는 힘을 상실
한 근대를 거쳐 오늘날에도 칸트를 비롯한 이상주의 철학의 형태나
민주주의나 공리주의 혹은 사회주의나 무정부주의 형태로 변형되어
나타나고 있는 것이다. 이 점에서 우리는 니체가『안티크리스트』에
서 수행하는 그리스도교 비판은 비단 그리스도교를 비판하는 데 그
치지 않고 서양 역사 전체를 면면히 규정하는 그리스도교적인 사고
방식 전체를 비판하고 있다고 볼 수 있다. 따라서 우리는 '신은 죽었
다'는 니체의 말은 그리스도교의 종말을 선언하는 말일 뿐 아니라 모
든 종류의 그리스도교적인 사고방식의 종말을 선언하는 말로 이해
해야 한다.

이 점에서 우리는 그리스도교에 대한 니체의 대결은 그 폭과 철저

함에서 유례를 찾아볼 수 없는 것이라는 한스 큉의 견해에 동의할 수 있으며 또한 그와 마찬가지로 니체의 그리스도교 비판을 마르크스나 포이어바흐의 그리스도교 비판보다 훨씬 더 철저한 것으로 볼 수 있다. 마르크스나 포이어바흐는 특정한 종교형태로서의 그리스도교를 비판할 뿐이지만 니체는 마르크스나 포이어바흐의 사상까지도 포함하는 그리스도교적 사고방식 전체를 비판하고 있기 때문이다. 니체가 보기에는 그리스도교적 평등사상에 사로잡혀 있는 한 마르크스나 포이어바흐도 그리스도교적 사고방식의 연장에 불과한 것이다. 니체는 이 책에서 그리스도교뿐 아니라 플라톤에서 근대의 이상주의 철학을 거쳐 현대의 사회주의나 무정부주의에 이르기까지 서양의 전통 철학이 가지고 있는 병적인 성격을 드러내면서 이러한 병적인 성격이 그것들의 교설에 어떤 식으로 반영되어 있으며 그것들이 인간을 어떤 식으로 병들게 하는지를 예리한 심리학자의 솜씨로 분석하고 있다.

니체가 『안티크리스트』에서 그리스도교에 가하는 비판이 워낙 신랄하기 때문에 사람들은 니체가 그리스도교에 대해 극히 거칠게 비판하고 있다고 생각하기 쉽다. 그러나 니체는 이 책에서 제도화된 그리스도교와 예수의 진정한 가르침을 철저하게 대립적인 것으로 보며, 그 둘을 선명하게 구별한다. 이 점에서 니체의 분석은 그것이 맞든 틀리든 간에 상당히 섬세하다고 할 수 있을 것이다. 니체는 아울러 이 책에서 그리스도교와 불교의 차이도 매우 섬세하게 분석하고 있는데, 이는 각 종교가 지닌 특성 대해서 니체가 극히 예민한 후각을 지녔음을 보여준다.

필자는 그리스도교나 불교 그리고 예수에 대한 니체의 분석이 상당한 타당성을 가지면서도 일정 부분 문제점이 있다고 생각한다. 그럼에도 본인은 니체의 『안티크리스트』는 그리스도교를 무조건적으로 받아들이지 않고 그것과 진지하게 대결하고 싶은 사람들이나 그리스도교뿐 아니라 종교들의 본성과 전개과정에 대해 깊이 생각하고 싶은 사람들은 반드시 읽어보아야 할 책이라고 생각한다.

또한 필자는 니체의 『안티크리스트』는 그리스도교를 믿는 사람들에게도 긍정적 의미를 가질 수 있다고 생각한다. 저명한 가톨릭 신학자인 한스 큉은 니체의 그리스도교 비판이 갖는 긍정적인 의의에 대해 이렇게 말하고 있다. 약간 길게 인용하는 것을 양해해주기 바란다.

첫째, 니체의 교회 비판에 진실한 말이 얼마나 많이 들어 있는가? 인간 영혼 위에 권력을 행사하는 권력 구조로서의 교회, 일종의 가짜 국가라고? 예수의 복음과 정반대되는 교회, 진솔하고 직진하는 인류와 상반되는 교회라고? 온갖 인간적 위대함과 충돌을 일으키면서 교회가 불가결한 존재라고 내세우는 교회라고? 심리적 위조의 본거지로서의 교회, 삶의 자연적인 가치들을 평가절하하고 사람들의 사생활 속에 침범해 들어오는 교회라고? 삶으로부터 소외되고 움직이지 못하고 굳어진 신, 그 신을 매장하는 무덤지기로서의 교회라고?

둘째, 니체의 사제직 비판에 진실한 말이 얼마나 많이 들어 있는가? 사제란 세계 역사에 나타난 대단한 증오꾼들이라고? 가장 매끈하고 의식하는 위선자들이라고? 삶에 독을 넣은 자들이요 사람들의 죄와 두려움의 감정과 죄책감을 먹고 사는 기생충들이라고? 감성과 과학을 둘 다 두려워하고 자유와 삶을 둘 다 말살하는 자들이라고? 너무도 오랫동안 사제들을 인간의 최고 유형이요 이상으로 잘못 보았다고?

셋째, 니체의 신 관념 비판에 진실한 말이 얼마나 많이 들어 있는가? 적개심과 평민적 도덕심에서 생겨난 것이 신 관념이요, 선과 악이라는 이 측은한 놈팡이 도덕 위에 군림하고 있는 것이 신 관념이라고? 신 관념으로부터 강하고 용맹하고 영웅적이고 당당한 모든 것이 제거되어버리고 신을 약자들과 병자들과 데카당트들의 하느님, 가난한 사람의 하느님, 죄인의 하느님, 병든 사람의 하느님으로 만들어버렸다고? '은총'이니 '섭리'니 '구원의 체험'이니 하는 모든 언사들에서 신적인 술책을 얼마나 남용하고 있는지 모른다고 공격한 프리드리히 니체의 비판들 가운데 얼마나 많은 것이 참일까? 적시에 감기를 낫게 하는 신, 폭우가 쏟아져 내리는 바로 그 순간에 우리를 동굴 속에 끌어넣어주는 신이라는 것이 얼마나 '부조리'한 것이냐는 그 말은? 말하자면 '머슴'에다 '파발꾼'에다 '산타클로스' 그 이상의 역할을 하는 신인가? 도대체 이런 말들은 우연 치고도 가장 어처구니없는 우연이다. 이 같은 신 비판이 결국은 인간을 위해서 내려진 비판임에 틀림없지 않은가? 인간을 마비시키는 지식, 옹졸한 도덕적 미신, 신을 향하는 억압적인 사랑에 항거하여 인간 전체를 보호하기 위해서 말이다. 니체는 결국 인간을 위해서 신을 청산해버린 것이 아닌가? 신 없음이 그 자체가 목적이 아니었고 인간 존재를 경멸하는 신에 대한 신앙에 관한 노파심이 아니었을까? 종교적 영에 의해서 초래된 소외로 말미암아 인간 실존의 직접성이 위협을 받을 수도 있지 않을까?[01]

그리고 니체가 고통받고 죄 많고 열등하고 보잘것없는 '전형적인' 그리스도인이라고 그려놓은 이 모습이 오늘에 와서도 단순히 하나의 희화에 불과하다고 감히 단언할 사람이 그 누구겠는가?[02]

한스 큉은 니체의 그리스도교 비판을 이렇게 일정 부분 겸허하게 받아들이면서 니체를 이렇게 평가하고 있다.

그 사상의 예리함과 심원함과 철저함에 있어서 그 누구도 니체와 필적하지 못하였다. 포이어바흐도, 마르크스도, 프로이트도 그에 미치지 못한다.[03]

물론 나중에 다시 보겠지만 한스 큉은 니체가 그려내고 있는 그리스도교가 그리스도교의 전부는 아니라고 본다. 그럼에도 한스 큉은 니체의 그리스도교 비판이 전혀 무근거하다고 보지 않는다. 또한 한스 큉은 니체의 그리스도교 비판이 인간을 타락시키려는 의도에서가 아니라 오히려 인간의 건강한 삶을 회복하려는 의도에서 비롯된 것이라는 사실을 인정하고 있으며 그리스도교는 자신의 개혁을 위

---

01 한스 큉, 『신은 존재하는가(*Existiert Gott?*)』, 성염 옮김, 분도출판사, 1994, 562쪽.

02 같은 책, 565쪽.

03 같은 곳.

해서라도 니체의 비판에 귀를 기울여야 한다고 본다. 필자 역시 한스 큉의 견해에 동의하는 바다.

아울러 『안티크리스트』는 그리스도교에 대한 비판에 그치지 않고 니체가 자신의 사상을 전개하는 책이기도 하다. 앞에서 언급한 것처럼 『안티크리스트』는 자신의 사상을 개진하는 책으로서는 마지막이기 때문에, 니체가 자신의 사유도정을 총결산하는 저작이라고 할 수 있다. 니체가 도달한 최종적인 사상을 알고 싶은 사람들에게는 『안티크리스트』는 빼놓을 수 없는 책인 것이다.

2. 『안티크리스트』의 성립과 출간 그리고 구성

맨 앞에서 언급한 것처럼 『안티크리스트』를 위한 원고는 원래 1888년에 완성되었다. 니체는 원래 이 책을 2년 내에 유럽의 주요 언어로 번역하게 하고 대규모로 발간할 계획이었다. 그러나 니체의 이 저술은 1894년이 되어서야 비로소 니체의 누이동생인 엘리자베트 푀르스터 니체(Elisabeth Förster Nietzsche)에 의해 네 군데가 삭제된 상태로 출간되었다. 삭제된 부분은 1955년에 카를 슐레히타(Karl Schlechta)가 출간한 니체전집에서 보정(補正)되었다. 1969년에 출간된 콜리(Giorgio Colli)와 몬티나리(Mazzino Montinari)의 고증본(Kritische Nietzsche Gesamtausgabe)에는 마지막 부분에 '그리스도교 탄압법'이 덧붙여져 있다. 본 한국어판 번역은 이 고증본을 텍스트로 했다.

『안티크리스트』는 니체가 원래 네 권의 책으로 계획했지만 완성하지는 못했던 주저 『모든 가치의 전환(*Umwertung aller Werte*)』의 첫째 권으로 보인다. 이 네 권의 제목은 다음과 같다.

1. 안티크리스트, 그리스도교 비판을 위한 시도(Der Antichrist, Versuch einer Kritik des Christentums)
2. 자유로운 정신, 허무주의적 운동으로서의 철학에 대한 비판(Der freie Geist, Kritik der Philosophie als einer nihilistischen Bewegung)
3. 비도덕주의자, 무지의 가장 유해한 양식인 도덕에 대한 비판 (Der Immoralist, Kritik der verhängnisvollsten Art von Unwissenheit, der Moral)
4. 디오니소스, 영원회귀의 철학(Dionysos, Philosophie der ewigen Wiederkunft)

네 권 중에서 첫째 권만이 완성되었지만, 1888년 11월 말 니체는 이 첫째 권에서 이미 자신이 계획했던 가치전환이 모두 수행되었다고 보았다. 이에 따라 이 첫째 권에는 '안티크리스트 — 모든 가치의 전환(Der Antichrist. Umwertung aller Werthe)'이라는 제목과 부제가 붙여졌다. 그러나 니체는 나중에 제목과 부제를 '안티크리스트 — 그리스도교에 대한 저주(Der Antichrist. Fluch auf das Christentum)'로 바꾸게 된다.[04]

---

04 이상의 내용에 대해서는 *Der Antichrist-Fluch auf das Christentum, mit Beiträge von Andreas Urs Sommer und Thomas Jöchler*, RaBaKa Publishing, Neuenkirchen, 2008, 113쪽 이하 참조.

3. 『안티크리스트』의 내용[05]

『안티크리스트』는 그리스도교에 대한 비판을 주요한 목표로 하고 있지만, 니체는 이 책에서 그리스도교가 가지고 있는 병적인 특성을 분명히 드러내기 위해 불교 및 이슬람교와 그리스도교를 비교하면서 불교나 이슬람교에 대해서도 나름의 평가를 내리고 있다. 그러나 이슬람교에 대한 언급은 극히 소략(疏略)하고, 불교에 대해서는 상당히 상세하게 분석하였다. 니체는 불교에 대해 다른 저작들에서도 언급을 하고 있기는 하지만 『안티크리스트』에서만큼 불교의 기원과 본질적 특성에 대해 체계적으로 다룬 적은 없었다. 여기서는 우선 니체가 불교와 그리스도교를 어떤 식으로 비교하는지 살펴보면서 니체가 어떤 점에서 그리스도교를 비판하고 있는지를 분명히 하려고 한다.

1) 니체가 보는 불교와 그리스도교의 차이

(1) 불교에 대한 니체의 견해

우선 니체는 불교와 그리스도교를 똑같이 허무주의적이며 데카당스적인 종교로 본다. 여기서 허무주의적이라는 것은 양자가 모두

---

05 이 해제의 상당 부분은 필자의 졸고 「불교와 그리스도교에 대한 니체의 견해에 대한 비판적 고찰 — 에리히 프롬과의 비교를 통해서」(《존재론연구》 제27집, 한국하이데거학회, 2011년)를 다듬은 것이다. 아울러 해제라는 글의 성격상, 인용문을 제외하고는 출처 표기를 가능한 한 최소화한 것을 양해해주기 바란다.

현실을 고통에 가득 찬 부정적인 것으로 보면서 현실에 대한 적극적인 대응 대신에 내면이나 피안으로 도피하고 있다는 의미이며, 데카당스적이라는 것은 양자가 모두 생명력의 약화와 퇴화에서 비롯되었으며 또한 생명력의 약화와 퇴화를 조장하고 있다는 의미다.

그러면서도 니체는 불교와 그리스도교는 근본적으로 서로 다를 뿐 아니라 불교는 그리스도교보다 훨씬 뛰어난 종교라고 말하고 있다. 니체는 그 이유로 다음 두 가지를 든다.

첫째로 불교는 그리스도교보다 훨씬 현실적이어서 문제를 냉정하고 객관적으로 제기한다. 보다 구체적으로 말하자면 불교는 무엇보다 인간이 부딪히는 고통의 문제를 신이나 원죄와 같은 허구적인 개념을 끌어들여 설명하려고 하지 않았다.

둘째로 불교는 그리스도교와는 달리 선악을 넘어서 있다. 그리스도교의 경우 어떠한 행위가 선이고 어떠한 행위가 악인지는 신의 율법에 의해 영원히 불변적으로 정해진 것으로 간주되는 반면에, 불교는 인간의 고통을 극복하는 데 도움이 되는 것은 선한 것이고 인간의 고통을 극복하는 데 도움이 되지 않는 것은 악으로 본다. 즉 선악이란 개념은 그리스도교의 경우 신에 의해 규정된 것으로 무조건 준수되어야 하지만, 불교의 경우는 인간이 자신의 행복과 고통 그리고 자신의 행위 사이에 존재하는 인과관계를 엄밀히 관찰하여 스스로 정할 수 있는 것이며 상황에 따라 얼마든지 변화될 수 있는 것이다. 이 점에서 불교는 '선악을 넘어서 있다'고 니체는 평가한다.

니체는 불교가 모든 종교들과 마찬가지로 특정한 생리적 조건 및 역사적 조건 아래서 나타났다고 본다. 니체는 불교가 발생할 당시 인도 지식인 계층을 규정했던 생리적 조건을 '고통에 대해 지나치게 민감한 감수성'으로 보았다. 인도의 상류계층은 오랫동안 개념적인 작업에 몰두함으로써 야성적이고 건강한 본능을 상실하고 자그마한 고통도 두려워할 정도로 지나치게 민감한 감수성을 갖게 되었다는 것이다. 니체는 이러한 생리적 조건이야말로 우울증이 쉽게 발생할 수 있는 상태라고 보면서, 부처의 사상은 우울증을 극복하는 데 도움이 되는 위생학적인 성격을 띤다고 본다. 니체는 이렇게 말한다.

그[부처]는 광활한 대기 속에서의 생활과 유랑생활을 권한다. 식생활에서의 절제와 선택, 모든 주류(酒類)에 대한 경계, 이와 마찬가지로 분노를 일으키고 피를 끓게 하는 모든 격정에 대한 경계, 자신을 위해서도 타인을 위해서도 **번뇌하지** 않을 것을 권한다. 그는 평안하게 하거나 마음을 밝게 하는 상념을 요구한다. (…) 그의 가르침이 가장 경계하는 것은 복수심, 반감, 원한이다('적의에 의해서는 적의가 종결되지 않는다'는 것이 바로 모든 불교의 감동적인 후렴구다…….) 그리고 이것은 옳은 말이다. 왜냐하면 바로 이러한 정념이야말로 중요한 섭생 목적에 비추어볼 때 전적으로 **불건강한** 것이기 때문이다.[06]

---

06 『안티크리스트』, 20절.

이런 맥락에서 니체는 불교의 본질을 지나친 '객관성'을 추구하는 데 따른 정신적인 피로와 우울증에 대한 처방으로 본다. 이와 함께 니체는 부처에게는 이기주의가 하나의 의무가 된다고 말하고 있다. 이 경우 이기주의란 남들을 고통스럽게 하면서 자신의 이익만을 취한다는 것이 아니라 자신의 행복과 건강을 가장 중요한 것으로 보면서 그것에 관심을 갖는 태도를 말한다. 부처는 당시 인도의 지식인들에게 객관성을 추구하는 일에서 벗어나 '어떻게 하면 괴로움에서 벗어날 수 있는가'라는 문제에 몰두하게 했다는 것이다.

이상의 분석을 토대로 하여 니체는 불교의 특성을 다음과 같이 정리한다.

첫째로 불교를 낳은 집단은 매우 온화한 풍토와 관습을 가진 학문을 한 상층계급이며, 이들은 전투적이지 않으며 유화(宥和)적일 뿐 아니라 관대하다.

둘째로 이들은 명랑·평정·무욕을 최고의 목표로 지향하며 인간이 이러한 목표에 도달할 수 있다고 생각한다. 즉 불교는 완전성을 동경만 하는 종교가 아니다. 완전한 것이란 불교에서는 정상적인 것이다.

(2) 그리스도교에 대한 니체의 견해

니체는 그리스도교는 불교와 달리 학문을 한 상층계급에서 비롯된 것이 아니라 정복된 자 및 억압받는 자들에게서 비롯되었다고 본다. 따라서 그리스도교는 정복자와 억압자들에 대해서 정복된 자와 억압받는 자들이 행하는 '일종의 정신적인 복수'라는 성격을 띤다. 그리스도교도들은 지상의 지배자들을 사탄으로 생각하고 이들이 지옥에 떨어질 것이라고 믿으면서, 지옥에서 이들이 고통받는 모습을 천국에서 지켜볼 자신의 모습을 상상하며 만족한다. 아울러 그리스도교도들은 지상의 지배자들은 '육체'에만 관심을 두는 반면 자신들은 오직 '영혼'에만 관심이 있다고 말하면서 자신들이 지배자들보다 더 우월하다고 믿는 방식으로 자신들의 힘에 대한 의지를 만족시킨다.

이 점에서 니체는 그리스도교가 불교와는 정반대의 성격을 갖는다고 본다. 즉 불교는 모든 원한과 적개심으로부터 해방된 쾌활한 상태를 지향하는 반면에, 그리스도교는 정복된 자와 억압받는 자들이 자신을 괴롭히던 자들에 대해 가진 원한과 적개심을 반영하고 있을 뿐 아니라 그러한 원한과 적개심을 정당화하고 심화한다는 것이다.

니체는 이러한 근본적 성격으로 인해 그리스도교는 세부적으로는 다음과 같은 내용과 성격을 갖게 된다고 본다.

첫째로 그리스도교는 지배자들이 갖춘 정신·긍지·용기·자유·정신의 방종·감각적 향유 등을 증오하며 감각의 기쁨과 지상에서의 기쁨 일반을 증오한다.

둘째로 이와 함께 종교에서는 이른바 지상에 속하는 모든 것, 즉 육체와 본능적 충동이 죄악시되며 이에 따라 위생이나 목욕을 비롯해 육체를 돌보는 일은 경멸스런 행위로 간주된다. 따라서 그리스도교는 자신과 타인에 대해 잔인한 면이 있다.

셋째로 그리스도교에서는 육체 및 본능과 끊임없이 투쟁하지만 그것들의 불가항력적인 힘을 경험하기 때문에 사람들은 끊임없이 자신의 죄를 고백하고 자책하고 열정적으로 용서를 간구한다. 불교사원은 적정(寂靜)이 지배하는 반면, 그리스도교에서는 죄를 고백하고 용서를 갈구하는 통곡이 지배한다. 즉 그리스도교에서는 불교에서처럼 명랑·평정·무욕이 추구되는 것이 아니라 자신들의 죄를 용서해 줄 하느님이라 불리는 권력자를 둘러싼 격정이 부단히 유지된다. 니체는 그리스도교에서 행해지는 죄에 대한 결의(決疑, Casuistik)와 자기비판, 양심의 심문은 권태를 없애기 위한 방법이기도 하다고 말하고 있다.

넷째로 불교가 밝은 상념을 북돋우려고 하는 반면, 그리스도교에서는 죄와 지옥의 형벌과 같은 음산하면서도 자극적인 생각이 전면에 나와 있다. 그리스도교에서 가장 열렬히 추구되고 가장 높은 이름으로 칭송되는 상태, 이른바 신과 만나는 상태는 간질병적인 상태다. 따라서 그리스도교에서는 섭생법도 병적인 현상들을 조장하고 신경을 과도하게 자극하는 방식으로 행해진다.

다섯째로 불교가 광활한 대지를 찾는 반면, 그리스도교는 은밀하고 어두운 공간을 찾는다. 그리스도교에는 공개적인 성격이 결여되어 있다. 이는 그리스도교에서 죄의 고백이 중요한 역할을 한다는 것과 연관이 있다.

여섯째로 불교에서는 완전한 최고의 상태는 인간 자신의 힘으로 도달할 수 있는 것으로 간주되는 반면, 그리스도교에서는 최고의 것은 도달 불가능한 것으로 간주되며 신의 선물이나 은총으로 여겨진다.

일곱째로 불교가 자신을 다른 종교에 강요하지 않으려 하는 반면, 그리스도교는 자기와 다른 생각을 가진 자들을 증오하고 박해하려 한다. 이는 그리스도교가 인간의 죄를 용서해줄 유일한 신에 대한 철저한 복종을 주장하기 때문이다. 이에 반해서 불교는 인격신과 같은 관념은 인간이 삶에서 느끼는 불안과 공포를 해소하기 위해 만들어낸 허구적인 관념으로 본다. 불교는 경우에 따라서는 이와 같은 허구적 관념이 인간을 정신적으로 건강하게 만드는 데 도움이 될 수도 있다고 본다. 불교에서 배격하는 것은 그러한 관념의 실재성을 주장하면서 그러한 관념만이 절대적인 진리라고 믿을 것을 강요하는 독단이다.

불교와 그리스도교에 대한 이러한 평가에 입각하여 니체는 불교는 피로하고 종말에 이른 문명을 위한 종교지만, 그리스도교는 아직 문명의 맹아도 보지 못했다고 말한다. 불교는 고대세계의 최하층계급이나 강하지만 좌절한 종족을 위한 종교가 아니라, "노년의 인간들(späte Menschen), 선량하고 부드러우며 지나치게 정신화되어 고통에 극히 민감한 종족을 위한 종교다." 즉 불교는 지나치게 문명화되어 약화된 종족들을 평온하고 명랑한 상태로 인도한다는 것이다. 이에 비해 그리스도교는 로마제국이라는 문명세계에서 문명의 세례를 받지 못한 최하층계급이나 아직 문명을 접한 적 없는 야만종족들을 병들게 한다.

그리스도교가 아직 문명과 접하지 않았다고 보는 니체의 관점은 그리스도교가 객관성보다 믿음을 중시한다고 보는 것과 밀접한 연관이 있다. 불교가 객관적 탐구를 중시하는 반면, 그리스도교는 어떤 것이 참인지 아닌지는 그 자체로 중요하지 않고 그것을 참이라고 믿는 것이 가장 중요하다고 본다. 예를 들어, 만약 죄로부터 구원받았다고 믿는 데 행복이 있다면 이를 위해 필요한 전제는 자신이 실제로 죄를 지은 자라는 것이 아니라 자기에게 죄가 있다고 느끼는 것이다. 이처럼 가장 중요한 것이 진리 자체가 아니라 믿음이라면 이성·인식·탐구는 좋지 못한 것으로 취급되어야만 한다. 즉 진리에 대한 탐구는 그리스도교에서는 금지된다.

(3) 예수와 부처의 동질성

그러나 니체는 자신이 불교와 비교하면서 이렇게 폄하하고 있는 그리스도교는 바울이 해석한 그리스도교이지 예수가 구현하려 했던 참된 정신은 아니라고 본다. 예수가 구현하고자 했던 참된 정신이라고 니체가 주장하는 내용을 보면 불교와의 유사성이 눈에 띈다. 니체는 예수가 지향한 삶의 형태는 불교가 지향한 것과 본질적으로 동일하다고 보며 더 나아가 예수의 운동을 일종의 불교적 평화운동이라고까지 말하고 있다.

니체는 특히 예수를 영웅이자 천재로 본 르낭의 해석을 비판하면서 예수의 정신에 대해 다음과 같이 말한다.

첫째로 르낭의 해석과는 반대로 예수는 자신뿐 아니라 모든 사람이 하느님의 아들이라고 믿었으며 하느님의 아들로서 모든 사람은 동등하다고 믿었다. 또한 예수는 모든 싸움을 피하고 자신이 투쟁 상태에 있다는 모든 느낌에서 벗어나라고 가르쳤다. 악에 저항하지 말고 애초부터 저항할 능력조차 갖지 말라는 것이며 그 결과 얻어지는 평화, 온유함, 모든 사람을 형제처럼 사랑하는 상태에서 영원하고 완전한 행복을 발견하라는 것이다. 따라서 예수는 완전한 행복이 내세가 아닌 우리의 마음속에 있다고 보았다. '하느님 나라는 너희 안에 있다'는 것이다.

둘째로 이 점에서 니체는 예수가 위대한 상징주의자라고 말하고 있다. 그는 오직 내적 실재만을 실재로서, 즉 '진리'로서 간주했으며 자연적인 것·시간적인 것·공간적인 것·역사적인 것은 모두 상징으로만, 즉 비유를 위한 수단으로만 이해했다. 위에서 본 것처럼 '하느님 나라' 내지 '천국'이라는 것은 마음의 한 상태일 뿐이며 '지상을 넘어서' 존재하는 특정한 공간적 차원이나 '죽은 후에' 오는 특정한 시간적 차원과는 전혀 무관한 것이다. 그리고 '신의 아들' '아버지인 신' '천국'과 같은 말은 모두 어떤 심리적 상태를 가리킨다. '신의 아들'이라는 말은 모든 사물이 성스러운 것으로 총체적으로 변용되는 지복의 느낌으로 진입하는 사건을 상징한다. '아버지인 신'이라는 말은 이러한 느낌 자체, 즉 영원과 완성의 느낌을 상징한다.

셋째로 '기쁜 소식을 가져온 자'인 예수는 '인류를 구원하기' 위해서가 아니라 어떻게 살아야만 하는가를 보여주기 위해 십자가 위에서의 죽음을 택했다. 그는 자신에 대한 모든 중상과 탄압에 저항하지도 분노하지도 않았으며 자신의 권리를 변호하지도 않았고 오히려 자신을 죽이려는 자들을 사랑했다. 예수가 인류에게 남긴 것은 특정한 교리 체계가 아니라 이러한 삶의 모습이다.

니체는 예수의 죽음 이후에 득세한 실제의 그리스도교는 바울에 의해 정립된 것이라고 보면서 예수와 대비해 바울을 다음과 같이 묘사하고 있다.

첫째로 예수는 기쁜 소식을 전달했지만 바울은 화음, 즉 나쁜 소식을 만들어낸 자다. 바울은 '기쁜 소식의 전달자'와는 정반대의 유형이었으며, 그는 증오와 증오의 환상과 증오의 냉혹한 논리를 만들어내는 데 천재였다. 바울은 당시 사회에서 잘나가는 자들에 대한 증오에 사로잡혀서 예수를 믿지 않는 자들은 지옥에 떨어질 것이라는 교리를 만들어냈다.

둘째로 바울은 예수를 자신의 증오의 희생물로 삼았다. 예수의 삶과 모범, 가르침과 죽음 그리고 복음 전체를 바울은 자신이 이용할 수 있는 것으로 만들어버렸다. 그리고 그는 스스로 초대 그리스도교의 역사를 날조해냈다. 그뿐 아니라 그는 이스라엘의 역사가 구세주인 예수의 행위를 위한 전사(前史)로 보이게끔 왜곡했다. 즉 구약성서의 모든 예언자들이 '구세주'에 대해 이야기하도록 만들어놓았다.

셋째로 바울은 존재 전체의 중심을 존재의 배후로, 즉 내세의 피안으로 옮겨놓아버렸다. 이에 따라 그는 예수의 부활을 날조했다. 근본적으로 그는 구세주의 살아 있는 삶을 전혀 이용할 수 없었다.

넷째로 바울은 힘을 갖고 싶어했고 이에 따라 대중을 마음대로 지배하며 가축으로 만들 수 있는 개념과 가르침과 상징만을 이용할 수 있었다. 이러한 개념과 가르침과 상징 중에 영혼불멸이나 최후의 심판만큼 좋은 수단은 없었다. 사람들은 최후의 심판에서 지옥에 떨어지지 않기 위해 바울을 비롯하여 신의 권력을 위탁받은 성직자들의 지배에 복종해야만 했다.

바울에 대한 극히 비판적인 서술과 예수에 대한 니체의 묘사가 너무나 대조되기 때문에, 사람들은 니체가 예수를 극히 긍정적으로 평가하는 것으로 착각할 수 있다. 사실 예수의 정신과 제도화된 그리스도교의 정신의 차이를 강조하고 있기 때문에 많은 연구자들은 니체가 예수를 긍정적으로 보았으며 심지어 니체가 말하는 초인은 예수와 동일하다는 어처구니없는 주장을 펴기도 했다. 그러나 니체는 예수를 '숭고한 것과 병적인 것과 유치한 것이 기이하게 결합되어 있는 가장 흥미로운 데카당'이라고 보았다. 니체는 이러한 평가는 부처에게도 동일하게 타당하다고 보았을 것이다.

실로 니체는 결국 자신을 적대시하는 자들조차도 사랑하려는 것으로 귀결되는 예수의 정신이 비롯된 생리적 조건을 부처의 정신이 비롯된 생리적 조건과 동일한 것으로 파악한다. 즉 니체는 예수의 정신도 부처의 정신도 고통과 자극에 대한 지나친 민감성에서 비롯되었다고 보는 것이다. 그러한 상태는 어떤 것이든 단단한 물체에 닿기만 해도 그리고 그걸 쥐기만 해도 기겁을 하고 움츠러드는, 촉각이 병적으로 민감한 상태와 유사하다.

이러한 생리적 상태로 인해서 사람들은 모든 현실성을 본능적으로 증오하고 두려워하면서 '붙잡을 수 없는 것' '이해할 수 없는 것'으로 도피한다. 그들은 모든 형식, 모든 시간 개념과 공간 개념, 확고한 모든 것, 관습, 제도, 교회 등 모든 것에 대해 반감을 가지며, 어떠한 종류의 현실도 건드리지 않는 세계인 '내적인' 세계에 안주하는 것을 지향하게 된다. 한없이 작은 고통에 대해서마저 공포를 느끼는 극단적인 감수성으로 인해 모든 혐오, 모든 적의, 한계와 거리에 대한 모든 느낌을 불쾌한 것으로 보면서 악에든 악인에게든 더 이상 저항하지 않고 사랑함으로써 정신적인 평화를 향유하려고 한다.

불교가 증오를 증오로 갚지 않는 내적인 평화로 도피하는 것과 마찬가지로 예수 역시 사랑의 마음에 안주하면서 현실적인 자극과 고통에서 도피하려고 한다는 것이다. 이와 관련하여 니체는 예수의 정신은 에피쿠로스의 쾌락주의가 숭고하게 발전된 것이라고 본다. 물론 니체는 에피쿠로스주의는 비록 그리스적 생명력과 신경에너지를 상당히 더 갖고 있다는 조건을 붙였지만, 현실과 정치를 피해 숲으로 도피할 것을 권유한 에피쿠로스주의 역시 고통과 자극에 대한 지나친 민감성에서 비롯된 데카당스적인 철학이라고 보았다. 이 연장선상에서 니체는 불교도 에피쿠로스주의와 유사한 것으로 본 것이다.

요컨대 니체는 예수의 정신과 불교의 정신은 동일한 생리적 조건에서 비롯된 것이면서 내면적인 평화로 도피해 들어가려 한다는 점에서 근본적으로 동일하다고 본다. 이 점에서 니체는 '예수의 모습은 인도와는 별로 같은 점이 없는 땅에서 부처의 모습처럼 보인다'고 말할 뿐 아니라, 예수의 운동을 불교적인 평화운동이라고까지 말하고 있는 것이다.

2) 유대교와 그리스도교: 민족종교에서 사해동포주의적 종교로의 전락

니체는 종교를 크게 두 종류로 나눈다. 하나는 인간들에게 어떤 죄책감을 강요하는 신이 아니라 그 민족의 영광과 힘을 상징하는 신을 신봉하는 종교다. 이런 종교의 대표격으로 니체는 그리스와 로마의 고대 종교와 구약성서에 나타난 종교를 들고 있다. 다른 하나는, 바울이 만들어낸 그리스도교처럼 지상의 힘이나 쾌락을 죄악시하고 끊임없는 회개를 강요하는 신을 신봉하는 종교다.

니체는 구약성서를 어떻게 평가하느냐에 따라서 그 사람이 '위대한' 인간인지 '왜소한' 인간인지 결정된다고 하면서 아마도 왜소해질 대로 왜소해진 오늘날의 유럽인들은 이른바 은총의 서(書)인 신약성서를 더 좋아할 것이라고 말한다. 이와 함께 니체는 신약성서에는 연약하면서도 둔감한 맹신자와 왜소한 인간의 체취가 잔뜩 배어 있다고 말하면서, 신약성서가 로코코식인 반면 구약은 위대한 책이라고 주장한다.

니체는 구약성서의 신, 특히 왕조시대에 유대인들이 믿었던 신은 자신들이 가지고 있던 힘에 대한 의식의 표현이었고 그들 자신에 대한 기쁨, 그들 자신에 대한 희망의 표현이었다고 보았다. 그들은 신이 자신의 편이라고 믿었고 승리와 구원을 가져다줄 것이라고 믿었다. 그 신은 훌륭한 군인이기도 하고 정의로운 심판자이기도 한 왕의 형상을 지니고 있었으며, 도움을 주고 수단을 강구해주며 근본적으로 용기와 자기 신뢰를 불어넣어주는 모든 행복한 영감(靈感)의 대명사였다. 그것은 그야말로 이스라엘 민족의 생존과 성장 조건의 표현이었으며 그 민족의 가장 깊은 삶의 본능이 표현된 것이었다.

이러한 신이 갖는 특성을 우리는 다음과 같이 정리해볼 수 있을 것이다.

첫째로 이 신은 자기 자신을 신뢰하고 자신에 대해 긍지를 지닌 민족이 섬기는 신이다. 이 신을 숭배하면서 그 민족은 자신들이 정상에 서는 것을 가능하게 한 조건들, 즉 자신들의 미덕을 숭배한다. 달리 말해서 이 신은 이 민족이 이상으로 여기고 구현하려 하는 미덕의 상징이고 그것을 최고로 구현한 자로 간주된다.

둘째로 그 민족은 자신들에 대한 기쁨을, 자신들이 힘을 가지고 있다는 느낌을 신에게 투사하면서 그 신에게 감사를 드린다. 이러한 민족에게 신은 최고의 힘으로 넘치는 존재지만, 신이 가진 힘은 그 민족이 자신이 가졌다고 느끼고 있는 힘의 상징에 불과하다. 따라서 신에게 감사를 드릴 때 그 민족은 사실 자기 자신에게 감사를 드리는 것이다. 그 민족은 자신에 감사하기 위해서 신을 필요로 하는 것이다.

셋째로 이 신은 선악을 넘어서 있으며 선할 때도 있지만 악할 때도 있다. 신을 반자연적으로 거세하여 선하기만 한 신으로 만드는 것은 이러한 종교에서는 전혀 바람직한 일이 아니다. 이는 우리가 생존하는 것이 반드시 관용과 호의 덕분만은 아니기 때문이다. 분노, 복수, 질투, 조소, 간계, 폭력, 승리와 파괴의 황홀한 열정을 알지 못하는 신은 아무런 소용이 없다.

인간들에게 죄악감을 심어주고 하느님의 은총만을 기다리게 하는 바울의 이념뿐 아니라 예수의 이념도 유대민족의 자존심이나 자긍심과는 아무 관련이 없다. 특히 예수는 유대민족을 신의 선민으로 보는 것을 단호하게 거부했고 계급, 특권, 위계, 성직과 신학자적인 모든 것까지도 거부했다. 니체는 이러한 예수의 이념도 궁극적으로는 유대민족이 자신의 힘을 상실하고 자신에 대한 긍지와 신뢰를 잃은 데서 비롯된 것으로 본다. 어떤 민족이 몰락하면서 자신에 대한 신뢰와 긍지를 상실하여 적에게 무조건 복종하는 것이 유리하다고 생각하게 될 때는 그 민족의 신도 모든 인간을 똑같이 사랑할 것을 요구하는 사해동포주의적인 신으로 전락한다는 것이다.

> 이전에는 신은 어떤 민족을 대표했으며, 그 민족의 강함과 그 민족의 혼에서 나오는 공격적인 모든 것과 힘에 대한 갈망을 나타냈다. 그런데 이제 신은 선량한 신에 불과하다. …… 실로 신들은 다음 두 가지 중 하나일 뿐이다. 즉 신들은 힘에의 의지이거나 **아니면** 힘에의 무기력이다. ─ 전자라면 신은 민족의 신이 되지만, 후자라면 신은 필연적으로 선량한 신이 된다.[07]

니체는 사해동포주의적인 종교와 사해동포주의적인 가치라고 부르는 것의 기원을 이와 같이 어떤 민족이 겪게 된 힘의 약화에서 찾는다.

그는 또한 예수의 사해동포주의와 제도화된 그리스도교의 사해

---

[07] 『안티크리스트』, 16절

동포주의 사이에는 미묘한 차이가 있음을 지적한다. 이는 앞에서 본 예수의 이념과 바울의 이념 차이에 해당한다. 그리고 니체는 예수의 사해동포주의와 예수의 제자들 및 제도화된 그리스도교의 사해동포주의 사이의 차이는 결국 양자의 생리학적·심리학적 조건이 서로 다르다는 데서 비롯된 것으로 본다.

앞에서 이미 본 것처럼 니체에 따르면 예수는 고통과 자극에 대해 지나치게 민감했다. 이와 함께 예수는 한없이 작은 고통에 대해서도 공포를 느끼고 모든 혐오, 모든 적의, 한계와 거리에 대한 모든 느낌을 불쾌한 것으로 보면서 모든 것을 사랑함으로써 정신적인 평화를 향유하려고 한다. 이에 반해 제자들과 제도화된 그리스도교 신자들은 세상의 지배자들에 대한 원한과 증오를 생리학적·심리학적 조건으로 갖는다. 따라서 제도화된 그리스도교는 사해동포주의를 표방하지만 그것의 교설에서 우리는 원한과 증오를 읽을 수 있다.

예수는 사제 집단을 포함하여 모든 지배 질서를 비판한다. 예수는 모든 사람들이 형제로 사랑하고 그 어느 누구도 증오하지 않고 그 어느 누구에게도 반항하지 않는 마음의 상태를 지향한다. 이 점에서 니체는 예수의 이념을 '성스러운 무정부주의', 혹은 '불교적인 평화운동'이라고 부른다. 예수가 전하려고 했던 '기쁜 소식'이란 우리가 적대시할 것이 더 이상 존재하지 않는다는 것이며, 우리가 모든 인간에 대한 증오나 적의를 버리고 사랑으로 가득 차 있으면 우리는 이미 신이고 또한 이미 천국 속에 있다는 것이었다.

그러나 제자들은 예수의 이념에 증오와 원한을 섞고 예수가 한낱 상징으로 생각했던 것을 문자 그대로 이해하면서, 천국은 믿는 자들이 갈 곳이고 지옥은 믿지 않는 자들이 갈 곳이라 생각하게 된다. 이런 의미에서 니체는 그리스도교의 역사는 하나의 근원적인 상징체계를 갈수록 조야하게 오해해온 역사라고 말한다. 특히 고대사회의 노예계급을 비롯해 미개한 대중 사이에 퍼져나가면서 그리스도교는 갈수록 더 조야하고 야만적인 것이 될 수밖에 없었다. 그것은 온갖 종류의 병적이고 불합리한 점들, 그리고 민중의 원한과 증오를 받아들였다.

이에 따라 그리스도교는 믿지 않는 자들에 대한 보복과 심판을 요구하게 되었고, 메시아에 대한 민중의 기대가 다시 한 번 전면으로 부각되었다. 이 점에서 제도화된 그리스도교의 신은 사해동포주의적인 신, 무엇보다 억압당하고 고난받는 자들의 신이 된다. 이러한 사실을 지적하면서 니체는 '하느님께서는 이 세상의 약한 자들을, 이 세상의 어리석은 자들을, 이 세상의 보잘것없는 자들과 멸시받는 자들을 택하셨도다'라는 바울의 말을 인용하고 있다. 이런 맥락에서 니체는 또한 그리스도교인들이 로마의 신들을 우상이고 악마라고 비난할 때 그것은 정복당한 자들의 복수심을 반영한다고 본다.

(⋯) 정복당한 민족은 자신의 신을 '선 자체'로 끌어내릴 때의 본능과 동일한 본능을 가지고 그들을 정복민족의 신에게서 선한 속성을 박탈해버린다. 정복당한 민족은 지배자들의 신을 **악마로 만듦**으로써 자신의 지배자들에게 복수한다. — **선한** 신과 악마, 양자 모두가 데카당스의 산물인 것이다. 그리스도교 신학자들은, 신 개념이 민족의 신인 '이스라엘의 신'으로부터 모든 선의 총괄 개념인 그리

스도교적 신으로 전개된 것을 **진보**라고 공언한다. (…)[08]

예수는 자신과 다른 사람들 사이에 아무런 차별도 두지 않았지만 제자들과 제도화된 그리스도교는 예수를 구세주로 격상시키며, 메시아가 적을 심판하러 오는 결정적인 시간을 대망하게 되었다. 이렇게 해서 그리스도교는 사랑을 실천하는 종교가 아니라 믿음의 종교가 되고 죽어서 천국에 가는 것을 갈구하는 종교가 되고 말았다. 그리고 그것은 이와 함께 모든 자연적인 것을 악하고 부정(不淨)한 것으로 보게 되며 신체와 성욕을 악마시하게 된다.

그리스도교적 신 개념 — 병든 자들의 신, 거미로서의 신, 정신으로서의 신 — 은 지상에 출현했던 가장 타락한 신 개념 중 하나다. 그것은 아마도 신들의 유형이 하강하는 과정에서 도달하게 된 가장 밑바닥일 것이다. 신은 생을 성스럽게 변용하고 영원히 긍정하는 것으로 존재하는 대신에 **생을 부정하는 것**으로 퇴화되고 말았다! 신의 이름으로 생과 자연 그리고 생에의 의지에 대한 선전포고가 행해지다니! 신은 '차안'에 대한 온갖 비방과 '피안'에 대한 온갖 거짓말을 위한 정식(定式)이 되고 말았다! 신을 통해서 무는 신격화되었고 무에의 의지는 신성한 것이 되었다! ……[09]

---

08 『안티크리스트』, 17절

09 『안티크리스트』, 18절.

오늘날 대부분의 사람들은 유대민족의 신인 야훼가 갈수록 사해동포주의적인 신의 성격을 띠게 되는 과정을 인류의 정신적인 성장 과정으로 볼 것이다. 이에 대해 니체는 그러한 과정을 유대민족이 자신들의 자부심을 상실하면서 무력하게 되는 과정과 동일시하였고 진보가 아닌 후퇴라고 본다. 니체에게 신이라는 개념은 그것이 건강한 것인 한에서는 어디까지나 한 민족이 자신들의 강력한 힘과 자신들의 영광에 대해 갖는 의식의 표현이다.

이런 연장선상에서 니체는 사해동포주의적인 사랑이라는 가치와 그에 입각한 민주주의나 사회주의라는 이념이 득세하고 있는 근대유럽의 현실에서 유럽의 몰락을 보았다. 니체가 보기에 생은 근본적으로 정복과 착취인데 그러한 가치와 이념은 인간을 무기력한 수동성으로 몰아갈 수 있다고 보는 것이다. 그러면 이러한 사해동포주의적인 사랑이라는 가치 대신에 니체가 내세우는 가치는 무엇인가?

> 어떤 가치가 그리스도교적 이상에 의해 부정되고, 이것과 반대되는 이상은 무엇을 내포하는가? 긍지, 거리를 두는 파토스, 큰 책임, 원기 발랄함, 멋진 야수성, 호전적이고 정복적 본능, 열정과 복수와 책략과 분노와 관능적 쾌락과 모험과 인식의 신격화….[10]

---

10 니체, 『유고 1887년 가을-1888년 3월』, 니체전집 20권, 백승영 옮김, 책세상, 2004. 481쪽.

4. 맺으면서

우리는 부처와 예수 그리고 그리스도교에 대한 니체의 이해와 평가를 어떻게 받아들일 것인가? 이 글은 해제이며 논문이 아니므로, 부처와 예수 그리고 그리스도교에 대한 니체의 이해와 평가를 비판적으로 상세하게 검토할 수는 없다.[11] 다만 여기서는 약간의 문제제기를 하는 것으로 그친다.

부처와 예수에 대한 니체의 평가에 일말의 진실이 있는 것은 사실이지만 우리는 부처와 예수를 니체와는 다르게 볼 수도 있다. 니체는 부처나 예수를 자신을 탄압하는 자들에게 저항할 힘을 상실한 유약한 자들로 보지만 과연 부처와 예수를 그렇게만 보는 것이 온당할까? 이에 대해서는 얼마든지 다른 관점이 존재할 수 있다. 오히려 우리는 부처든 예수든 도스토옙스키가 『백치』에서 그려낸 것과 같은 순진한 인간이 아니라 지혜와 용기 그리고 수많은 제자들과 사람들을 감복시키는 강한 카리스마를 가진 사람들이라고 볼 수 있을 것이다. 상인들이 성전을 더럽혔다고 분노하며 상인들을 내쫓는 신약성서 속 예수의 모습에서 우리는 강한 권위와 카리스마를 경험한다. 이 점에서 니체가 그린 예수상은 어느 정도의 설득력을 가지면서도 예수의 전체상을 제대로 그려내지는 않았다는 문제제기가 가능할 것이다.

---

11 불교와 예수 그리고 그리스도교에 대한 니체의 비판을 필자는 다음 글에서 비판적으로 검토하고 있다. 박찬국, 「불교와 그리스도교에 대한 니체의 비판에 대한 비판적 고찰 — 에리히 프롬과의 비교를 통해서」, 《존재론연구》 제27집, 한국하이데거학회, 2011년, 제2장과 3장 참조. 박찬국, 『니체와 불교』, 씨아이알, 2013년, 특히 VIII장 참조.

이와 관련하여 우리는 한스 큉과 함께 니체에게 다음과 같은 이의를 제기할 수 있을 것이다.

나약함이라는 것이 냉혹함에 의해서만 극복될 수 있는가? 중간색이 없고 단계가 없으며 수단 대책이 없는 것일까? 동정·선량·자비·관용·유대·사랑, 이 모든 것이 꼭 나약함이라고 단죄되어야 하는 것일까? 자비 역시 강함에서 오고 동정 역시 충만함에서 오며 선량함 역시 인간의 위대함에서 오지 않던가?[12]

이와 함께 우리는 니체의 그리스도교 비판에 대해서도 이의를 제기할 수 있을 것이다. 한스 큉은 니체의 그리스도교 비판이 모두 타당하다면 우리는 더 이상 그리스도교를 믿어서는 안 될 것이라고 단호하게 말하고 있다.

'신'이라는 개념이 생의 반대 개념으로 생성되었고,
- 만일 이 '신'이라는 개념 속에는 해롭고 유독하고 중상모략하는 모든 것과 생에 대한 불구대천의 적개심이 종합되어 하나의 무시무시한 개체를 이루고 있다면,
- 만일 '피안'과 '진정한 세계'라는 개념이 현존하는 단 하나의 세계의 가치를 전락시키기 위해, 이 지상적 실재에 아무런 목적도 명분도 우리 존재의 사명도 남기지 않기 위해 만들어진 것이라면,

---

12 한스 큉, 위의 책, 567쪽 이하.

- 만일 '영혼'이니 '정신'이니 더군다나 '불멸의 영혼'이라는 개념이 육체를 경멸하고 병들게, 즉 '신성하게' 만들기 위해 만들어진 개념이며, 인생에 있어서 귀중한 가치가 있는 모든 것, 즉 영양, 주거, 질병의 치료, 청결, 기후 등에 관한 문제들을 섬뜩할 정도의 경솔함으로 대처하도록 만들어진 것이라면,
- 만일 건강 대신에 '영혼의 구원'을 추구하고 영혼의 구원이란 실은 주기적 발광, 발작적인 고행과 구속의 히스테리 사이에서 오락가락하는 조울증 발광이라면,
- 만일 '죄악'이라는 개념이 '자유의지'라는 개념과 더불어 본능을 교란시키기 위하여 발견된 것이요 본능이라는 것을 제2의 천성처럼 여겨 불신하게 만들고자 착상해낸 것이라면,
- 만일 '무사무욕'이니 '자기 부정'이니 하는 개념에서 정말 데카당스의 명확한 징후가 뒤섞여 있다면,
- 만일 '의무'라는 것, '성스러움'이라는 것, 인간 안에 있는 '신적인 것'에 사실상 자기 파괴라는 만성적인 인장이 박혀 있다면,
- 만일 '선인'이라는 개념을 도대체 약자들과 병자들과 낙오자들과 자기 탓으로 고통받는 자들을 편들고, 그 대신 '예'라고 말하는 긍정의 인간, 장래에 대하여 확신이 선 사람들, 미래를 보장하는 사람들에게 반항하는 뜻으로 써먹는다면,
- 만일 이상의 모든 것이 그리스도교 도덕이라는 것이라면,

그렇다면 니체가 한 말이 옳다! 그렇다면 우리도 니체를 뒤따라서 '파렴치한(漢)을 분쇄하라!'라는 볼테르의 구호를 제창하지 않으면 안 된다. 그렇다면, 정말 그렇다면 우리는 '디오니소스 대 십

자가에 달린 자'라는 대립에서 디오니소스와 한편이 되어야 한다. 그렇다면 우리는 결코 그리스도인이 되는 일은 불가능하며 안티크리스트인이 되어야 마땅하다.[13]

그러나 한스 큉은 위와 같은 것이 그리스도교의 전부는 아니라고 본다. 이와 관련하여 한스 큉은 니체가 본 그리스도교는 니체의 시대에 의해서 제약된 그리스도교가 아닐지 의문을 제기하고 있다.

니체는 주로 프로테스탄트 목사관, 그리스도교 기숙학교에서 목격하고 배운 그리스도교를 상대로 하고 쇼펜하우어의 철학을 통해서 그리스도교를 상대로 하고 있지 않은가? 그리고 오늘에 와서도 니체가 보는 식으로 설교하고 권유하고 생활하는 일이 과연 그만큼 흔한가?

우리가 여기서 할 수 있는 말은 오직 그리스도교가 이런 식으로 보여서는 안 된다는 것뿐이다. 그리고 예수 그리스도가 올바로 이해된다면 그리스도교가 이런 식으로 보일 수는 없다. 거기에 비추어 볼 때에 먼저 인간적이 아니고서는 그리스도인이 된다는 것은 불가능한 까닭이다.[14]

한스 큉이 말하듯이, 니체의 그리스도교 비판이 일정한 시대적

---

13 같은 책, 562쪽 이하.
14 같은 책, 563쪽 이하

제약성을 가질 수 있고 그리스도교 전체에 타당한 것은 아닐 수 있다고 생각한다. 특히 니체는 그리스도교와 그것의 평등 이념에 입각한 민주주의나 사회주의 혹은 무정부주의를 약한 자들이 강한 자들에 대해 갖는 원한과 시기심에서 비롯된 것으로 보고 있지만, 우리는 헤겔식으로 그것들의 기원을 민중의 정신적 성장에서 찾을 수도 있을 것이다. 헤겔이 말하는 것처럼, 노예계급은 노동을 통해 자연과 대결하면서 자연을 변형할 수 있는 자신의 주체적인 능력을 깨닫게 되고, 그럼으로써 자신도 주인들과 동등한 주체적 인격이라는 의식에 도달한 것으로 볼 수도 있다.

물론 그렇다고 해서 니체가 말하는 것처럼 그리스도교와 그것을 계승한 근대적인 평등 이념에 원한과 시기심이 전혀 없다는 말은 하지 못할 것이다. 이 점에서 우리는 니체의 그리스도교 비판이 전적으로 빗나간 것이라고만은 볼 수 없다. 니체의 그리스도교 비판은 역설적으로 그리스도교가 자신을 어떻게 개혁하고 변화시켜야 하는지에 대한 하나의 방향을 가리킨다고 볼 수도 있다.

의식에 직접 주어진 것들에 관한 시론

앙리 베르크손

최화

1. 『시론』의 배경

『의식에 직접 주어진 것들에 관한 시론』은 베르크손의 박사학위 논문이자 최초의 주저이다. 이것이 씌었을 때의 상황은 그가 뒤 보스(Du Bos)에게 털어놓은 회고에 잘 나타나 있다. 1922년 2월 21일 (22일자 일기에 기록됨) 베르크손을 방문한 뒤 보스는 끌레르몽-페랑 고등학교의 강의에서 제논의 역설을 설명하면서 지속을 발견하게 되었다는 드제이마르(Desay-mard)의 주장이 사실인지를 물어보았다. 이에 대한 베르크손의 대답은 다음과 같았다.

일은 조금 다르게 진행되었어요. 내가 아그레가숑을 준비하던 시절 대학에는 말하자면 두 개 진영이 있었는데, 칸트가 문제를 결정적인 형태로 제기했다고 보는 쪽, 이쪽이 훨씬 더 많았고 그리고 스펜서의 진화론에 찬성하는 쪽이 있었지요. 나는 두번째 진영에 속했어요. 지금 생각해 보면 그때 내가 스펜서에 끌린 것은 그의 정신의 구체적인 성격, 철학을 항상 사실의 영역으로 끌고 가려는 욕망 때문인 것 같아요. 나는 점차적으로 하나하나 그의 모든 견해들을 버리게 되었는데, 스펜서의 진화론이 모두 허구적임을 완전히 의식하게 된 것은 한참 뒤인 『창조적 진화』에 와서의 일이에요. 내가 당신에게 말하는 시기, 즉 끌레르몽-페랑에 막 살기 시작한 1883년에서 1884년에 내 주의를 끈 것은 『제일 원리』의 첫 개념들에 관한 장들, 특히 시간 개념에 관한 장이었어요. 아시다시피 그 장들은 과학적 가치가 그리 크지 않은 장들이지요. 스펜서의 과학적 소양은 특히 역학 분야에서는 그리 높지가 않아요. 그런데 그 시절에 가장 나의 관심을 끈 것은 주로 과학적 개념들, 특히 수학과 역학의 개념들이었지요. 그래서 나는 공인된 시간 개념을 좀더 자세히 검토하기 시작했고, 어떤 쪽을 취하든 간에 극복할 수 없는 난점에 봉착한다는 것을 알아차렸어요. 시간은 사람들이 말하는 것일 수가 없고 거기에 뭔가 다른 것이 있다는 것은 보았지만, 그것이 무엇인지는 아직 분명히 보지 못했어요. 그것은 아직 매우 모호한 출발점이었어요. 어느 날 칠판 앞에서 학생들에게 엘레아의 제논의 역설을 설명하면서 어떤 방향으로 탐구해야 할지를 좀더 분명하게 보기 시작했지요. 드제이마르가 말한 것이 옳다면 옳은 부분이 바로 거기예요. 『의식에 직접 주어진 것들에 관한 시론』의 주요 부분인 2장과 자유에 관한 3장(처음에는 이 부분이 훨씬 더 많은 양이었는데)은 1884년에서 1886년 사이(즉 25에서 27세 사이) 끌레르몽-페랑에서 씌어졌어요. 그 다음에 나는 두 가지 점을 알아차렸어요. 최초의 초안에서는 칸트를 고려하지 않았어요. 내 정신은 자발적으로는 결코 그에 의해 크게 고양되지 않았거든요. 그런데 내 스스로를 위해서나 조금이라도 읽힐 희망을 갖기 위해서는(왜냐하면 당시 대학의 눈에 그것을 빠뜨리는 것은 나의 학위 논문을 완전히 무자격으로 만들 것이기 때문에) 그쪽으로 격식을 갖추는 것이 합당했고, 그래서 그런 방향으로 제3장을 수정했어요. 다른 한편, 강도 개념의 연구가 작품의 나머지 부분이 다루고 있는 양과 질 개념 사이의 연결점이 되어 나의 견해를 훨씬 더 분명하고 이해할 수 있는 것으로 만들어 줄 것으로 보였어요. 게다가 칸트처럼 페히너와 정신물리학도 당시 유행이어서 페히너 이론을 검토하는 부분이 이해되고 납득되는 기회가 될 수도 있었어요. 논문심사 때 바로 그런 일이 일어났는데, 내가 바라던 것 이상으로 가버린 것이에요. 왜냐하니, 심사위원들은 제1장에 모든 주의를 기울였고 심지어 거기에 대해 찬사까지 보냈으나, 제2장에 대해서는 아무것도 안 보는 것이었어요. 나에게는 오직 2장만 중요했기 때문에 화가 났어요. 시간이 촉박해서 그 2장을 다른 방식으로 발표했고(어떤 방식이었는지는 더 이상 정확히 기억나지 않아요) 내가 말하고자 하는 바를 대충은 알아듣게 한 것 같아요.

그러니까, 보시는 바와 같이 내가 출발한 것은 과학적 시간 개념이었지 절대로 심리학이 아니었어요……. 심리학에 도달한 것이지, 거기서 출발한 게 아니에요. 요약하자면 지속을 의식하기 전까지 나는 내 자신의 밖에서 살았다고 말할 수 있어요……. 내가 본래 얼마나 심리학에 관심이 없었는지를 보여주는 것은 아그레가숑에서 구술시험의 주제로 그 전설적인 모자에서 '현재의 심리학의 가치는 무엇인가?' 하는 문제를 뽑았을 때였어요. 나는 현재의 심리학뿐만 아니라 심리학 일반에 대해 전적으로 거부하는 입장을 취했는데, 그것은 심리학에 조예가 깊다고 생각하고 스스로 그 문제를 낸 심사위원 중의 한 사람에게는 매우 거슬리는 것이었지만 심사위원장이던 라베쏭은 만족해했지요…….

순수 지속을 살고 거기에 다시 잠기는 것이 나에게만큼 모든 사람에게도 쉽지는 않다는 것을 이해하고 받아들이는 데에 몇 해가 걸렸어요. 지속의 관념이 처음으로 나에게 도래했을 때, 장막을 걷기 위해서는 그것을 발표하는 것으로 충분하다고 확신했고, 말해 주기만 하면 다 이해하리라고 믿었죠. 그후 나는 사태는 전혀 다르다는 것을 알아차렸어요.(Charles du Bos, *Journal 1921~1923*, Corrêa, Paris, 1946, 63~65쪽. 1922년 2월 22일자 일기)

스펜서를 읽으면서 시작된 종래의 시간 개념에 대한 의문에서 출발하여 제논의 역설을 강의하면서 어떤 방향으로 나갈지 감을 잡았다는 것인데, 그것이 어느 정도까지였는지는 분명치 않다. 짐작건대, 제논의 역설이 어떻게 가능하게 되었는지를 생각했을 것이고, 결국 제논이 생각한 운동은 진정한 운동이 아니지 않는가 하고 의심했을 법하며, 그렇다면 진정한 운동과 공간은 다르다, 그럼 진정한 운동은 무엇이란 말인가 등으로 물어갔을 것이다. 그런 방식으로 생각을 계속 진행해 가다가 결국 지속이라는 것을 발견했을 것이며, 일단 지속을 발견한 후에는 많은 심리학 서적을 읽으면서 의식의 존재방식에 대해 탐구해 갔을 것이다. 그러던 중 자연스럽게 그것을 최우선적으로 자유의 문제의 해결에 적용할 수 있으리라는 생각이 들었으며, 그쪽으로 탐구를 진행시킨 결과 아, 된다는 것을 느끼고 다음으로 직접 집필해 본다 등등의 과정을 거쳤을 것이다. 물론 이것은 순전히 추측이지만 아마 대체적 방향은 그와 비슷했을 것이다. 어쨌든 우선 2, 3장이 완성되었고, 그후 그것들을 위에서 말한 방식으로 고치고 다음에 제1장을 썼다는 것은 분명히 밝혀져 있다.

그리고 그 다음에 베르크손이 강조하는 것이 매우 중요하다. 자기는 심리학에서 출발한 것이 아니라 시간 개념으로부터 출발한 것이며 심리학에는 나중에 도달했다는 것이다. 이것은 사실 매우 흥미롭고도 중요한 증언인데, 그도 그럴 것이 얼핏 일반적으로 알려진 베르크손의 방법과는 전혀 대립된 것처럼 보이기 때문이다.

베르크손은 자료 없이 혼자서 사색하는 사변적인 철학자가 아니라 사실에 바탕을 두고 그것이 그리는 길, 즉 '사실의 선(ligne de faits)'을 따라 한 걸음, 한 걸음 나아가는 철학자이다. 그러기에 그가 어떤 문제를 다룰 때에는 자기 스스도 어디로 갈지 모르는 채 탐구를 진행해 나간다고 그 자신이 여러 번 밝힌 바 있고, 그 가장 대표적인 예가 『물질과 기억』에서 몇 쪽에 지나지 않는 실어증에 관한 부분을 쓰기 위해 5년간 실어증에 관한 책을 읽었다는 사실이다. 그런 그가 유독 그의 가장 중심적인 직관인 지속을 발견할 때에는 분명히 그런 길을 걸은 것으로 보이지 않는다. 물론 궁극적인 지속 개념에 도달하기까지 구체적으로 어떤 경로를 거쳤는지는 확실치 않지만, 분명히 방금 말한 그의 일반적 방법과는 다른 경로를 통한 것으로 보인다.

그것은 일종의 발견이었다. 거대한 동굴을 감추고 있는 작은 틈새처럼 처음에는 작은 의심에서 출발했으나, 그것을 점점 파고들어가자 철학사 전체가 연결되어 있는 거대한 통로임이 드러난 것이다. 처음 지속을 직관했을 때, 그것은 지금까지 사람들이 운동이라고 생각한 것이 진정한 운동이 아니라는 것을 알아차린 정도였을 것이다. 그런데 운 좋게—분명히 말하거니와 운 좋게—도 점점 탐구를 진행해 갈수록 그것이 의미하는 바가 커지고, 여러 다른 대상들에도 적용될 뿐만 아니라, 나중에는 전통 형이상학 전체를 뒤집을 만한 중요한 직관으로 판명난 것이다. 그가 운이 좋았던 것은 제논의 역설로부터 출발했다는 것이었는데, 그것은 전통 형이상학도 바로 그 문제를 풀려는 노력에서 나왔을 정도로 인간의 가장 기본적인 착각을 표현한 역설이었기 때문이다. 그 역설을 깰 수 있는 길을 발견했다는 것은 바로 인간 지성의 가장 근본적인 착각을 깨는 길을 발견했다는 것을 의미하며, 따라서 인간 지성의 발현인 철학사 전체를 뒤집을 수 있는 방도도 그의 손에 쥐어졌음을 의미한다.

그런데 바로 여기가 중요하다. 그는 그 방도를 전가의 보도처럼 휘두르며 사변적으로 철학한 것이 아니라, 다시 말해 처음부터 체계를 세우고 사실을 거기에 맞추려 한 것이 아니라, 사실을 따라가면서 지속의 입장에서 그 사실들을 바라보니 희한하게도 맞아떨어졌다는 것이다. 그러니까 '사실의 선'을 따라 간다는 것은 멍청하게 사실을 마냥 바라보는 것이 아니라, 사실들을 따라갈 일정한 시선(가설이라 해도 좋다)을 가지고 가는 것이며, 이때 중요한 것은 사실을 시선에 맞추는 것이 아니라 시선을 사실에 맞추어야 한다는 것이다. 사실에 충실하자는 베르크손의 방법론도 결국 그러한 것을 의미하는 것이지 아무런 관점도 없다는 의미가 아니며 바로 그 관점이 지속, 즉 진정한 운동의 관점이었다는 것 이외의 다른 것이 아니다.

돌이켜 생각하면 사실 지속은 일정한 대상적 사실들로부터 얻은 것이 아니었기 때문에 철학적이며 보편적인 직관일 수가 있었다. 만약 그것이 일정한 대상적 사실들로부터 얻은 것이라면 그것은 오직 그 사실들에만 통용되는 부분적 진리로 그쳤을 것이기 때문이다. 그가 행한 '전문성'이라는 강연에서도 이미 밝힌 바와 같이, 인간은 항상 우선 사물의 전체를 보고 전체와의 관련하에서 비로소 세부로 들어갈 수 있다. 집을 볼 때 집 전체를 먼저 보는 것이지 벽돌부터 보는 것이 아니다. 벽돌도 마찬가지이다. 우선 벽돌 전체를 먼저 보는 것이지 그 부분을 먼저 보는 것이 아니다. 오직 부분만의 부분은 아무런 의미가 없다. 전통 형이상학의 '일과 다'라는 것도 바로 그러한 전체와 부분의 관계를 논리적으로 표현한 것일 뿐이다. 베르크손이 아무리 전통 형이상학을 뒤집었다 해도 형이상학자인 한, 형이상학의 기본 원리를 벗어날 수는 없다. 모든 학문적 탐구는 일단 그 대상 일반에 대한 존재론적 의미 규정이 이루어진 다음에야 비로소 그 구체적 내용에 관한 탐구가 가능하다. 생명 일반에 대한 일정한 규정이 없으면 내가 탐구하는 것이 생명현상인지 물리현상인지 알 수가 없을 것이고 따라서 생물학 자체가 불가능하다. 물론 탐구해 가면서 점점 더 세밀하고 정확한 규정이 이루어지겠지만, 일단은 대체적이나마 그것과 그것 아닌 것의 구별이 이루어져야 한다. 바로 그 점에서 지속은 전통적 존재론을 뒤집을 수 있는 근본적 직관을 제공한 것이었다.

그렇다면 지속은 순전히 '운'이 좋아서 발견된 우연의 소산일 뿐이라는 말인가 하고 혹 의문을 가질지 모르겠다. 어떤 의미에서는 분명히 그렇다. 그러나 우연의 산물이라는 것은 그의 업적을 깎아내리는 것이 아니라, 오히려 그의 진실의 위대함을 굳건히 해주는 징표이다. 위대한 발견치고 우연히 이루어지지 않은 것은 없다(콜럼버스마저도 인도로 가고 있었다!). 그렇게 될 수밖에 없던 것을 발견하는 것은 발견도 무엇도 아니다. 모든 과학적 발견과 철학적 탐구의 중요한 걸음걸음마다 우연이 개입한다. 아니, 그런 발견을 한 사람들의 탄생 자체가 우연이 아닌가. 오묘한 것은 그러한 우연이 아무에게나 이루어지는 것이 아니라, 기다리는 사람에게만 온다는 것이다. 그것이 베르크손에게도 왔으며, 그는 그 우연이 열어준 길을 끝까지 따라갔을 뿐 아니라, 자료에 충실하자는 최초의 생각을 철두철미하게 지키면서 그렇게 했고, 그의 업적은 바로 거기에서 성립한다.

말만 하면 사람들이 모두 그의 진실을 이해할 줄 알았는데 사실은 전혀 그렇지 않았다는 고백도 그 정황의 우연성이 그 사실성을 입증하는 아름다운 예이다. 아닌게 아니라 당장 박사 논문 심사위원들이 정작 중요한 곳은 전혀 건드리지 않고 엉뚱한 것에만 관심을 쏟았으며, 베르크손은 거기에 '분노한다'. 그에게 '분노'란 남다른 의미를 가진다. 지금 남아 있는 자료 중에 그가 분노했다는 것을 알려주는 자료는 이때말고 단 한 번 있을 뿐이다.(교육제도를 논하는 자리에서 누군가 그를 인신공격했을 때) 언제나 예절바르던 베르크손은 무서울 정도로 완벽한 사람이었기 때문에 언제 어디서나 흐트러지는 법이 없었고, 더구나 분노한다는 것은 거의 있을 수 없는 일이었다. 그만큼 그의 실망은 컸다는 것을 알 수 있고, 어떤 의미에서는 젊은 학위 신청자의 혈기가 엿보이는 곳이기도 하다. 그러나 사실 지도교수인 뽈 쟈네(P. Janet)와 심사위원장 와딩톤(Charles Waddington) 그리고 에밀 부트루(Emile Boutroux)로 이루어진 그의 심사위원들은 이해력이 조금 부족했을 뿐이지, 그렇게 심술궂지는 않았다. 논문 발표에 참석한 롤랭 고등학교의 한 제자(Isidore Lévy)에 따르면, 발표는 매우 뛰어났으며, 재치로 가득찬 대화가 오고갔다. 가령 와딩톤은 「Quid Aristoteles de loco senserit」이라는 제목의 부논문의 발표가 끝났을 때 "이제 우리는 discedere de loco(자리를 떠나야) 하겠습니다"라 말했다거나, 또 주논문이 어려웠든지 "아, 나는 당신의 프랑스 어보다 라틴어가 더 좋습니다" 하고 선언했다는 이야기가 전해진다. 그러나 베르크손이 위의 인용에서도 밝힌 바와 같이, 쟈네는 주로 1장에 대해서만 논하면서 그곳이 가장 가치가 높다고 칭찬했고, '문체의 극도의 섬세함'에 놀랐다던 부트루는 2장을 건너뛰어 주로 3장에 대해서만 논한 것은 모두 사실이며, 행위자가 이쪽저쪽을 망설이는 저울에 대한 논의가 길어지자 위원장인 와딩톤이 "이러다가는 그놈의 저울이 재앙(fléau, 저울대도 의미함)이 되겠다"고 말을 막았다고 한다. 사실 벤루비(Benrubi)와의 대화에서 베르크손 자신도 만약 논문 발표 때 지속에 관해 설명해야 했다면 정말로 큰 어려움에 봉착했으리라고 털어놓은 바 있다. 자신의 깊은 곳으로부터 나온 것일수록 항상 설명하기는 더 어렵게 마련이다. 어쨌든 그는 심사위원 만장일치의 최고 성적으로 논문 심사에 통과되었다. 이 해 심사 이전에 주논문이 출판되었으나(논문심사가 1889년 12월 27일이었는데 1889년에 출판된 것은 당시의 관행상 출판사를 찾으면 책을 먼저 출판한 후 그것으로 심사를 했기 때문이다.) 그가 방금 실토한 바와 같이 당장은 별로 주목받지 못했고, 나중에 『물질과 기억』이 성공하고서야 본격적으로 팔리기 시작했다.

2. 『시론』의 내용

『시론』은 모두 세 개의 장과 결론으로 이루어져 있다. 제1장은 양과 질, 연장적인 것과 비연장적인 것을 구별하는 서론이며, 제2장은 공간이나 공간적 시간과 다른 지속 그 자체를 밝히는 핵심 부분이고, 제3장에서는 그 지속의 개념을 자유의 문제에 적용하여 문제 자체의 해소를 시도한다. 그 내용을 정리하면 다음과 같다.

제1장: 제1장은 「심리상태들의 강도에 관하여」라는 제목을 달고 있는데, 이 장이 말하고자 하는 요지는 심리상태들은 비연장적이며 각각 질적으로 달라서 그 강도를 연장적인 것과 같이 양적으로 측정할 수 없다는 것이다. 그럼에도 불구하고 사람들이 심리상태들을 잴

수 있다고 생각하는 것은 바로 질과 양을 혼동하기 때문이다. 이 장 전체는 깊은 감정들, 미적 감정, 도덕감, 근육의 힘쓰기, 주의, 격렬한 감정들, 정조적 감각들, 표상적 감각들, 정신물리학의 순으로 의식의 심리상태들을 하나씩 분석해 가면서, 의식의 각 상태가 모두 질적으로 다른 것임을 보여줌으로써 양적으로 계산할 수 없음을 밝히고, 그럼에도 불구하고 사람들이 왜 질과 양을 혼동하는지를 구명한다. 한편, 분석은 깊은 감정, 미적 감정, 도덕감과 같이 순수한 심리적 상태에서 가장 표면적인 심리상태인 근육의 힘쓰기 순으로 나아가, 그 양쪽에서 공통적인 강도의 의미를 정의한 다음, 다시 그 중간단계를 주의, 격렬한 감정, 정조적 감각, 표상적 감각, 정신물리학의 순으로 고찰한다. 그러나 대체적인 분석의 전개는 강도를 정의하기 위해 도입된 근육의 힘쓰기를 제외하면 가장 깊은 심리상태로부터 가장 표면적인 심리상태로, 즉 순수한 의식의 상태로부터 신체나 외부 대상과 결합된 의식상태로 나아가는 점진적 방식을 취하고 있는데, 그것은 가장 덜 공간적인 것, 즉 가장 덜 양적인 것으로부터 가장 공간과 많이 관련된 것, 즉 가장 양적인 성격이 강한 것으로 나아감으로써, 증명하기 가장 쉬운 것부터 어려운 것으로 진행하는 방식이다.

1. 우선 깊은 감정의 부분에서는 욕망, 희망, 기쁨, 슬픔 등을 분석한다.

모호한 욕망에서 깊은 열정으로의 발전을 사람들은 하나의 욕망이 우리 의식에서 점점 더 많은 자리를 차지하게 된 것처럼 생각하지만, 사실은 욕망이 깊어질수록 동일한 대상이 각 단계마다 다른 색조로 우리의 심적 상태를 물들이고, 마지막으로 깊은 열정이 되면 그 동일한 대상이 더 이상 동일한 인상을 주는 것이 아니라 그것에 의해 우리의 생 자체가 생기를 얻고 마치 어린 시절을 새롭게 맞이한 것과 같은 상태가 된다. 그 각 단계들은 그러므로 모두 질적으로 다른 상태들이며, 질적으로 다른 것들은 같이 놓고 셀 수가 없다.

기쁨이란 그 가장 낮은 단계에서는 미래로의 정향과 같은 것이며, 다음에는 그 미래가 마치 우리를 당기는 것처럼 생각과 감각이 빨라지고 우리의 행동은 더 이상 동일한 노력이 필요하지 않게 되며, 마지막에는 매순간이 너무도 새로워 마치 존재의 경이로움을 느끼는 것과 같은 상태가 된다. 슬픔은 반대로 마치 과거로의 정향과 같은 상태에서 출발하여, 미래가 닫힌 것처럼 점점 감각과 생각이 빈약해 지고, 나중에는 무를 갈망하는 것처럼 짓눌러서 모든 것이 무의미한 상태가 된다. 이 모든 상태들은 모두 질적으로 다른 상태들이며 동일한 하나의 감정의 크기가 변한 것이 아니다.

2. 미적 감정에서는 우아함의 느낌과 아름다움의 느낌을 분석한다.

우아함은 우선 어떤 편안함이나 용이함이며 그것은 하나가 다른 것을 준비하는 것이므로 결국 예견 가능성으로 발전한다. 거기에 다시 율동성이나 음악성이 개입하면 우리가 마치 동작의 주인이 된 것처럼 신체적 공감이 일어나며, 신체적 공감은 정신적 공감을 암시하고 그것들이 합쳐져서 '동적 공감(sympathie mobile)'으로 발전한다.

아름다움의 느낌은 강도(profondeur)와 깊이(élevation)라는 두 가지 기준으로 설명할 수 있다. 강도의 차이는 우리를 얼마나 사로잡는가에 달려 있다. 음악, 미술, 건축 등의 모든 예술은 율동을 사용함으로써 일종의 최면처럼 암시에 의해 우리를 일상적 관심으로부터 돌려서 예술가의 내적상태에 공감하게 한다. 그것의 성공 여부에 따라 현실적 심리상태의 굳건한 조직을 뚫을까 말까 한 상태로부터, 우리의 관심을 돌리긴 했으나 그 조직이 완전히 시야에서 벗어난 것은 아닌 단계를 거쳐, 우리의 영혼을 몽땅 사로잡는 단계까지 여러 단계가 있다. 그러나 그 단계들은 양적으로 증가하는 단계들이 아니라 각각 질적으로 다른 단계들이다. 한편, 깊이의 정도는 한 미적 상태에 녹아들어가 있는 감각, 감정, 사유의 풍부함에 달려 있다. 하나의 감동은 수많은 사실들이 녹아 있는 유일무이한 어떤 상태이며, 예술가는 그렇게도 풍부하고 개인적이며 새로운 세계 속으로 우리를 단번에 끌어들인다. 그것의 풍부함에 의해 우리는 예술의 깊이를 말하며, 그러한 각 상태들은 또한 질적으로 다른 상태들이다.

3. 다음에는 도덕감으로서의 연민의 감정을 분석한다. 연민은 우선 다른 사람의 고통을 생각으로 같이 겪는 것이지만, 거기에 곧 그 고통을 덜어주려는 생각이 결합한다. 물론 그 고통을 혐오하고 그것이 혹시 나에게 닥치지 않을까 하는 두려움도 있겠지만 그것은 저급한 형태의 연민이고 진정한 연민은 오히려 그것을 욕망한다. 그러한 욕망은 낮아지려는 열망, 즉 일종의 겸손함이다. 연민의 강도는 따라서 혐오 → 두려움 → 공감 → 겸손함으로의 이행에서 성립한다.

4. 이상 외부 원인과는 거의 관계없이 순수하게 마음 속에서만 일어나는 것처럼 보이는 감정들을 분석했지만 사실 그것들도 대부분 신체적 징후를 동반한다. 분석은 이제 의식에서 곧바로 신체로 연결되는 듯한 현상, 즉 근육의 힘쓰기로 단번에 옮겨간다. 그렇게 함으

로써 깊은 감정과 표면적 노력의 강도에서 공통적인 정의를 찾기 위해서이다.

근육을 움직일 때 우리는 마치 순수한 의식상태가 신체로, 즉 연장적인 것으로 퍼져 나가는 듯한 느낌을 받지만, 그것은 사실 신경의 원심력과 일치하는 것이 아니라 동원된 근육들로부터 오는 구심적 감각이다. 어쨌든 근육에 힘을 쓸 때 증가하는 듯이 보이는 강도는 힘을 쓰는 한 점에서의 노력이 증가하는 것이 아니라, 거기에 관여되는 신체의 면적이 점점 넓어지는 것이다. 가령 주먹을 점점 세게 쥘 때, 처음에는 주먹에만 국한되었던 감각이 팔에서 어깨로, 다시 다른 쪽 팔로 그리고 급기야는 몸 전체가 관여하게 된다. 따라서 그것은 한 점에서의 노력의 증가가 아니라 주변적 감각의 수가 늘어나는 것이며, 이때의 수는 가령 동원된 근육의 수와 같이 분명히 셀 수는 있지만, 감각 자체는 그러한 수가 아니라 그것들의 총체가 일으키는 각각 질적으로 다른 느낌이다.

결국 깊은 감정이나 표면적 노력이나 그 강도는 모두 질적으로 다른 진전과 증가하는 복잡성으로 정의될 수 있다. 그러나 공간적으로 사유하는 습관을 가진 의식은 감정을 하나의 단어로 지시하고 그 하나가 증가하는 것처럼 생각하며 노력도 한 점에서 그 크기가 증가하는 것처럼 생각한다.

5. 주의는 단지 정신을 돌리는 것이 아니라 신체의 운동을 동반한다. 의지에 의해 단지 지금 하려는 생각과 관계없는 것을 배제하려 할 때에는 순전히 심리적인 현상이지만, 긴장이 더해감에 따라 압박, 피로, 고통 등으로 면적을 넓혀가거나 성질을 바꾸는 근육 수축의 느

낌이 된다.

6. 격렬한 감정들(격렬한 욕망, 분노, 사랑, 증오 등)은 영혼의 긴장성 노력이라고 부를 수 있는데, 그것은 어떤 한 관념에 따라 전체가 조정되는 근육 수축의 체계라는 점에서 주의의 노력과 본성상 차이가 없다. 다만 그 관념이 주의에서는 알려고 하는 반성적인 관념이며, 격렬한 감정에서는 행동하려는 비반성적 관념인 것만이 다르다. 격렬한 감정들의 강도는 거기에 수반되는 근육의 긴장 이외의 다른 것이 아니다. 가령 분노는 심장의 박동이 빨라지고 호흡이 가빠지며, 이빨을 앙다문다 등의 신체적 운동이 싸우려 한다거나 때리려 한다는 어떤 관념에 의해 조정되는 상태이다.

7. 감각은 쾌락과 고통의 감각인 정조적 감각과 표상적 감각으로 나눌 수 있다. 사람들은 감각을 외부 진동에 대응하는 내적 반향으로 보고 싶어한다. 그러나 외부 진동은 겹칠 수 있는 공간적 운동이지만 감각은 전혀 비공간적인 심리상태이므로 전혀 공통점이 없다. 외부의 운동이 쾌락이나 고통으로 번역된다면, 바로 그 사실 자체에 의해 운동으로서는 의식되지 않는다는 것을 뜻한다. 그러므로 정조적 감각은 신체에 일어났거나 나고 있는 일을 알려주기보다는, 일어나려는 일을 표현한다고 보는 것이 더 타당하다. 아무런 의식 없이 자동적으로 운동하는 수많은 유기체들에 비해 쾌락과 고통의 감각이 몇몇 특권적 존재들에서만 나타난다면, 그것은 그 존재들에게 자동적 반응이 아니라 자유로운 운동을 허용하기 위해서이다. 감각은 자유의 시작이다. 그것은 미래 행동의 선택지를 밑그림으로 그려 보여줌으로써 자유로운 행동을 가능하게 한다. 즉 쾌락과 고통의 감

| 의식에 직접 주어진 것들에 관한 시론

각은 우리 신체의 외부나 내부의, 이미 일어난 과거의 분자운동에 대한 번역이 아니라 미래로 향하는 행위의 자유로운 선택의 가능성에 의해 설명되어야 한다. 그렇게 보면 쾌락과 고통의 감정 자체에는 나타나지도 않는 내외의 분자운동 대신에, 마주친 상황을 벗어나야 할 것인가 거기에 계속 머물 것인가에 따라 어떤 것은 유쾌한 감각이 되고 어떤 것은 불쾌한 감각이 된다. 그리고 그것의 강도는 진짜 외연적인 강도가 아니라, 회피와 탐닉에 동원되는 우리 신체 부위의 범위에 따른 것으로서, 그 범위는 측정될 수 있지만 그것으로부터 받는 느낌 자체는 각각 질적으로 다른 느낌일 뿐이다.

그리하여 고통이 증가한다는 것은 더 많은 종류의 악기 소리가 들려오는 교향악에 비견될 수 있다. 고통의 크기는 바로 그 고통에 동조하는 신체 부분들의 수와 범위이다. 즉 고통이 크다는 것은, 그 고통을 벗어나기 위해 신체가 그만큼의 다양한 행동을 해야 한다는 것을 의미한다.

고통이 그것을 벗어나기 위해 행동하라는 명령이라면, 쾌락은 운동하지 못하게 사로잡힌 무기력이다. 그것의 크기는 거기에 빠져 다른 감각을 거부하는 정도에 달려 있다. 그 모든 단계는 따라서 거기에 관여된 신체의 다양한 부분들에서 오는 질적으로 다른 상태들이다.

8. 정조적 감각이 거기에 수반되는 신체적 반응 운동에 따라 강도가 평가된다면, 표상적 감각도 정도 차이는 있을지언정 항상 정조적 요소를 지니며 따라서 거기에 동원되는 신체적 반응에 의해 그 강도가 평가된다. 우선 표상적 감각이 아주 작거나 아주 큰 경우가 그

러한데, 감각이 아주 작은 경우에는 그것을 붙잡으려고 '애를 쓸' 때 동원되는 신체적 운동에 따라, 극도로 강한 감각은 그것이 우리에게 일으키는 저항할 수 없는 자동적 반응 운동들에 따라 그 강도가 평가된다. 중간적 감각에서도 '그 감각이 대신하는 다른 감각과 비교하거나 그것이 다시 찾아오는 집요함을 고려함으로써' 그 감각의 크기를 평가한다. 가령 밤중의 시계소리나 외국인의 말이 더 크게 들리는 것은 다른 감각이 텅 비어 있는 상태에서 그 감각만이 홀로 울리기 때문이다. 또 아무리 중간적인, 즉 평상적인 감각이라도 우리가 의식하지 못하는 신체적 반응을 수반하며, 페레가 모든 감각에 열량계로 측정할 수 있는 근육의 힘의 증가가 수반됨을 증명한 것은 그 좋은 예이다. 그러나 정조적 감각과 달리 신체적 반응이 거의 사라진 순수한 표상적 감각에서도 강도를 평가하게 되는 것은 역시 외부 대상 때문이다. 우리 경험은 매순간 자극의 일정한 가치에 대응하는 감각의 일정한 색조를 나타낸다. 우리는 그런 질적으로 각각 다른 결과에 원인의 양적 요소를 결합한다. 그리하여 가령 오른손에 쥔 바늘로 왼손을 찌를 때, 처음의 어떤 간지럼에서 접촉으로, 다시 찔린다는 느낌에서 한 점에서의 고통으로 그리고 그 고통이 점점 퍼져 나가는 것으로, 모두 질적으로 다른 느낌을 받는다. 그럼에도 불구하고 우리는 하나의 동일한 찔림의 느낌이 커져 가는 것으로 생각하는데, 그것은 오른손의 점증하는 힘을 왼손의 감각에다 집어넣고 거기에서 감각이 일어난다고 생각했기 때문이다. 그것은 원인을 결과에 집어넣고, 질을 양으로, 강도를 크기로 해석한 것이다.

소리의 크기는 같은 크기의 소리 감각을 얻기 위해 들여야 할 노력의 크기에 의해 암시받은 것이다. 또 소리의 높낮이도 그 음을 내기 위해 동원된 신체 부위의 높낮이에 의해 결정된다. 그것을 뺀 순수한 크기와 높낮이는 모두 질적으로 다른 상태일 뿐이다.

차가움과 더움은 그 본성이 다른 감각이며, 또 더 강한 더움은 다른 더움이다. 더움을 더 강하다고 할 수 있는 것은 열원으로 가까이 가거나 몸의 더 넓은 표면이 열을 받았을 때 더 뜨거워지는 경험을 무수히 했기 때문이다. 따라서 이 역시 외부 원인의 차이를 질적으로 다른 느낌에 집어넣은 것이다.

중량 감각을 한 점에서의 증가하는 감각이라고 생각하는 것은 무게를 들기 위해 동원되는 신체의 다양한 지점에서 이루어지는 노력의 범위가 증가하는 것을 그렇게 해석했기 때문이다. 그러나 그 감각들 자체는 모두 질적으로 다르다. 또 무거운 것과 가벼운 것을 동일한 속도, 동일한 높이로 들 때, 그 양쪽의 운동은 모두 동일하나 단지 중량 감각의 크기만 다르다고 해석한다. 그러나 운동과 무게는 반성적 의식의 구별일 뿐 실제로는 그 양자가 섞인 '무게 있는 운동'이 있을 뿐이며, 무거운 것과 가벼운 것을 들 때의 각 운동은 질적으로 다른 운동이다.

광원의 강도가 더해지면 사실상 색깔 자체가 변한다. 그럼에도 불구하고 우리는 색깔은 동일하며 다만 밝기만 변한다고 생각한다. 가령 네 개의 촛불이 비추던 종이에 촛불이 하나씩 꺼지면, 흰색은 그대로 있고 조도만 감소한다고 생각한다. 그러나 실제로 보이는 것은 밝기의 감소가 아니라 한 층의 그림자이다. 우리가 미리 광원과 밝기에 대해 경험하지 않았다면, 그것들은 각각 다른 색조일 뿐이다.

따라서 물리학자가 조도를 잰다고 할 때 실제로 그가 재는 것은 광원의 수와 거리에 불과하며, 거기에 동원되는 감각은 실재 감각이 아니라 계산상 필요에 의해 도입되는 막연한 빛 감각 일반과 같은 '보조 미지수'이다.

정신물리학은 물리학과는 달리 직접 빛 감각 자체를 잰다고 주장한다. 그러나 우선 델뵈프의 중간 눈금법은 사실상의 색조의 대비를 크기의 차이로 해석한 것에 불과하다. 중간색과 양쪽 색과의 대비의 차이가 과연 동일한지 그리고 한 회색 빛이 이전 단계의 빛들을 다 포함하고 있는지가 증명되지 않는 한, 그러한 해석은 비유에 불과하다. 그것은 결국 (1) 차이역이 일정하다는 것과 (2) 한 감각의 크기는 그 감각에 이르기까지의 단위 감각들의 합이라는 페히너의 정신물리학과 동일한 가정 위에 서 있다.

9. 정신물리학은 두 감각이 같은 크기라는 것과 그것들을 더한다는 것을 규정할 수 있어야 심리현상에 측정을 도입할 수 있다. 그러나 두 감각을 측정하려면 그 질적인 면을 제거해야 하고, 그 질적인 면이야말로 바로 측정하려는 것이기 때문에 결국 측정은 불가능하다. 여기서 페히너는 자극이 연속적으로 변할 때 감각은 단속적으로 변한다는 사실을 이용하여 그 최소 감각 차이를 바로 감각의 최소 단위로 삼고 그 단위들을 더할 수 있다고 생각했다. 그러나 그 최소 차이에서 '차이'는 먼저와 나중의 두 감각이 변했다는 것, 즉 질적으로 다르다는 것을 의미할 뿐, 하나가 다른 것을 포함하는 양적인 차이가 아니다. 델뵈프의 경우도 그 차이를 대비로 바꾼 것일 뿐 결국 질을 양화한 것이다. 그 모든 것이 질과 양, 감각과 자극을 혼동하는

| 의식에 직접 주어진 것들에 관한 시론

상식과 관행에 의한 것일 뿐 실재는 아니다.

이상의 제1장에서는 결국 의식의 상태들이 모두 질적으로 다른 것임에도 불구하고 측정할 수 있다고 생각하는 것은, 질에 양을 집어넣거나 결과에 원인을 집어넣어 해석한 결과일 뿐임을 밝히고 있다.

제2장: 「의식상태들의 다수성에 관하여: 지속의 관념」이라는 제목을 달고 있는 제2장은 의식상태들의 다수성이 외부 사물의 공간적, 수적 다수성과는 다른, 상호 침투하며 서로로부터 구별되지 않고 유기적으로 조직화되는 질적 다수성임을 밝히면서 지속이 무엇인지를 설명하고 있는 이 책의 핵심부이다.

1. 수적 다수성과 공간: 수는 단위들의 집합이지만, 그 단위들은 모두 동질적이며, 동시에 동일한 공간 위에서 장소만을 달리하며 병치되어야 한다. 수를 시간 속에서 셀 때도 하나하나 세어 갈 때마다 항상 지금까지 센 것을 공간 속에 병치시켜야 한다. 결국 수의 관념에는 항상 공간의 관념이 들어간다.

수의 단일성은 이미 다수성을 내포하는 단일성이다. 또 각 단위들의 단일성도 이미 그 단위들이 무한히 나뉠 수 있다는 관념을 내포하고 있다(그렇기 때문에 단위가 나누어져 분수가 될 수 있다). 그렇다면 그것은 곧 단위가 연장적임을 뜻한다. 수 또는 단위가 단일한 것으로 보이는 것은 우리 정신에 기인한 것이며, 그렇기 때문에 단일성은 그것을 생각하는 동안에는 없앨 수 없지만, 일단 완성된 상태에서 생각하면 객관화되어 무한 분할이 가능해진다. 결국 공간이란 정신이 수를 구성하는 질료이자, 그것을 위치시키는 장소이다.

수가 그러한 것이라면 이제 다수성에는 두 가지 종류가 있다고 해야 한다. 하나는 직접적으로 수를 형성하는 물질적 대상들의 다수성이며, 다른 하나는 수의 모습을 띨 수 없는 의식적 사실들의 다수성이다. 가령 종소리를 들을 때 그것이 주는 질적인 인상만을 받아들이는 것이 후자의 경우이며, 그것을 세는 것이 전자의 경우인데, 이때는 그것들을 동질적 장소에 놓아야 한다. 우리가 물질의 불가입성이라 생각하는 것은 사실 물질보다는 수의 속성이며, 수와 공간의 유대를 표현한다. 그에 비해 의식의 질적 다수성은 비공간적이고 상호 침투하는 것이므로 수적, 공간적인 것과 다르며, 그것이 수의 양상을 띠려면 공간이 개입되는 상징적 표상이 매개되어야만 하는데, 그때 이미 순수한 질적인 것은 어떤 변형을 겪는다. 그러므로 시간이 만약 구별하고 세는 장소라는 의미로 이해된다면 그것은 공간일 뿐이며, 그것과 순수한 지속은 전혀 다르다.

2. 공간과 동질적인 것: 텅 빈 동질적 장소를 개념화할 수 있는 것은 정신, 또는 지성의 활동에 의해서이다. 공간이 모두 질적으로 다른 것으로 보이는 동물들과는 달리, 인간은 공간을 동질적으로 파악할 수 있는 능력을 가지고 있다. 우리는 결국 이질적인 감각의 질들과 동질적인 공간이라는 서로 다른 질서의 두 실재를 아는 셈이다. 후자에 의해 우리는 구별하고 세며, 추상하고 말할 수 있게 된다.

공간이 동질적인 것이라면, 역으로 동질적인 것은 공간이 아닐까 하고 의심해 볼 수 있다. 그런데 사람들은 시간을 공간과 다르지만 공간처럼 동질적인 장소라고 생각한다. 시간이 만약 의식의 상태들이 전개되는 동질적 장소라면, 그 사실 자체에 의해 그것이 단번에

| 의식에 직접 주어진 것들에 관한 시론

주어지며, 따라서 더 이상 계기하지 않는 것이 될 것이다. 공간 속의 사물들은 불가입적이며 상호 외재적이지만, 의식의 사실들은 상호 침투적이며 하나 속에 전체가 들어 있다. 따라서 동질적 장소로 생각된 시간은 진정한 시간이 아니라, 순수 의식의 영역에 공간 관념이 침투한 사생아적 개념이다.

3. 동질적 시간과 구체적 지속: 순수한 지속은, 우리 자아의 각 상태들이 서로로부터 구별되는 것이 아니라 한 선율의 음들처럼 서로 속에 녹아들어가 상호 침투하여 내적, 유기적으로 결합한 전체를 이룰 때를 말한다. 그때 '동일하면서도 또한 동시에 변화하는 존재자'인 자아의 상태들은 모두 질적으로 다른 순수 이질성이며, 부분은 이미 전체를 반영하고 전체로부터 고립되지 않는다. 그러나 공간적 사유에 사로잡힌 우리는 그 각 상태들을 서로 스며드는 것이 아니라 서로 옆에 병치시키고, 계기를 연속적인 선으로 표상한다. 그것은 하나가 온 뒤에 다음 것이 오는 계기를 단번에 주어진 것으로 생각하는 것이며, 결국 지속을 연장에 시간을 공간에 투사한 것에 불과하다.

4. 지속의 측정 가능성: 규칙적인 시계추 소리가 졸음을 일으키는 것은 마지막 소리를 들었기 때문도, 앞선 기억에 마지막 소리가 병치되었기 때문도 아니며, 그 전체가 유기적으로 결합하여 일으키는 어떤 질적 느낌 때문이다. 그러한 순수 지속의 '질적 다수성' 또는 '구별되지 않는 다수성'은 수적 다수성이나 동질적 장소 또는 측정 가능한 양과는 아무 관계가 없는 순수 이질성이며, 따라서 측정할 수 없다.

5. 운동의 측정 가능성: 그렇다면 사람들이 시계로 재는 시간

은 무엇인가? 과거를 기억하는 내가 없다면 내 밖에는 매순간의 시계 바늘의 오직 한 위치밖에 없다. 반면 내 속에서는 의식적 사실들의 유기적 조직화와 상호 침투 과정이 계속되며, 그것이 진정한 지속이다. 결국 자아 속에는 상호 외재성이 없는 계기만이 있으며, 자아 밖에는 계기 없는 상호 외재성만이 있다. 시간을 잴 수 있다고 생각하는 것은 그 양자 사이에 일종의 삼투압이 일어나서 생긴 현상이다. 즉, 지속과 외부세계와의 결합에 의해, 그 외부세계의 분절이 지속에 도입되어 마치 시간이 나뉘는 것처럼 보이고, 지속의 기억이 외부세계에 도입되어 공간 속의 사건들이 보존됨으로써, 동질적 시간이라는 공간의 제4차원이 창조된다. 그러나 실제로 있는 것은 현상들이 그 속에서 나타났다 사라졌다하는 공간과 외부세계에 접근할 수는 있으나 상호 침투적인 지속뿐이며, 그 양자를 이어주는 것이 동시성이다.

운동은 한 점에서 다른 점으로 옮아가는 것인 한 정신의 종합이자 심리적이며 불가분적인 과정이다. 공간 속에는 공간의 부분, 즉 움직이는 물체가 차지하는 위치밖에 없다. 의식이 그 이외의 것을 거기서 발견한다면, 그것은 정신이 계속적인 위치를 기억해서 종합한 것이다. 그것은 질적인 종합, 즉 선율의 통일성과 흡사한 종합이다. 바로 그러한 질적 종합이 운동의 운동성 그 자체이다. 가령 별똥별이 떨어지는 것을 볼 때, 우리 눈에 남은 잔상은 별이 지나간 공간적 궤적이며, 그 궤적을 지나간 운동 그 자체는 표현할 수 없는 어떤 불가분적인 느낌으로 감각될 뿐이다.

6. 엘레아 학파의 착각: 엘레아 학파의 역설은 운동이 지나간 공

간적 궤적과 운동 그 자체를 혼동했기 때문에 생긴 것이다. 아킬레스가 지나간 공간은 무한히 나뉠 수 있지만 바로 그러한 공간을 단번에 지나가는 그의 운동은 나뉠 수 없다. 그러한 운동 그 자체를 공간과 혼동하여 공간처럼 나눌 수 있다고 생각했을 때, 제논의 역설이 생긴다.

7. 관념과 동시성: 과학은 시간에서 지속을, 운동에서 운동성을 빼고서야 그것들을 다룰 수 있다. 과학이 속도를 잰다고 할 때, 그것은 운동이 시작하는 점과 끝나는 점, 즉 두 동시성을 찍고 나서 그 사이에 지나간 공간을 재는 것이다. 따라서 그것은 양 끝점 사이의 진정한 지속 그 자체가 아니라 공간과 동시성의 수를 잴 뿐이다. 그렇기 때문에 우주의 모든 운동들이 두 배, 세 배 빨라지면, 의식은 거기에 대해 어떤 질적인 느낌을 가질 것이지만, 물리적 공식이나 거기에 들어갈 수는 수정할 필요가 없다.

8. 속도와 동시성: 수학적 방정식이 표현하는 것은 항상 완성된 사실(동시성과 위치)일 뿐, 지금 이루어지고 있는 지속과 운동 그 자체는 표현할 도리가 없다. 아무리 좁은 간격을 취더라도 수학이 자리잡는 곳은 항상 양 끝점이므로, 그 사이의 간격 그 자체에서 일어나는 지속과 운동은 항상 방정식 밖에 있다. 지속과 운동은 정신적 종합이지 사물이 아니기 때문이다.

9. 내적 다수성: 결국 공간만이 동질적이고, 공간에 위치한 사물들은 상호 병치되어 '구별되는 다수성'을 이루며, 모든 '구별되는 다수성'은 공간에서의 전개를 통해 이루어진다. 반면, 의식의 다수성은 '질적 다수성'이며, 수와 공간과는 관계가 없으므로 도무지 셀 수가

없다. 그것을 셀 수 있다고 생각하는 것은 상식과 언어의 혼동에 의해 '질적 다수성'에 양적, 공간적 요소를 개입시켰기 때문이다.

그러나 다른 한편, '구별되는 다수성'이라는 관념 자체가 '질적 다수성' 없이는 이루어질 수 없다. 단위들을 셀 때, 그 단위들이 공간 위에 도열되는 한편 그것들 상호간에 유기적 조직화가 이루어져야 하기 때문이다. 따라서 모든 양은 이미 질적인 요소를 가진다. 상인들이 100원이 아니라 99원 99전이라고 가격을 매기는 것도 수가 주는 질적 느낌을 잘 알기 때문이다.

10. 실재 지속: 상징적 표상이 아니라면 동질적 장소라는 형태를 띨 수 없는 자아는 동일성과 특수성이라는 이중적 특성을 가짐으로써 수적 다수성의 형태를 띠게 되고, 특히 그 양자가 결합하는 공간운동의 도움을 받아 동질적 시간으로 이해되기에 이른다. 그것은 우리의 자아가 그 표면에서 외부세계에 접해 있고, 그 외부세계의 공간성이 자아에까지 침투되었기 때문이다. 그러나 꿈이나 일상 경험에서 우리는 질적 지속을 느끼고 있다. 의식하지 않은 상태에서 시계가 울릴 때, 정신을 차려 마음 속에서 재구성해 보면 몇 번이 울렸는지를 알아낼 수 있다. 그때 정확한 횟수가 아니면 만족되지 않는 것은 횟수에 따라 각 상태가 질적으로 다르기 때문이다. 즉, 의식하지 못한 채 들은 시계 소리도 우리에게 질적으로 조직화되어 있었던 것이다. 지속은 그처럼 직접적으로 의식에 주어진다.

11. 자아의 두 측면: 그러므로 의식적 삶의 두 측면을 구별해야 한다. 동질적 공간에 응고된 비인격적 자아의 이면에, 한없이 움직이고 서로 유기적으로 결합하여 질적으로 다르기 때문에 말로 표현할

수 없는 내적이며 살아 있는 자아가 있다. 사물에 대한 우리의 감각은 끊임없이 변하며 모든 것은 진행 중에 있고 과정 속에 있다. 그러나 우리는 그러한 변화를 사상하고 한 사물을 그에 대응하는 동일한 말로 고정시킴으로써 그것이 항상 동일하며 불변한다고 생각한다. 우리의 인상에서 안정되고 공통적이며, 따라서 비개성적인 것을 저장하는 역할을 하는 말은 순간순간 변하는 개인의 섬세하면서도 사라지기 쉬운 인상들을 덮어 버린다. 유능한 소설가는 우리의 상투적인 자아의 그물을 찢고 우리를 본래적 자아 앞에 세움으로써 그 섬세한 질적 느낌을 다시 살게 해준다.

언어의 틀을 부수면 우리의 관념들도 어떤 질적인 느낌을 가지고 있음을 알게 된다. 우리의 지성도 본능, 즉 관념들의 상호 침투로부터 나오는 충동을 가진다. 어떤 문제에 가담하게 되면 자동적으로 열정적이 되며, 우리가 가장 강력하게 고수하는 의견은 가장 설명하기 어렵다. 우리에게 어떤 의견이 가치 있게 보이는 것은 그 의견의 뉘앙스가 우리 관념 전체의 공통적 색채에 상응하며, 거기서 어느만큼 우리 자신을 보았기 때문이다. 진정으로 우리 것인 관념은 우리 전체를 채운다. 의식의 표면으로 나갈수록 그것들은 점점 더 수적 다수성의 형태를 띠고, 공간에 펼쳐지는 경향을 갖는다. 그만큼 그것은 더 말로 표현하기 좋다.

제3장: 「의식상태들의 조직화에 관하여: 자유」라는 제목을 달고 있는 제3장은 지속의 관점에서 자유의 문제를 해결하는 곳이다. 물리적 결정론, 심리적 결정론, 자유로운 행위, 실재 지속과 우연성, 실

재 지속과 예견, 실재 지속과 인과성 등의 여섯 부분으로 나뉜다.

자유의 문제에 관해 기계론과 역동론이 선험적으로 대립한다. 후자는 사실이 실재이고 법칙은 그것의 상징적 표현이라 생각하며, 전자는 반대로 법칙이 실재이고 사실은 그것들의 교차점이라 생각한다. 그것은 결국 무엇을 단순하다고 생각하느냐에 따라 생긴 대립으로서, 기계론은 타성이 자유보다, 동질적인 것이 이질적인 것보다, 추상적인 것이 구체적인 것보다 더 단순하다고 생각하며, 역동론은 그 반대로 특히 자발성이 타성보다 더 단순하다고 생각한다. 그런데 타성은 결국 자발성이 없는 것으로밖에는 정의될 수 없으므로, 두 견해 모두 자발성 개념에 의존하고 있다고 할 수 있다.

그러나 자유에 반하여 경험적 사실들을 내세우는 견해가 있으니, 물리적 결정론과 심리적 결정론이 그것이다. 이 장의 의도는, 전자는 후자로 환원되고, 후자는 지속에 대한 부정확한 견해에 기반을 두고 있음을 밝힘으로써 그 어떤 힘과도 비교될 수 없는 활동력을 가진 자아를 드러내는 것이다.

1. 물리적 결정론: 물리적 결정론의 최근 형태는 한 유기체의 원자와 분자들의 위치와 운동을 안다면, 그 유기체의 심리상태도 예견할 수 있다는 것이다. 그것은 이전의 질점들의 상태를 알면 다음 상태도 결정된다는 것이므로 에너지 보존의 법칙을 생명체에까지 확장하는 것을 의미한다.

그러나 이 견해가 옳으려면, 뇌의 한 분자상태에 하나의 결정된 심리적 상태가 엄밀하게 대응한다는 것을 먼저 증명해야 한다. 일상생활에서 물리적 진동과 감각의 대응을 짐작게 하는 경험이 존재하는 것도 사실이고(그러나 그것은 부분적 현상이다), 스피노자나 라이프니츠 같은 철학자도 그들의 관계를 나름대로 설명하고 있지만(그러나 그것은 선험적 독단이다), 오늘날의 물리적 결정론은 분자운동의 인광과 같은 흔적이라는 등의 비유를 갖다 댈 뿐 정작 어떻게 분자운동에서 심리상태가 나오는지를 증명하지도 설명하지도 못하고 있다. 왜냐하면 한 분자운동에서 다른 운동의 근거는 발견되겠지만 의식상태의 근거는 발견될 수 없기 때문이다. 실험으로 양자 사이의 관계가 밝혀진 것은 극히 한정된 수의, 그것도 의지와는 상관없는 영역에서 이루어진 일일 뿐이다. 그것을 전체로 확장하는 것은 기계론에 호소함으로써 스스로를 굳건히 하려는 모종의 심리적 결정론과 다른 것이 아니다.

문제는 에너지 보존의 법칙을 보편적인 법칙으로 확장할 수 있는가에 달려 있다. 에너지 보존의 법칙이 성립하려면 보존되는 무엇인가가 있어야 하고, 그 무엇은 우리의 계산 체계에 들어오는 것일 수밖에 없다. 그런데 어떤 것이 계산 체계에 들어올 것인지 그리고 가능한 모든 체계가 들어올 것인지는 우리의 경험이 판정할 수밖에 없으며 그 경험, 특히 신경현상에서 에너지 보존의 법칙의 계산 체계에는 들어오지 않았던 전혀 다른 힘을 찾아낼 수 없으리라고 단정지을 근거는 없다. 에너지 보존 체계만이 가능한 유일한 체계는 아니라는 것만 인정하면 그것에 의해 자연과학의 엄밀성이 손상받을 일도 없다. 가장 급진적인 기계론인 부대현상론에서 분자운동이 의식 없이도 감각을 형성할 수 있다면, 어째서 의식은 동력학적 에너지 없이, 또는 그것을 다른 방식으로 이용하여 운동을 창조할 수 없다는 말인가?

에너지 보존의 법칙은 각 질점들이 처음으로 되돌아갈 수 있다는 것을 전제로 한다. 그것은 처음과 나중이 같다는 것을 의미하며, 시간이 거기에 아무런 영향도 미치지 않았음을 뜻한다. 그러한 생각은 타성적 물질이 지속하지 않는 것으로 보이며 흘러간 시간이 보존되지 않는다는 사실에 기인한다. 그러나 생명현상은 비가역적이다. 물질들은 영원한 현재에만 머무르지만 의식적 존재자에게 과거는 하나의 실재이다. 시간이 지남에 따라 생명체나 의식적 존재에게는 덧붙임(과거가 자꾸 불어나니까)이 있으며, 바로 그 사실은 그들이 에너지 보존의 법칙을 벗어남을 의미한다.

에너지 보존의 법칙을 보편적 법칙으로 생각하는 것은 과학을 정립하려는 필연성이라기보다는 심리적 차원의 오류이다. 우리는 우리 자신을 직접 관찰하는 것이 아니라 밖으로부터 우회적으로 보는 습관을 가지고 있기 때문에, 우리 자신을 타성적 원자에 흐르는 아무것도 변화시키지 못하는 지속으로 생각한다. 그것은 외부세계와 내부세계의 근본적 차이를 무시하고 진정한 지속과 외견상의 지속이라는 전혀 다른 두 지속을 자의적으로 동일시한 것이다.

2. 심리적 결정론: 심리적 결정론의 가장 최근 형태는 연상심리학인데, 그것은 이전의 의식상태가 이후의 의식상태를 결정한다는 이론이다. 그러나 구체적 심리 과정은 오히려 결과가 원인일 경우가 많다. 연상심리학이 말하는 일련의 관념들의 연상은 사실 이미 어떻게 행동할 것인가를 결정한 우리가 그 행동에 부여한 사후적 이유일 뿐이다. 어쨌든 연상주의에 자리잡는다 하더라도 절대적 결정론을

주장하는 것은 아니고, 다만 자아를 심리상태들의 조합으로 생각하여 그들 중 가장 강력한 것이 지배력을 행사함으로써 다른 것들을 이끈다는 정도이다. 그런데 그러한 사고방식의 오류는 수행하려는 행위의 질적 요소는 다 빼버리고 기하학적이고 비인격적인 면만을 남긴 다음, 그것들을 구별하기 위해 그렇게 탈색된 행동의 관념에 어떤 다른 관념을 결부시킨다는 데 있다. 장미의 향기가 어린 시절의 기억을 연상시키는 것이 아니라, 우리는 기억 자체를 마시는 것이다. 객관적으로 불변하는 장미의 향기가 있고 거기에 기억이 연상된다는 것은 그것을 공간화한 것이며, 앞장에서 말한 병치의 다수성과 상호침투의 다수성을 혼동한 것이다. 의식의 상태는 상호 침투해 있으며 서로 속에 녹아 있다. 연상주의의 잘못은 결국 구체적 현상을 인위적 재구성물로 대체하고, 사실의 설명을 사실 자체와 혼동하는 데 있다.

3. 자유로운 행위: 각 심적 상태는 각자의 인격 전체가 반영된 것이다. 그에 반해 언어는 서로 다른 의식상태의 객관적, 비인격적인 측면만을 붙잡은 것이므로, 그것을 병치한다고 해서 구체적 상태 자체를 번역할 수는 없다. 자아를 그 전체가 녹아들어간 고유의 색채에서 파악할 때, 그러한 고유한 내적 상태의 외적 표현이 바로 자유로운 행위이다. 오직 자아만이 그것의 작가이고, 그것이 바로 자아 전체의 표현이기 때문이다.

그렇다면 자유는 절대적이라기보다는 정도차가 있다고 해야 한다. 모든 의식상태가 인격 전체에 스며들어가는 것은 아니기 때문이다. 우선 자아의 표면에는 독립적인 심리상태들이 떠다닌다. 최면이나 갑작스러운 분노, 간질의 발작 등이 그것이다. 그 다음에는 각각의 요소들이 섞이기는 하지만 자아 전체에 완전히 녹아든 것은 아닌 상태들이 있다. 잘 이해되지 못한 교육으로부터 오는 관념이나 느낌들이 그러하다. 그것들은 기생적 자아를 형성하며, 많은 사람들이 진정한 자유를 모른 채 그 속에서 살다가 죽어간다. 마지막으로 근본적 자아가 있는데, 자유로운 결정일수록 거기에 가까워진다.

이렇게 볼 때, 사실 자유로운 행위는 드물다. 우리의 일상적 행동은 끊임없이 움직이는 우리의 느낌들 자체에서 얻는다기보다는 그러한 느낌들이 붙어 있는 의식 표피의 불변의 상으로부터 얻는다. 우리의 감정, 감각, 관념들이 기억 속에 응고되어 우리 행동의 기저를 형성하며 많은 경우 우리는 자동기계처럼 행동한다. 관념 연합설이 적용되는 것은 바로 거기이며, 결정론에 동의할 수 있는 곳도 거기이다. 그러나 우리는 의식의 두꺼운 표층에 싸여 많은 경우 거기에 따르지만, 갑자기 의식의 심층으로부터 반란이 일어날 때도 있다. 그것은 하부의 자아가 표면으로 올라온 것이다. 그러한 격동을 우리는 애써 누르려 했고, 그렇기 때문에 갑작스럽게 그런 행동이 나오는 것을 설명하기 어렵다. 그것은 마치 아무 이유 없이 나온 것 같지만, 사실은 우리 인격 전체로부터 나온 것이다.

결정론은 동일한 자아가 그 역시 동일한 채로 남는 두 개의 대립되는 감정 사이를 오고가다가 어느 한 쪽을 택하는 것처럼 생각한다. 그러나 만약 그 모든 것이 동일한 채로 있다면 어떻게 어느 한쪽으로 결정을 내리겠는가? 숙고의 모든 순간 자아는 바뀌며 그 자아는 또한 그를 흔드는 두 감정을 바꾼다. 그 모든 과정들이 상호 침투하고 서로를 보강하여 자유로운 행위에 도달할 동적 연쇄를 형성하는 것

| 의식에 직접 주어진 것들에 관한 시론

이다. 혹 모든 것이 성격에 달려 있다고 말해도 소용 없다. 우리의 성격이 바로 우리이기 때문이다. 우리는 매일 조금씩 변하며 그러한 변화는 우리 자신으로 녹아들고, 그 전체가 바로 우리이다. 결국 나로부터 그리고 오직 나로부터만 나오는 모든 행동이 자유로운 것이라면, 우리 인격의 징표를 지닌 모든 행동은 분명히 자유롭다. 오직 우리의 자아만이 그것을 낳은 것이기 때문이다.

4. 실재 지속과 우연성: 한 선택자가 X와 Y 둘 사이에서 머뭇거린다고 할 때, 두 개의 반대되는 의식상태가 있는 것이 아니라 계속적이며 상이한 여러 상태들의 섞임이 있는 것이고, X나 Y는 거기서 추출해 낸 대립쌍일 뿐이다. 따라서 그것들은 자체적으로 존재하는 불변의 두 방향이나 경향을 나타내는 것이 아니라 언어의 편의상 갖다 붙인 상징에 불과하며, 존재하는 것은 오직 하나의 망설이는 자아일 뿐이고, 자유로운 행위는 거기서부터 무르익은 과일처럼 떨어지는 것이다. 사람들은 보통 그 두 방향을 어떤 사물로 취급하여 의식의 활동을 X, Y 두 방향이 나뉘는 갈림길에 갖다 놓는다. 그리하여 한편으로는 두 개의 방향을 그리고 다른 한편으로는 활동성 자체를 고정화시켜 두 개의 죽은 부분들 사이에서 망설이는 어떤 일률적인 자아를 생각한다. 그렇게 되면 일단 한쪽을 택했다 하더라도 다른 쪽 역시 계속 남아서 필요에 따라 다시 그리로 갈 수 있을 것이므로, 자유론자는 그런 의미에서 다른 쪽도 마찬가지로 가능하다고 말한다. 그러나 그것은 논리적으로 가장 단호한 결정론으로 접어드는 길을 열어 놓는다.

왜냐하면 자유론자들이 의식의 활동성을 갈림길에 놓았듯이, 그들 중 어느 하나로 갔다는 사실도 설명되어야 하기 때문이다. 즉, 양쪽 길 중 어디를 가든 아무튼 어느 한 길을 선택했다는 이유가 설명되어야 하기 때문이다. 그렇게 되면 다른 길은 열려 있으나마나 이미 선택한 바로 그 길로밖에는 갈 수 없었던 셈이 된다. 결국 의식의 우연성을 설명하려던 도식이 절대적 필연성을 확립하기에 이른다.

결국 자유론자나 결정론자나 X와 Y 사이에 일종의 기계적 진동의 성격을 가진 행동을 앞세우는 데에는 일치한다. 그들의 공통점은 **이미 성취된** 행동 이후에 자리잡고 우리의 의지적 활동 과정을 추상화하여 도식적으로 상징화했다는 것이다. 그것은 실현되고 있는 행동이 아니라, 실현된 행동을 다루고 있는 것이다. 그리하여 다음과 같은 두 가지 질문 사이에서 방황한다. '두 방향이 꼭 같았다면 어떻게 선택할 수 있었는가?'와 '그들 중 하나만 가능하다면 어째서 사람들은 자신이 자유롭다고 믿는 것일까?' 사이에서. 우리의 의식상태를 X, Y라는 도식으로 나타낸다는 것은 시간을 공간으로, 계기를 동시성으로 환원할 수 있다는 것을 전제로 한다. 그런 도식을 제거하면, 결국 결정론은 '행위가 이루어졌다면 이루어진 것이다'라는 것을, 자유론은 '행위가 이루어지지 않았다면 이루어지지 않은 것이다'라는 것을 주장하는 데에 불과하다. 그것은 그러므로 자유의 문제를 건드리지도 않은 것이다.

5. 실재 지속과 예견: 문제를 '모든 전건을 알면 후건이 도출된다'는 형태로 정형화해 보자. 우선 전제 조건을 알면 그럴 듯한 결론을 도출해 낼 수 있다는 것과 틀림없는 예견을 한다는 것은 구별해야 한다. 잘 아는 친구가 어떤 상황에서 어떻게 행동하리라는 것을 짐작

하는 것은 그의 행위를 예견하는 것이라기보다는 그의 현재의 성격, 즉 그의 과거에 대해 판단을 내리는 것이다. 그러나 어떤 사람이 평소 알고 있던 그 사람의 성격과 맞지 않는 행동을 하는 경우는 얼마든지 있다. 결정론자는 이때 그것은 모든 조건을 몰랐기 때문이고 그것을 다 알기만 하면 돌출적 행동까지도 설명할 수 있다고 주장한다. 그러나 이때 내가 내 자신의 의식을 사는 것처럼 단번에 사건의 중요성을 이해해 버리는 것과, 그것을 상징하는 기호에 의해 수학적인 계산에서처럼 서로를 비교하고 측정하는 것은 다르다. 모든 상황을 알면서 한 인간의 행동을 예견할 수 있으려면, 소설가처럼 등장인물의 종국의 행동까지 다 알고 있어서 그때 그때의 사태의 중요성을 판단하거나, 자신이 바로 그 사람이 되어 그의 삶을 직접 살거나 둘 중 하나이다. 전자는 미리 나중까지 다 아는 것이므로 가정에 의해 더 이상 예견의 문제가 될 수 없고, 따라서 배척되어야 한다. 후자는 예견하는 사람이 미리 사유에 의해 예견하는 것이 아니라, 바로 그 사람 자신이 되어야 하고, 단 일초의 단축도 없이 그 사람을 살아야 한다. 그러므로 모든 전건이 주어지면 어떤 행동을 예견할 수 있느냐 없느냐의 문제는 의미 없는 물음이다. 모든 전건이 주어지려면 바로 그 사람 자신이 되어야 하기 때문이다.

이런 논의의 밑바닥에는 반성적 의식의 착각이 깔려 있다. 첫째는 강도를 고유한 질로 보는 것이 아니라 수학적 특성으로 본다는 것이다. 둘째는 구체적 실재, 즉 의식의 동적 진행을 완성된 사실의 물질적 상징으로 대체하는 것이다. 그리고 그 두 착각은 시간과 공간의 혼동이라는 마지막 착각에 기인한다.

의식의 활동을 예견할 수 있다고 생각하는 것은 자연과학의 예견에 의해 영향받았기 때문이다. 그러나 자연과학이 예견할 수 있는 것은 그것이 다루는 시간이 원하는 만큼 마음대로 단축할 수 있는 시간이고, 다시 말해 진정한 시간이 아니기 때문이다. 그러나 의식의 시간은 그것과 완전히 다른 질서이며 단 일초라도 단축하면 전체가 달라지는 지속이기 때문에 그렇게 할 수가 없다.

6. 실재 지속과 인과성: 이제 남은 것은 모든 행위가 심리적 선행조건에 의해 결정된다는 이론, 즉 의식의 사실들이 자연현상처럼 법칙에 복종한다는 이론이다. 이러한 주장은 동일한 원인이 동일한 결과를 낳는다는 것을 함축하는데, 그것은 의식이라는 무대 위에 동일한 원인이 반복해서 나타난다는 것을 가정한다. 그러나 의식의 어떠한 순간도 같을 수 없다. 그것은 따라서 예견을 벗어나는 현상을 대면하는 두려움 때문에 구체적 심리상태의 본성을 보지 않는 데서 성립한 것이다.

물리 현상이 법칙에 종속된다는 것은 동일한 현상이 동일한 형태로 다시 일어난다는 것과 동일한 조건은 동일한 결과를 낳는다는 경험적으로 확인된 원칙을 기초로 한다. 그러나 의식의 영역에서도 그 두 원칙이 성립한다는 것은 경험적으로 증명된 바 없다. 그럼에도 불구하고 그것을 의식에 적용하는 것은 선행하는 현상 속에 결과가 어떤 방식으로든 미리 주어져 있다는 원인에 대한 상식적 관념을 받아들였기 때문이다. 그런데 미리 이루어져 있다(préformation)는 것은 매우 다른 두 가지 의미를 가지고 있다.

우선 정의 속에 여러 정리들이 이미 들어가 있다는 의미에서의 수학적 '미리 이루어짐'이 있다. 물리 현상은 질이 들어가므로 순수 양적인 것은 아니지만, 물리학은 그 중 질적인 것을 빼고 공간적 요소만을 고려함으로써 물질을 연장으로 생각하고 그 연장들 사이의 수학적 관계만을 따지는 데까르트적 관점을 취한다. 그렇게 생각했을 때 인과관계는 동일관계로 무한히 수렴하는 필연적 관계라 할 수 있다. 동일률은 현재 생각하는 것은 바로 그것 자신이라는 명백한 현재 상태에 관한 의식의 자기신뢰이며, 그것은 곧 현재와 현재의 관계이다. 그러나 인과율은 현재에 미래를 연결시키는 것이므로 필연적일 수 없다. 실재 시간의 순간들이 필연적으로 연결되어 있다는 것도, 있었던 것이 계속 있을 것이라는 것도, 동일한 조건이 동일한 결과를 가져올 것이라는 것도 논리적으로 증명할 수 없기 때문이다. 그렇기 때문에 데까르트나 스피노자 그리고 근대 물리학은 모두 원인과 결과 사이에 논리적 필연성을 확립하고, 지속의 작용을 파기하여 계기의 관계를 내속의 관계로, 외면적 인과관계를 근본적 동일관계로 환원하려고 노력했다. 그런데 인과관계를 필연적 결정의 관계로 만들려고 할수록 지속의 작용은 배제된다. 우리가 동일한 여건에서도 오늘과 내일 다르게 움직이는 것이 전혀 이상하지 않은 것은 바로 우리가 지속하는 존재이기 때문이다. 물리적 사물은 지속하지 않기 때문에 동일한 여건은 동일한 결과를 낳는 것으로 보이지만, 물리 현상이 한꺼번에 다 펼쳐지지 않고 계기하는 것은 그것도 어느 정도 지속하기 때문이다. 그럼에도 불구하고 인과율을 필연적 결정관계로 설정한다면, 그럴수록 사물을 지속하지 않는 것으로 만드는 것이며, 그것은 곧 사물과 우리의 차이를 강조하는 것이고, 따라서 우리의 자유를 더욱더 인정하는 것일 수밖에 없다.

그러나 다른 한편, 관념에서 어떤 노력의 느낌을 거쳐 행동으로 나아갈 때, 관념 속에 앞으로의 행동이 미리 그려져 있다는 의미에서의 '미리 이루어짐'이 있다. 이 경우 원인과 결과 사이에 필연적 결정성이 성립하는 것은 아니며, 결과는 순전히 가능적일 뿐이다. 그러나 이때에도 역시 모종의 인과관계는 성립한다. 그러한 인과관계를 사물들 사이에도 적용하면, 사물들의 질은 우리의 자아와 비슷한 상태가 되고 물질계에는 희미하지만 전체에 퍼져 있는 인격성을 부여하게 되며, 의식적 의지는 아니지만 어떤 내적인 추진력에 의해 한 상태에서 다른 상태로의 진행이 일어난다. 그렇게 되면 우리 의식에서와 마찬가지로 외부세계에서도 인과관계가 그렇게 필연적이지 않게 된다. 바로 그러한 이론이 고대의 물활론이며, 라이프니츠는 그것을 끝까지 밀고 나가서 물질을 내면성을 가진 비연장적인 단자로 만들었다. 사실 절대적 필연으로서의 첫번째 인과개념의 극단이 스피노자라면, 원인과 결과 사이의 단절 가능성을 인정하는 두번째 인과개념의 극단은 라이프니츠이다. 첫번째이건 두번째이건 두 인과개념 모두에서 자유는 보존된다. 첫번째 경우는 필연적 결정이 지속하지 않는 사물에만 국한되므로 지속하는 우리에게는 자유가 확보되며, 두번째 경우에는 자연에까지 우연성이 인정되기 때문이다.

그러나 불행히도 우리는 그 두 의미를 동시에 취하는 습관을 가지게 되었고, 자연과학의 압도적 영향을 받아 인과관계를 절대적 필연성의 방향으로 이해하기에 이르렀다. 의식은 절대적 필연성 같은 것을 인정하지도, 이해하지도 못함에도 불구하고, 원래 의식을 통해서만 인식되는 힘의 관념이 일단 자연에 투여된 후에는 거기에 오염되어 절대적 필연성과 혼동되어 버린다. 그리하여 두 외부 현상의 기계적 결정과 우리 행위의 동적인 관계를 동일한 것으로 생각하기에 이른다. 그것은 의식이 자기자신을 직접 보지 못하고 외부세계를 보는 눈을 통해 굴절되게 본 결과이다. 결국 수적 다수성을 배제하는 깊은 의식상태를 상호 외적인 부분들로 분해하고, 상호 침투하는 구체적 지속의 요소들을 공간에 흩어진 물체들처럼 구별되는 순간들로 나타낸 것처럼, 객관화된 우리 삶의 순간들 사이에 객관적 인과관계와 같은 관계를 확립하고, 자유로운 노력이라는 동적 관념과 필연적 결정성이라는 수학적 개념 사이에 삼투압이 일어난 결과, 우리 의식에서까지도 필연적 결정을 생각하게 된 것이다.

자유는 구체적 자아와 그가 수행하는 행동 사이의 관계이다. 우리가 자유롭다는 그 이유 때문에 그 관계는 정의될 수 없다. 왜냐하면 사물은 분석되지만 진행은 분석되지 않으며 연장성은 분해되지만 지속은 분해되지 않기 때문이다. 분석하려면 그것을 고정시켜야 하기 때문에, 바로 그 사실 자체에 의해 진행은 사물로, 지속은 연장으로 그리고 자발성은 타성으로, 자유는 필연으로 변질되어 버린다.

결국 자유에 관한 모든 해명의 요구는 '시간은 공간에 의해 충분히 표상될 수 있는가?' 하는 물음으로 환원된다. 흘러간 시간은 그렇지만, 흐르고 있는 시간은 그렇지 않다. 그런데 자유는 흐르고 있는 시간에서 일어나는 것이지 흘러간 시간에서는 일어나지 않는다. 자유는 따라서 하나의 사실이며, 사람이 인정하는 사실 중에 더 이상 명확한 것은 없다.

결론: 결론부는 문제에 접근하는 기본 입장을 밝히면서 전체를 요약하는 부분과, 이 책의 입장에서 칸트 철학과 대결하는 부분으로 나뉜다.

당대의 심리학은 우리가 우리 자신의 형식을 통해 사물을 본다는 것을 확립하려 했다면, 이 책의 입장은 거꾸로 우리 자신을 외부세계의 형식을 통해 파악하는 것은 아닌가 하는 의심에서 출발했다. 우리가 사물에 적용하는 형식은 우리에게서만 나온 것이 아니라 우리와 사물 사이의 타협의 결과이며, 외부세계를 돈 다음 우리 자신을 다시 파악하려 할 때는 이미 외부세계의 형식에 물들어 있음이 틀림없고, 따라서 우리의 심적 상태는 그러한 외부세계의 특성, 특히 공간성을 제거했을 때에만 비로소 제대로 파악할 수 있다. 그러한 관점에서 심리상태의 강도, 지속, 의지적 결정으로부터 공간 관념을 털어내고 그 진정한 모습을 드러내려 한 것이 지금까지의 내용이다.

칸트의 잘못은 시간을 동질적 장소로 간주한 것이다. 지속과 공간을 혼동했기 때문에 자유는 더 이상 이해할 수 없는 것이 되고, 자유롭고 실재하는 자아를, 지속 밖에 있기 때문에 우리 인식능력으로는 접근할 수 없는 것으로 만들었다. 시간과 공간이 인식형식이라면 안과 밖이라는 구별 자체가 시공의 작품일 것이므로, 시공 자체는 우리 속에도 밖에도 있지 않는 것이 되어 버릴 것이다. 시간이 질료가 들어올 형식이라는 것은 그것이 곧 공간성을 띤다는 것인데, 시간이 공간과 같은 동질적 장소라면 과학은 시간에 대해 공간에서와 같은 효력을 가질 것이다. 그러나 그렇지 않다는 것은 위에서 이미 누누이 밝힌 바이다. 또 시간이 동질적이라면 동일한 사태가 다시 일어날 수 있을 것이고 인과성은 필연적 결정이 될 것이므로 자유는 이해할 수 없는 것이 되어 버린다. 칸트는 거기서부터 지속이 공간과는 다른 이질적인 것이라고 생각하는 대신에, 자유를 시간 밖에, 즉 우리에게 입장이 금지된 물자체의 세계로 넘겨 버렸다. 의식의 상태들을 서로로부터 떨어져 응고된 결정체로 보는 순간, 연상주의자와 결정론자가 출현하여 자유를 금지하거나, 칸트주의자가 출현하여 자유를 신비의 영역으로 끌고 갈 것이다. 그러나 우리가 중요한 결정을 내리는 그 독특한 삶의 순간들의 입장에 선다면, 즉 동적인 통일성과 질적 다수성의 구체적이고도 살아 있는 지속의 입장에 선다면, 자유는 부인할 수 없는 사실이며, 그것을 부인하는 것은 시간과 공간, 계기와 동시성, 지속과 연장성, 질과 양을 혼동하는 데에서 오는 착각일 뿐이다.

자신의 철학을 한 마디로 요약해 달라는 어느 부인에게 베르크손은 상당히 조소 섞인 웃음으로 "나는 시간이 있고, 그것은 공간적이 아니라고 이야기했습니다" 하고 말한 적이 있다. 그것은 사실 그의 철학의 완벽한 요약인데, 위의 『시론』의 내용 중에도 가장 두드러진 특징은 시간과 공간의 이원론이다. 그것을 표로 정리하면 다음과 같다.

시간	삼투압	공간
순수지속 durée pure 실재지속 durée réelle	공간화된(동질적) 시간 temps spacialisé (homogène)	공간 espace 연장성 étendue
질 qualité		양 quantité
비연장적 inétendu		연장적 étendue
강도의 intensif		외연적 extensif
이질성 hétérogénéité		동질성 homogénéité
내재성 intériorité		외재성 extériorité
상호침투 interpénétration		병치 juxtaposition 불가입성 impénétrabilité
(유기적) 조직화 organisation 선율 mélodie		셈 compter
질적(내적, 구별되지 않는) 다수성multiplicité qualita- tive(interne, indistincte)		양적(구별되는) 다수성 multiplicité quantitative (distincte)
계기 succession	동시성 simultanéité	병치 juxtaposition
운동 mouvement		정지 repos
동적 dynamique		정적 statique
과정 processus 진행progrès		사물 chose 상태 èat
진행중 se faisant, s'accomplissant		완성된 fait, accompli

| 의식에 직접 주어진 것들에 관한 시론

운동성 mobilité	제논의 역설 paradox de Zénon	부동성 immobilité 운동의 궤적 trace du mouvement
불가분성 indivisibilité		가분성 divisibilité
자발성 spontanéité		타성 inertie
자유 liberté		필연 nécessité
예견불가능성 imprévisibilité		예견가능성 prévisibilité
정신 esprit 의식 conscience	자동운동 automatisme	물질 matière
내면적(살아있는) 자아 moi interne(vivant)	비인격적(기생적) 자아 moi impersonnel(parasite)	
구체적 concret		추상적 abstrait

　베르크손의 책은 모두 그 제목부터가 종래의 철학에 일대 변혁을 가하는 획기적 성격을 띠고 있다. 『의식에 직접 주어진 것들에 관한 시론』이라는 본서의 좀 긴 제목도 의식에 직접적으로 주어지기 때문에 우리가 늘 겪으면서 그 속에서 살고 있음에도 불구하고 보지 못하고 있었던 것을 밝힘으로써 이전 철학의 허점을 극복하겠다는, 따지고 보면 상당히 도발적인 뜻이 감추어져 있다. 의식이란 우리 자신을 이루고 있는 것, 아니 바로 우리 자신 그 자체이지만, 너무도 가깝게 있기에 오히려 직접적으로 보지 못하고 항상 외부세계로부터 빌려온 형식과 틀, 특히 공간적 사유방식에 의해서 볼 수밖에 없었다는 사실을 자각하고, 그러한 공간적 사유 방식을 털어 내어 내게 직접적으로 드러나는 그대로의 의식을 파악하자는 것이 그 제목의 의미

이다. 그것은 어찌 보면 현상학의 이념과 상당히 유사한데, 사실 후설 자신이 베르크손 철학에 대한 설명을 듣고 자신의 철학과 매우 비슷하다고 감탄하였으며 또 실제로 베르크손을 열심히 읽기도 했다는 이야기가 전해진다. 그러나 현상학에서는 의식에 드러나는 것을 '현상'으로 생각했다는 점에서 역시 칸트의 영향하에 있다고 할 수 있으나, 베르크손에서는 그것을 의식의 직접적 소여이자 실재(實在)로서 인정한다는 점이 완전히 다르다. 전통 철학의 사유방식을 뒤집어서 객관이 아니라 주관의 형식이 우리의 인식 내용을 구성한다는 것이 칸트적 전회라면 베르크손은 그것을 다시 뒤집어 우리 주관이 외부세계를 보는 눈 자체가 외부세계의 존재방식에 물들지 않을 수 없고, 따라서 주관의 형식 자체가 하늘에서 떨어진 것이 아니라 외부세계의 존재방식을 반영하고 있으며, 오히려 외부세계의 존재방식이 우리 자신(의식)을 보는 눈을 형성한다는 것이고, 따라서 그것을 걷어냈을 때 비로소 직접적으로 우리 의식에 주어지는 것을 볼 수 있다는 것이다. 이 모든 것이 칸트처럼 선험적·절대적으로 결정되는 것이 아니라 모두 정도차를 가지고 이루어지는 것이므로 그 세부는 구체적으로 '주어진 것', 즉 데이터에 따라 결정되어야 한다. 어쨌든 주관의 형식도 외부세계의 어떤 면을 반영한 것이기 때문에 완전히 '현상'만일 수가 없고 외부세계의 어떤 진실(물자체라 해도 좋다)을 알려주고 있는 것이며, 우리 자신도 내부로부터 직접적으로 파악되는 것이므로 전면적이지는 않을지라도 일정 부분 생명 전체로 이어지는 자신의 진실을 알려주고 있다. 이렇게 되면, 우리에게는 전혀 알려질 수 없는 물자체라는 군더더기의 이론적 가설을 세울 필요가 없고 부

| 의식에 직접 주어진 것들에 관한 시론

분적 앎은 부분적인 것으로서 나름대로의 가치를 갖는다. 다만 인간은 유한한 존재이므로 모든 것을 알 수는 없고 문자 그대로 부분적 앎을 가질 수 있을 뿐이므로 오직 그런 부분적 앎으로부터 어떻게 전면적 앎으로 가까이 접근하느냐만이 문제가 될 뿐이다. 이때 부분적 앎이란 '현상'처럼 전혀 실재인지 아닌지를 모르는 앎이 아니라 나름대로는 실재를 반영하고 있는 앎이므로, 그것을 잘만 따라가면 얼마든지 실재에 가 닿을 수 있다. 사실 철학(philosophia)이라는 말 자체가 인간의 유한성 때문에 전면적인 앎(sophia)을 알 수는 없지만 거기에 무한히 가까이 가려고 추구한다(philo)는 것을 의미한다. 그리고 그것은 바로 '시론(essai)'이라는 말의 의미이기도 하다. 'essai'란 시도한다는 의미의 'essayer' 동사에서 나온 말로서 그것은 단지 어떤 밑그림을 대충 그려본다거나, 완성품은 아니지만 이런 '시도'도 가능하지 않겠냐고 시험삼아 해본다는 의미가 **전혀** 아니고, 인간으로서 할 수 있는 가장 심각한 노력을 기울여 이루어 낸 것이지만 인간의 유한성 때문에 전면적인 앎이라고는 주장할 수 없는 어떤 것, 즉 전면적 앎으로 무한히 가까이 가려고 '시도한' 인간으로서는 최고의 완성품을 의미한다. 그러므로 그것은 곧 철학과 같은 뜻이며, 우리의 책제목은 결국 '모든 의식 외적인 요소들을 걷어내고 우리가 우리 자신을 보는 직접적·내적 직관에 드러나는 대로의 우리 의식에 주어지는 것들에 충실했을 때, 그것들에서 끌어낼 수 있는 가장 심각한 앎, 즉 철학'이라는 뜻을 가진다.

그렇게 주어지는 것들 중에 가장 중요한 것이 바로 진정한 시간으로서의 지속이며, 지속의 상하에서 자유의 문제를 풀려는 것이 이 책의 내용이므로, 베르크손 자신이 직접 관여한 영어 번역의 제목은 「시간과 자유 의지(Time and Free Will)」였다. 그것은 영어의 뉘앙스를 잘 알던 그가 프랑스 어 제목을 그대로 직역했을 때의 어색함을 의식하고 영어적인 분위기에 가장 적합하게 다시 붙인 제2의 제목이다.

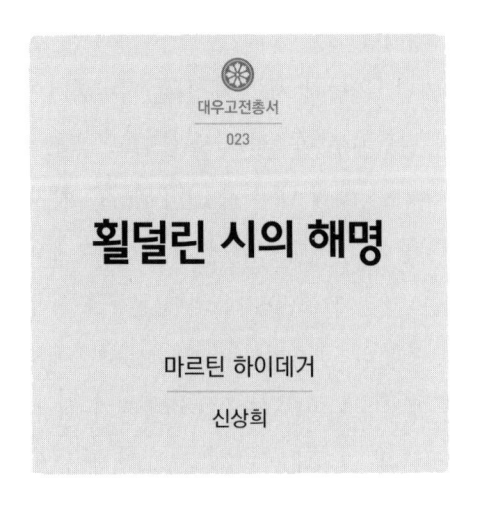

대우고전총서

023

횔덜린 시의 해명

마르틴 하이데거

신상희

1. 이 책의 역사와 학술적 가치

『횔덜린 시의 해명』은 1981년에 독일 비토리오 클로스터만 출판
사에서 펴낸 하이데거의 전집 제4권(제5판)을 완역한 것이다. 이 책
의 초판에는 원래 4편의 글, 즉 「「귀향-친지에게」」, 「횔덜린과 시의
본질」, 「「마치 축제일처럼……」」, 「「회상」」이 실려 있었으나, 1971년
에 출간된 제4판에는 거기에 2편의 글 「횔덜린의 땅과 하늘」과 「시
(詩)」가 추가로 수록되어 단행본으로 출간되었다. 1981년에 하이데거
전집 제4권으로 출간된 이 책에는 3편의 작은 글이 「부록」이라는 명

칭 아래 더 추가되었다.

여기에 완역된 『횔덜린 시의 해명』은 하이데거의 횔덜린 시론의 핵심을 보여주는 매우 귀중한 글들을 담고 있다. 횔덜린 시론은 그의 존재사유의 도상에서 매우 중요한 위상을 차지한다. 1933년 하이데거의 정치참여가 실패로 끝난 후, 그는 존재의 시원을 찾아 새롭게 도약하는 가운데 생기-사유의 근본구조를 형성해 나간다. 1936~1938년에 집필한 『철학에의 기여』(전집 65권)에서 그는 그의 후기 사유의 모든 궤적과 지평을 열어 보이는 생기-사유의 근본구조를 체계적으로 구성한다. 그런데 이러한 구성과정에서 결정적으로 중요한 사유의 동인을 제공하는 것이 바로 1930년대 중반부터 그가 본격적으로 관심을 갖기 시작한 예술과 시의 본질에 대한 깊은 통찰이었다. 하이데거는 일찍이 1934/35년 겨울학기에 프라이부르크 대학교에서 횔덜린에 관한 강의—이 강의는 「횔덜린의 송가 '게르마니엔'과 '라인 강'」이라는 제목으로 그의 전집 39권에 실려 있다—를 처음으로 개최하였고, 그의 예술론의 정수를 보여주는 『예술작품의 근원』을 1935년에 발표하였다. 또한 횔덜린 시론의 핵심을 보여주는 『횔덜린과 시의 본질』을 그는 다음 해인 1936년에 발표한다. 예술의 본질과 시의 본질에 대한 그의 놀라운 통찰은 특히 『철학에의 기여』에서 체계화된 생기-사유의 여섯 가지 근본구조 가운데 '터닦음(근거지음)'과 '도래할 자들' 그리고 '궁극적 신'을 형성함에 있어서 결정적인 역할을 하고 있다. 이러한 통찰이 이루어진 1930년대 중반 이후부터 그가 걸어가는 존재사유의 근본지형은 더 이상 본질적으로 바뀌지 않을 만큼, 횔덜린에 대한 하이데거의 관심은 매우 각별한 것이었다. 횔덜린에 대한 그의 뜨거운 관심은 1940년대에 진행된 일련의 횔덜린-강의들로 이어질 뿐만 아니라, 이 책에 실려 있는 「횔덜린의 땅과 하늘」에서 뚜렷하게 보이듯이 그의 말년의 사유에서도 지속적으로 이어지고 있다.

하이데거는 횔덜린을 통해서 수없이 많은 영감과 자극을 받았다. 땅과 하늘, 죽을 자들과 신적인 것들이 하나로 어우러져 펼쳐지는 '사방세계'에 대한 그의 통찰은 전적으로 횔덜린의 시세계에서 발원된 것이다. 그가 후기사유에서 사유함과 시지음의 상보적 관계에 관해 끊임없이 논의하는 것도, 그에 대한 횔덜린의 영향 속에서 개진되는 것이요, 또한 시원과 성스러운 존재 그리고 더 나아가 신과 신들에 대해서 그가 부단히 물음을 제기하면서 사유의 세계를 펼쳐나간 것도 성스러운 자연과 고향으로의 귀환을 노래하는 횔덜린의 시에서 언제나 부단히 자극을 받아 창조적으로 승화시켜나가는 사색의 노정 속에서 이루어진 것이었다. 이렇듯 하이데거의 횔덜린 시론은 그의 생기-사유의 근본구조를 형성함에 있어서 결정적으로 중요한 역할을 하고 있기에, 하이데거의 후기 사유를 제대로 이해하고 싶은 독자라면, 반드시 이 책을 정독해 읽으면서 숙고해나가지 않으면 안될 것이다.

2. 시짓는 사유 : 사유하는 시—하이데거의 횔덜린 시론

필자는 이 글에서 하이데거의 횔덜린 시론을 다룬다. 횔덜린은 존재의 진리가 생기하는 성스러운 장소를 순수하게 열어 밝히면서 상주하는 것을 언어 속에 수립하는 가운데 시의 본질을 시짓고 있기에, 하이데거는 그를 시인 중의 시인이라고 부른다. 필자는 그를 궁핍한 시대의 시인이라고 규정한 하이데거의 시론을 충실히 추적하면서, 그의 시짓기는 언어에 의한 존재의 수립인 동시에 인간이 살아가는 시원적인 삶의 밑바탕으로서의 터-있음의 터(das Da des Da-Seins)를 환히 밝히는 진리의 수립이라는 점을 강조한다. 횔덜린은 인간이 이 땅 위에 인간답게 거주하기 위한 시원적인 삶의 척도를 신성의 차원 속에서 마련하는 가운데 시를 짓는다. 이런 논의과정에서 그의 시짓기는 거주함의 근원적 차원 혹은 존재의 시원적 차원을 열어놓는 창조적 기투행위라는 것이 밝혀진다. 또한 그의 시는 그 본질에 있어서 성스러운 것이 현성하는 고향의 근원 가까이에 다가가는 귀향자의 노래이기에, 필자는 특히 「귀향」을 중심으로 그의 시에 나타난 귀향의 의미를 숙고해본다. 이런 숙고의 과정에서 필자는 고향의 고유한 본질을 깨우치려는 신중한 사유의 자세가 대지의 아들들인 우리들에게도 요구된다는 것을 강조한다. 이 글의 결미에서는 시지음과 사유함의 대화에 관해 살펴본다. 시지음은 상주하는 것을 수립하는 사유함이기에, 시지음은 사유함과 동일한 차원에 있다. 그러나 동일하다는 것이 양자의 차이를 배제하는 것은 아니다. 이런 점에서 횔덜린의 시지음과 하이데거의 사유함 사이에는 모종의 대화가 요구된다. 필자는 '시짓는 사유'라는 낱말 속에서 이 둘의 차이를 가리켜보이는 가운데 대화의 차원을 열어놓으면서, '시짓는 사유'의 본질성격에 관해 숙고해본다.

1. 존재의 수립과 진리의 수립으로서의 시짓기

1.1 존재의 수립으로서의 시짓기

하이데거는 횔덜린을 '시인 중의 시인'[01]이라고 칭송한다. 그의 시는 그의 시대의 여타의 시인들과는 다르게, 그 안에서 신들과 사물들의 본질이 티없이 맑게 현성하는 존재의 성스러운 자리를 순수하게 열어놓으면서 시의 본질을 근원적으로 시짓고 있기 때문이다. 여기서 본질이란 모든 개개의 시들에 공통적으로 타당한 어떤 보편적 규정이나 모든 시문학에 공통적으로 적용되는 시의 일반적 개념을 가리키는 것이 아니라, 존재자 자체를 언어 속으로 데려와 작품 속에 개방적으로 드러내어 참답게 보존하는 그런 시 예술의 본래적 활동을 가리킨다. 하이데거는 일찍이 「예술작품의 근원」에서 다음과 같이 말한 바 있다.

모든 예술은 존재자로서의 존재자의 진리의 도래가 일어나게 함으로서 **그 본질에 있어 시짓기**(Dichtung)이다. 거기에서 예술작품과 예술가가 동시에 존립하게 되는, 그런 예술의 본질이란 진리가 스스로를-작품-속으로-정립함이다. 예술의 이러한 시짓는 본질로부터 예술이 존재자의 한가운데에서 열린 곳을 열어젖히게 되며, 이 열린 곳의 열려 있음 안에서 모든 것이 예전과는 다르게 존재하게

---

01 M. 하이데거, 「횔덜린과 시의 본질」, 『횔덜린 시의 해명』, GA Bd.4, Vittorio Kloster-mann Verlag, Frankfurt a. M., 1981, 34쪽 및 47쪽(이하 원문의 쪽수를 따름).

된다.[02]

　시 예술의 본래적 활동으로서의 시짓기란, 시인이 자신의 상상력을 동원하여 임의적으로 어떤 것을 착상하여 구성하는 그런 한갓된 상상의 언어활동이 아니라, 오히려 그것은 과거·현재·미래로 파열되어 나가는 무상한 시간의 흐름 속에서 '상주하는 것(ein Bleibendes)을 포착하여 그것을 낱말로 가져와' '낱말 속에 수립하는 것'이다.[03] 여기서 상주하는 것이란, 일체만물을 지탱해주고 두루 지배하면서 도처에 편재하고 있는 성스러운 자연(φύσις)으로서의 **단순하고도 소박한 존재**를 말한다. 이러한 존재가 열린 장 속으로 들어와 환히 밝혀질 경우에, 존재자는 존재자로서 있는 그대로 현상할 수 있다. 따라서 예술의 본래적 활동으로서의 시짓기란, 그 안에서 존재자가 존재자로서 환히 밝혀져 존재하는 그런 존재의 열린 장을 환히 밝히는 창조적 기투행위이다. 하이데거가 보기에, 횔덜린의 시는 모든 유희의 작업에 앞서 이러한 존재의 알-레테이아가 생기하는 성스러운 장소를 '가장 순결한(das unschuldigste)'[04] 시어로서 담아놓고 있기 때문에, 하이데거는 그를 특히 시인 중의 시인이라고 부른다. 시인은 신들을 명명하고 모든 사물을 그것들이 존재하는 그 본질에 있어서

---

02 M. 하이데거, 「예술작품의 근원」, 『숲길』, 신상희 옮김, 나남출판, 2008, 102쪽 이하.

03 M. 하이데거, 「횔덜린과 시의 본질」, 『횔덜린 시의 해명』, 40쪽 이하 참조. 또한 횔덜린의 시 「회상」의 마지막 시구 "Was bleibt aber, stiften die Dichter."(상주하는 것을 그러나, 시인들은 수립한다.)를 참조할 것.

04 같은 책, 34쪽 참조.

명명하는 가운데,[05] 이러한 존재를 낱말 속에 수립한다. 이런 점에서 시짓기란 '낱말에 의한 존재의 수립(die worthafte Stiftung des Seins)'이다.[06]

휠덜린은 혼잡한 세상의 일상으로부터 벗어나 성스러운 것이 현성하는 존재의 근원으로 다가가 시의 본질을 새롭게 수립함으로써, 신들이 사라져버린 세계의 밤의 시대에 신들이 다시 도래하도록 온전한 것의 흔적을 노래하면서 새로운 시대의 여명을 밝히는 역사의 '선구자'이다. 이런 의미에서 그는 '신들의 흔적을 죽을 자들에게로 가져오는' '궁핍한 시대의 시인'이다.[07] 궁핍한 시대(die dürftige Zeit)란, 신성의 빛이 세계사에서 사라져버려 신을 상실한 사람들이 신의 결여를 더 이상 신의 결여로서 감지할 수조차 없게 된 암울한 시대의 밤을 가리킨다. 그러나 시인에게 그 밤은 '성스러운 것을 데려오는 낮의 어머니로서의 성스러운 밤'[08]이다. 따라서 그는 밤의 어둠을 견뎌내면서 그 어둠 속에서 온전하지 않은 것을 온전하지 않은 것으로서 경험하는 가운데, 성스러운 것의 흔적을 찾는 도상에 있다. "온전한 것은 성스러운 것을 부르면서 눈짓한다. 성스러운 것은 신적인 것을 불러들인다. 신적인 것은 신을 가까이 오게 한다."[09] 비록 그가 살

---

05 같은 책, 41쪽 참조.

06 같은 책, 42쪽 참조.

07 M. 하이데거, 「무엇을 위한 시인인가?」, 『숲길』, 신상희 옮김, 나남출판, 2008, 400쪽 및 469쪽 참조.

08 M. 하이데거, 「회상」, 『휠덜린 시의 해명』, 110쪽 참조.

09 M. 하이데거, 「무엇을 위한 시인인가?」, 『숲길』, 468쪽 이하 참조.

던 시대가 천상의 신들이 떠나가버리고 신성의 빛이 사라졌기에 궁핍하다고는 하더라도, 그는 세상이 개벽된 이래로 천상적인 것으로 있어온 존재의 신성한 흔적을 회상하고, 도래할 신들을 기다리는 가운데 홀로 고독한 밤 속에 머무르면서, 신들의 언어를 눈짓으로 받아 자기 민족에게 그 눈짓을 '성스러운 존재의 말 없는 소리'로 전해주고자 했던 위대한 시인이다.[10] 이런 점에서 그는 「빵과 포도주」에 담긴 그 자신의 시어로 표현하면, '성스러운 밤에 이 나라에서 저 나라로 여행하는 디오니소스 신의 성스러운 사제'를 닮았다고 말할 수 있다.

이러한 횔덜린의 경험에 따르면, 사라져버린 신들의 흔적을 세계의 밤의 어둠 속으로 가져오는 자는 디오니소스 주신이다. 왜냐하면 디오니소스 신은 '포도나무와 그 열매 속에 동시에 땅과 하늘의 본질적인 서로 향함(Zueinander)을 인간들과 신들을 위한 결혼축제의 장소로서 참답게 간직하고 있기'[11] 때문이다. 여기서 '결혼'은 땅과 하늘, 인간들과 신들, 이 모든 것이 무-한한 관계의 중심에서, 즉 '위대한 시원'[12]에서 하나로 어우러지며 친밀해지는 것이기에, 이런 의미에서 결혼은 이미 일체만물의 성스러운 깨어남과 어울림을 위한 축제이다. 아울러 그 안에서 각각의 모든 것이 서로가 서로에게 속한 채 자신의 고유한 존재를 획득하면서 조화를 이루는 '무-한한 관계의 제전'[13]이다. 이러한 제전으로서의 결혼축제는 성스러운 것이 고

---

10 M. 하이데거, 「횔덜린과 시의 본질」, 『횔덜린 시의 해명』, 46쪽 참조.
11 M. 하이데거, 「무엇을 위한 시인인가?」, 『숲길』, 398쪽 참조.
12 M. 하이데거, 「횔덜린의 땅과 하늘」, 『횔덜린 시의 해명』, 171쪽 참조.
13 같은 책, 173쪽 참조.

유하게 생기하는 사건이기에,[14] 이렇듯 땅과 하늘, 그리고 죽을 자들과 신적인 것들이 하나로 어우러져 성스럽게 펼쳐지는 축제의 장소[15]를 노래하면서, 시인은 이러한 주신의 성스러운 사제로서 신들과 민족(인간) 사이에 홀로 서서, 일체만물의 생생한 활력과 신성한 존재연관들이 그 안에서 무한히 약동하는 이 사이 영역을, 다시 말해 무-한한 관계의 열린 영역을 시어(詩語)로 꽃피워낸다. 그러나 시인에게 존재를 수립할 낱말이 발견되어 활짝 꽃피어나기 전까지, 그는 침묵 속에서 힘겨운 고통의 시간을 견디어내야 한다. 그 시간은 천상의 빛을 타고 도래하는 신들과 성스러운 것이 시인의 정신(영혼) 속에 닻을 내리는 시간이요, 따라서 신성하게 탄생하는 모든 것에 앞서 분만의 고통이 수반되는 성스럽게 강요된 절박한 시간이다. '성스러운 불빛이 시인에게 갑자기 내리칠' 때, 그 순간 '시인에게는 신성한 충만이 축성된다.'[16] 시인이 짓는 시의 본질은 이렇듯 성스러운 것에 에워싸인 채 신들의 눈짓과 민족의 소리라는 이중적 법칙 속에서 수립된다.[17] 이러한 법칙 속에 구속된 채 시의 본질을 가장 순수하게 낱말로 담아 놓은 그의 시 「마치 축제일처럼……」은 시인의 사명을 다음과 같이 노래하고 있다.

---

14 M. 하이데거, 「회상」, 『횔덜린 시의 해명』, 105쪽 참조.

15 이런 점에서 축제의 장소는 땅과 하늘, 그리고 죽을 자들과 신적인 것들을 하나로 모으는 사방세계와 같은 것이자, 이 넷이 속해 있는 무-한한 관계의 친밀한 중심이다.

16 M. 하이데거, 「마치 축제일처럼……」, 『횔덜린 시의 해명』, 69쪽 참조.

17 M. 하이데거, 「횔덜린과 시의 본질」, 『횔덜린 시의 해명』, 46쪽 참조. 시인은 신들의 눈짓을 죽을 자들인 대지의 아들들에게 전해주는 전령과도 같은 존재이기에, 횔덜린은 이런 의미에서 시인을 반신(Halbgott)이라고 부른다.

하지만 그대 시인들이여! 우리에게 주어진 사명은,

신의 뇌우 아래, 맨머리로 서서,

아버지의 불빛을 몸소 제 손으로 잡아,

그 천상의 선물을 노래로 감싸

민족에게 건네주는 것이리라.[18]

그의 시는 신성의 빛이 존재하는 모든 것 안에서 찬란히 빛나기 시작하는 이러한 사이 영역—즉 신들과 민족 사이의 영역—을 열어 놓고, 이 사이 영역 안에 상주하는 일체의 성스러운 존재를 시어로 수립하고 있다는 점에서 시의 본질을 근원적으로 시짓고 있는 것이다. 시인의 말함은 일찍이 존재의 성스러움 속에 스스로를 감추면서 머무르고 있던 신들이 자연의 신성한 모습 속에 현존하는 방식으로 나타나 성스럽게 도래하는 비밀을 시로 짓는 것이다. 그는 근원 가까이에 귀향하는 가운데 이러한 비밀을 시로 짓되, 그것의 비밀을 벗겨 해체하는 방식으로 시를 짓는 것이 아니라, 오히려 '비밀을 비밀로서 수호하는' 가운데 시를 짓는다.[19] 그래서 시인의 시짓는 말함은 비밀스러운 방식으로 가까이 다가오는 신들과 성스러운 자연의 도래를 조용히 부르기 위해 천부적으로 사용되는 명명함이다. 여기서 천부적으로 '사용되는' 명명함이란, 시인의 말함이 시인 자신의 자의적인 의지에 의해 일방적으로 이루어지는 것이 아니라는 사실을 함축한

---

18 M. 하이데거, 「마치 축제일처럼······」, 『횔덜린 시의 해명』, 49~50쪽에서 재인용.

19 M. 하이데거, 「귀향」, 『횔덜린 시의 해명』, 24쪽 참조.

다. 오히려 시인의 시짓는 말함은 명명되어야 할 것 자체가 그 자신의 본질로부터 시인의 입을 통해 말해지도록 강요하고 있다는 것을 뜻한다. 다시 말해 횔덜린이 그의 시에서 명명하는 저 성스러운 것은 시인의 순결한 영혼을 통해 그 자신이 말해지도록 성스럽게 강요하는 것이요, 이런 방식으로 성스러운 것이 시인에게 말을 선사하면서 그 자신이 시인의 시짓는 낱말 속으로 도래해오는 것이다. 따라서 상주하는 것을 수립하는 시인의 시짓는 말함은 성스러운 것의 노래이다. '성스러운 것의 노래'라는 말에서의 소유격 '의'는 주어적 소유격인 동시에 목적어적 소유격이다. 즉 시인의 노래는 성스러운 것이 시인의 말 안으로 도래하여 말을 걸어오는 그런 노래인 동시에, 시인이 성스러운 것의 말 없는 소리에 응대하여 그 소리를 받아 시짓는 낱말 속에 수립하는 그런 노래이다. 이런 점에서 시인의 시짓기는 '성스러운 것의 생기-사건(Ereignis)'[20]이다. 그래서 시인은 송가 「도나우 강의 원천」에서 이렇게 말한다.

> 성스럽게 강요된 채로, 우리는 그대를 부른다, 자연이여!
> 우리는 그대를 자연이라고 부른다. 그리하여 새로 목욕하고 나온 듯,
> 그대로부터 신성하게 탄생된 모든 것이 나온다.[21]

이렇듯 그의 시는 성스러운 것에 의해 강요되고 매혹되어 이 성

---

20 M. 하이데거, 「마치 축제일처럼...」, 『횔덜린 시의 해명』, 76쪽 이하 참조.
21 M. 하이데거, 「詩」, 『횔덜린 시의 해명』, 187쪽에서 재인용.

스러운 것이 스스로 생기하는 존재의 근원 가까이에 다가가 이러한 가까움 속에 친숙해지는 것이다. 또한 성스러운 자연 속에 살고 있는 신들 가까이에 거주하는 이러한 가까움의 비밀을 낱말에 담아 수호하는 것이다.[22] 그는 이렇게 근원 가까이에 다가감으로써 고향으로 귀환하는 것이요, 그래서 시인의 천부적 사명에 몰입하여 충실하게 지어진 그의 모든 노래는 단적으로 '귀향의 詩(Gedicht)'라고 하이데거는 말한다.[23]

하이데거의 이러한 지적에 따르면, "시인의 말함은 신들의 도래를 가리키면서, 감추기도 하고 드러나기도 하는 신들의 도래가 현상하도록 하기 위해 사용되는 것이요, 또한 거꾸로 신들은 자신들의 도래가 현상하기 위해서, [그리하여] 신들이 현상하는 가운데 비로소 신들 자신으로 존재하기 위해서, 시인의 말을 필요로 하는 것"이다.[24] '신들이 시인을 필요로 하고 이에 상응하여 시인이 사용된다고 조심스럽게 말함으로써 횔덜린은 시인의 본분(Dichtertum)에 대한 근본경험을' 고백한다.[25] 단적으로 말해서, 사상가가 존재의 필요(Brauch)에 의해 사용되는 자이듯,[26] 시인은 신들과 성스러운 것의 필요에 의해

---

22 M. 하이데거, 「귀향」, 『횔덜린 시의 해명』, 25쪽 참조.

23 M. 하이데거, 「부록」, 『횔덜린 시의 해명』, 193쪽 참조

24 M. 하이데거, 「詩」, 『횔덜린 시의 해명』, 191쪽 참조.

25 같은 곳 참조.

26 M. 하이데거, 「아낙시만드로스의 잠언」, 『숲길』, 547쪽 참조. 하이데거는 『숲길』 마지막 문장에서 다음과 같이 말하면서 글을 맺는다. "그러나 존재가 그 본질에 있어 인간의 본질을 **필요로 한다**면? 그리고 인간의 본질은 존재의 진리를 사유하는 데 있다고 한다면? 그렇다면 사유는 존재의 수수께끼에서 시를 지어야 한다. 그것은 일찍이 사유된 것을, 사유해야 할 것의 가까이 안으로 데려간다."

사용되는 자이다. 따라서 궁핍한 시대에 시인이 떠맡아야 할 시인의 본래적 사명은, 신들이 사라져버린 세계의 밤의 시대에 '신성에 이르는 흔적으로서의 성스러움'을 조용히 노래하고 이 성스러움이 현성하는 존재의 진리(Wahrheit als Lichtung)의 자리를 수립하면서 '시의 본질을 고유하게 시짓는' 데에 있다고 하겠다.[27] 이런 점에서 그의 시짓기는 **'존재의 수립'**[28]이자 **'진리의 수립'**[29]이라고 말할 수 있다.

1.2 진리 수립으로서의 시짓기

이러한 진리의 수립으로서의 시짓기에 의해 존재자가 근원적으로 탈은폐되는 **존재의 시원적 차원**이 열린다. 이 새로운 차원은 일체의 존재자를 넘어서면서 각각의 존재자에게 자신의 현존을 수여해주는 것이기에, 그것은 넘쳐흐르는 것이다. 진리의 수립은 이러한 넘쳐흐름(Überfluß)을 자유롭게 허용해준다는 의미에서의 선사함(Schenken)이다.[30] 이러한 진리의 수립으로서의 시짓기는, 신성의 빛 안으로 각각의 역사적 민족이 이미 내던져져 있는 삶의 성스러운 터전을 시원적으로 열어놓는 행위이다. 이러한 성스러운 터전이 바로 자연적으로 존재하는 우주만물과 함께 그 민족의 공동체를 지탱해주고 감싸주는 한 민족의 대지가 된다. 한 민족의 대지는 거기에서 그 민족

---

27 M. 하이데거, 「무엇을 위한 시인인가?」, 『숲길』, 400쪽 및 「횔덜린과 시의 본질」, 『횔덜린 시의 해명』, 34쪽 참조.

28 M. 하이데거, 「횔덜린과 시의 본질」, 『횔덜린 시의 해명』, 45쪽 참조.

29 M. 하이데거, 「예술작품의 근원」, 『숲길』, 110쪽 참조.

30 같은 책, 110쪽 참조.

이 체류해왔고 지금도 여전히 체류하고 있으며, 또 앞으로도 체류해야 할 공동체적 삶의 시원적 밑바탕이다. 횔덜린의 시는 이러한 민족의 대지를 열어놓으면서 그 민족이 일체만물과 더불어 역사적으로 체류해야 할 삶의 시원적 밑바탕을 근거지으면서 정초하고 있다.

이런 점에서 하이데거가 보기에, 횔덜린의 시는 인간존재로서의 터-있음(Da-sein)의 환히 밝혀진 터(das gelichtete Da als Lichtung), 즉 인간존재의 근원적 밑바탕을 환히 열어 밝히면서 이러한 진리(Wahrheit als Lichtung qua Aletheia)의 터전 안에서 신들과 성스러운 존재 그리고 사물들의 본질을 근원적으로 명명하면서 낱말로 수립하는 사유의 섬세한 작업이다. 그래서 횔덜린의 '사유하는 시(die denkende Dichtung)'는 '시짓는 사유(das dichtende Denken)'의 근원적 처소(Ortschaft)를 그의 작품 속에 새겨놓으면서 이러한 장소에 친밀하게 거주하고 있다고 하이데거는 생각한다.[31] 여기서 시짓는 사유의 근원적 처소란, 그때마다 죽을 자들로서의 우리들 각자에게 신성의 빛이 존재의 진리로서 스스로 성스럽게 생기하면서 인간들과 신들 사이의 결혼축제의 장소를 열어놓고 세계가 세계화하고 사물이 사물화하는 존재의 환히 트인 터(Lichtung), 즉 우리들 자신의 삶의 시원적 밑바탕을 가리킨다.

우리가 횔덜린의 시를 조용히 읽다 보면, 우리는 자신도 모르는 사이에 자신의 존재의 근본바탕 안으로 스스로 인도되어가는 신선한

---

31 M. 하이데거, 「회상」, 『횔덜린 시의 해명』, 84쪽 및 「무엇을 위한 시인인가?」, 『숲길』, 401쪽 참조. 횔덜린이 도달한 이 근원적 처소는 "그 자체 존재의 역사적 운명에 속해 있어서 이러한 역사적 운명으로부터 시인에게 부여된 존재의 개방성"이다.

존재경험을 얻기도 하는데, 그것은 횔덜린의 시가 '인간이 이 땅 위에 시적으로 거주하는' **삶의 차원**을 시원적으로 열어놓고 있기 때문일 것이다. 그래서 하이데거는 이렇게 말한다. "시지음은 거주함의 차원을 본래적으로 가늠하는 활동으로서 시원적인 짓기이다. 시지음은 인간의 거주함을 비로소 그것의 본질 안으로 들어서게 한다. 시지음은 근원적으로 거주하게 함이다."[32] 시인은 시적인 삶 자체를 가리켜 보이면서, 그것을 역사적 인류가 그 안에 거주하는 거주함의 차원 속으로 수립해나간다. 그런데 시인은, 인간이 실로 이 땅 위에 인간답게 거주하기 위한 시원적인 삶의 척도를, 아직은 알려지지 않은 신들이 도래하는 **신성(Gottheit)의 차원** 속에서 마련하는 가운데, 시를 짓는다. 시인은 우리에게 친숙한 사물들의 현상들 안에서 보이지 않는—혹은 보일 수 없는—은닉된 낯선 것을 불러내기도 하고 또 그런 현상들 속으로 불러들이기도 하면서, 보이지 않는 것을 비밀스러운 방식으로 보이게 한다. 그리하여 시인이 신성의 빛에 의해 자신을 가늠할 수 있을 때, 그리고 이런 가늠함이 스스로 생기하여 그 자신의 것이 될 때, 시인은 시적인 삶의 본질로부터 시를 짓는다.[33] 시인이 자신의 것을 소유하게 되자마자, 그는 천부적으로 소명된 자신의 사명에 더욱 철저해지고, 그리하여 그는 자신이 짓는 시의 시인으로서 존재하게 된다.

　이렇게 시의 본질을 시원적으로 시 짓고 있는 횔덜린의 시를 읽

32　M. 하이데거, 「인간은 시적으로 거주한다……」, 『강연과 논문』, 이기상·신상희·박찬국 옮김, 이학사, 2008, 264쪽 참조.

33　같은 책, 268쪽 참조.

어나갈 때, 우리에게는 그의 시 속에서 말해진 것 가운데 아직도 여전히 말해지지 않은 것을 냉철하게 사유하면서 경험해나가려는 자세가 요구된다. 우리가 이러한 경험의 차원에 이르게 될 때, 우리는 사유함(Denken)과 시지음(Dichten)의 '존재사적 대화(eine seinsgeschichtliche Zwiesprache)' 속으로 들어갈 수 있다.[34] 그러나 이러한 존재사적 대화가 제대로 펼쳐지기 위해서는, 우리가 우선 시인의 말에 조용히 귀 기울이면서 그의 시를 회상할 수 있어야 하겠고, 또한 그러기 위해서는, 무엇보다 먼저 우리 자신이 근원 가까이에 체류할 준비를 갖춘 채 근원 가까이로 모험하면서 다가가는 **사유하는 귀향자**가 되어야 할 것이다.

2. 귀향의 의미에 대한 숙고

우리는 이제 근원 가까이에 다가가는 사유하는 귀향자가 되기 위해서, 귀향의 본질을 노래한 횔덜린의 비가 「귀향」에 조용히 귀 기울여본다.[35] 여기서 우리의 귀 기울임은 횔덜린의 '사유하는 시'에 조음하며 상응하는 '시짓는 사유'가 되어야 할 것이다. 횔덜린은 1801년 이른 봄 가정교사로 일하던 곳인 스위스의 하우프트빌을 떠나 콘스탄츠의 보덴 호를 건너 고향 땅 슈바벤으로 돌아온다. 우리는 '귀향'이라는 말을 들으면, 흔히 고향에 도착하여 고향 사람들과 재회하는

---

34 M. 하이데거, 「무엇을 위한 시인인가?」, 『숲길』, 402쪽 참조.
35 M. 하이데거, 「귀향」, 『횔덜린 시의 해명』, 9~12쪽 참조. 앞의 번역문을 참조하라.

기쁨을 생각하게 된다. 그러나 귀향자가 찾고 있는 것, 고향의 다정하면서도 찬란히 빛나는 모습, '그것은 가까이 있고 이미 그대와 만나고 있'되,[36] 진정으로 찾아야 할 귀한 것, 즉 '고향의 가장 고유한 본질'은 그에겐 아직은 고유하게 양도되지 않은 상태로—다시 말해 거절된 상태로—'비축되어(gespart)' 있다고 시인은 말한다. 고향은 시인의 시짓는 정신의 원천이요 근원적 바탕이기에, 그것은 고향의 고유한 것을 파악하려는 시인의 앎의 의지를 향하여 맨 먼저 다가오게 마련이지만, 그러나 고향은 이러한 다가옴 속에서 스스로를 닫아버린다. "왜냐하면 [고향의] 근원은 자신이 발원해 나오는 동안에만 맨 먼저 스스로를 나타내보이기 때문이다. 그러나 [근원이 발원한다고 말할 때,] 이 발원함과 가장 가까운 것은 발원되는 것이다. 근원은 이렇게 발원되는 것을 자기로부터 떠나보낸다. 그리하여 근원은 이렇게 발원되는 것 자체 속에서 스스로를 나타내 보이는 것이 아니라, 그것[발원되는 것]의 배후 속으로 스스로를 은닉하면서 물러선다."[37] 그래서 시인에게 친숙한 것으로 나타난 고향의 모습은 이미 고향의 친밀한 가까움(Nähe)이 아니다. 물론 고향의 친숙한 모습은 고향의 근원으로부터 발원된 것이기는 하지만, 고향의 근원은 고향의 고유한 본질을 파악하려는 시인에게서 스스로 물러나버리기 때문에, 귀향하는 방랑의 시인은 고향을 곧바로 발견할 수 없다. 시인의 시짓는 정신은 고향의 친숙한 모습으로 돌아가 그 안에서 고향의 고유한 본질을 찾으려

36 횔덜린, 「귀향」 제4연 참조.
37 M. 하이데거, 「회상」, 『횔덜린 시의 해명』, 92쪽 참조.

고 하지만, 고향의 근원은 그에게 닫혀 있기에, 고향을 찾으려는 시인의 노력은 언제나 헛된 수고가 되고 만다. 사태가 실로 이러한 것이라면, '진정한 귀향'은 고향사람들에게 거절되어 유보되어 있는 고향의 고유한 본질이 자신을 보내오는 저 낯설고도 비범한(ungewöhnlich) '친숙하지 않은 존재(das Unheimlichsein)'[38]의 비밀스러운 현성을 통해 이제 그들에게 비로소 친숙해지는 데에서 성립할 것이요, 따라서 고향 사람들이 진정으로 '고향에 친숙해지는 것(das Heimischwerden)을 이제 비로소 배우고',[39] 그리하여 마침내 고향의 '고유한 것을 자유롭게 사용하는 것을 배우는'[40] 데에서 성립할 것이다.

그래서 하이데거의 지적에 따르면, 귀향자가 고향 땅에 도착했다고 해서 그가 진정 고향에 이른 것은 아니며, 따라서 고향은 '얻기 힘든 것', '닫혀 있는 것'이다.[41] 그렇다면 고향의 가장 고유한 본질은 어디에서 자신을 스스로 내보여주고 있는가? 고향의 본질은 어디에 보존되어 있는가? 횔덜린의 시에 대한 하이데거의 사유에 따르면, 그것은 '온전한 것(das Heile)'[42] 가운데 보존되어 있다. 온전한 것은 친숙한 것 가운데 고향의 본질을 온전하게 보존하고 있는 것이요, 이

---

38 같은 책, 93쪽 및 103쪽 참조.

39 M. 하이데거, 「귀향」, 『횔덜린 시의 해명』, 14쪽 참조

40 M. 하이데거, 「회상」, 『횔덜린 시의 해명』, 117쪽 참조.

41 M. 하이데거, 「귀향」, 『횔덜린 시의 해명』, 13쪽 및 「회상」, 『횔덜린 시의 해명』, 93쪽 참조. "[고향의] 고유한 것은 가장 먼것이고, 가장 고유한 것에 이르는 길은 가장 길고도 어려운 길이다."(『횔덜린의 송가 「이스터」』, GA Bd. 53, 1983, S.155)

42 M. 하이데거, 「귀향」, 『횔덜린 시의 해명』, 18쪽 및 「마치 축제일처럼……」, 『횔덜린 시의 해명』, 63쪽 참조.

온전한 것 속에 보존되어 있는 '고향의 본질(das Wesen der Heimat)'은 우리가 진정으로 '고향에 있듯 친숙한 것을 허락해주는 것(das Heimische gewähren)'이라고 말해진다.[43]

하이데거는 횔덜린의 비가 「귀향」을 해명해나가는 가운데, 이 온전한 것을 '청명한 것(das Heitere)' 속에서, 그리고 더 나아가 '청랑한 것(die Heitere)' 속에서 찾고 있다. '청명한 것'이란 신들과 인간, 그리고 온갖 사물들을 그 안에서 비로소 현상시키는 존재의 환히 트인 터(Lichtung)처럼 맑고 깨끗하게 환히 트여 있어서, 우리가 고향에서 마주치는 즐겁고 기쁜 모든 것을 진정으로 고향에 있듯 '친숙하게 존재하게 하는(heimisch sein lassen)' 것이라고 그는 말한다.[44] '청랑한 것'은 스스로 빛을 방사하면서 환히 빛나는 환한 밝힘(die strahlende Lichtung)이고, 따라서 이것은 가장 지고한 것으로서 일체만물에 빛을 비추어주는 '순수하게 환히 밝히는 것(das reine Lichtende)'이라고 말해진다.[45] 이 청랑한 것은 '맑고 투명함(Klarheit, claritas)', '지고함(Hoheit, serenitas)', '명랑함(Frohheit, hilaritas)', 이 셋을 모두 자기 안에 함축하고 있는 것이기에, 그것은 '근원적으로 온전하게 하는(ursprünglich heilen)' 것, 즉 '성스러운 것(das Heilige)'이라고 불린다.[46]하

---

43 M. 하이데거, 「귀향」, 『횔덜린 시의 해명』, 17쪽 참조.

44 같은 곳 참조. "청명(Aufheiterung)이 모든 것을 환히 밝히고 비춰줌으로써, 청명한 것은 각각의 사물에게 본질공간을 허락해준다. 이러한 본질공간 안에서 각각의 사물은 [……] 마치 고요한 빛처럼 보이는 청명한 것의 광채 속에서 그 자신의 본질에 합당하게 서 있게 된다."(같은 책, 16쪽 참조)

45 같은 책, 18쪽 참조.

46 같은 곳 참조.

이데거의 해명에 따르면, 횔덜린이 노래한 이 성스러운 것은 '신들과 인간들 너머에(über) 존재하는 것'[47]이요, 그것은 "예전의 모든 것보다 앞서는 최초의 것이요, 차후의 모든 것보다 나중에 오는 최후의 것이며, 모든 것에 선행하는 것이요, 모든 것을 자기 안에 간직하고 있는 것, 즉 시원적인 것이요, 이렇게 시원적인 것으로서 상주하는 것"[48]이다. 시인이 성스러운 것을 노래한다고 말할 때, 이 성스러운 것은 이렇듯 시원적으로 상주하는 것으로서의 청량한 것을 가리킨다. 이 청량한 것 안에서는 순수한 청명이 스스로 생기하기에, 그것은 "모든 기쁜 것의 근원으로서의 가장 기쁜 것"[49]이요, 또한 그러하기에 그 안에는 청명을 자신의 본질로 삼고 있는 지고한 자, 다시 말해 '일자 (Einer)'로서의 신성한 신이 '성스러운 햇살의 유희를 즐기며 살고 있다'[50]고 횔덜린은 노래한다. 성스러운 것 가운데 살고 있는 신성한 신은 일체만물을 맑고 깨끗하게 하는 자요, 따라서 이런 의미에서 치유하는 자이자 온전하게 하는 자요, 슬퍼하는 자를 다시 기쁘게 만들어주는 자이다.

　시인이 알프스 산맥을 넘어 슈바벤으로 귀향하는 까닭은, 즐겁고 기쁜 모든 것의 근원 가까이에 머물면서 낯선 것 속으로 자신을 보내는 저 지고한 자를 성스럽게 노래 부르기 위함이다. 귀향하는 방

47　M. 하이데거, 「회상」, 『횔덜린 시의 해명』, 123쪽 및 「횔덜린의 땅과 하늘」, 『횔덜린 시의 해명』, 181쪽 참조.

48　M. 하이데거, 「마치 축제일처럼……」, 『횔덜린 시의 해명』, 73쪽 참조.

49　M. 하이데거, 「귀향」, 『횔덜린 시의 해명』, 18쪽 참조.

50　횔덜린, 「귀향」 제1연 참조.

랑의 시인에게 고향은 이미 친숙하고 기쁜 것으로서 마주치고 있다. 그러나 그것은 아직도 시인에게는 '찾아야 할 것'으로 머무르고 있다. 이것은 우리에게 무엇을 말해주는가? 그것은 우리가 실제로 고향에 몸을 담고 있다고 해서, 고향의 본질이 우리에게 온전히 드러나는 것은 아니라는 사실이다. 고향은 그 본질에 있어서 '근원 가까이에 있는 땅(das Land der Nähe zum Ursprung)',[51] 다시 말해 근원 가까이에 머무르는 존재의 장소이나, 이 가까이는 존재의 드러남과 은닉(감춤)과 관련된 존재론적 성격을 갖는 것이어서, 물리적·기하학적 공간 속에서 산술적으로 계산되고 측정될 수 있는 성질의 것이 아니다. 우리는 대개 고향에 살면서도 존재를 망각하고 존재를 상실한 채 살아가기에, 근원 가까이에 머무르지 못하고 타향살이를 하는 이방인이다. 이러한 상실의 아픔과 간격의 괴리가 우리를 슬프게 한다. 그러나 슬픔은 우리로 하여금 고향을 찾아 나서게 한다. 이러한 슬픔에 대해 횔덜린은 「소포클레스」라는 표제를 붙인 짧은 시에서 다음과 같이 노래하고 있다.

"가장 기쁜 것을 기쁘게 말하려고, 수많은 사람들이 헛되이 시도하였으되,
이제 마침내 그것은 슬픔 속에서 내게 말하는구나."[52]

---

51 M. 하이데거, 「귀향」, 『횔덜린 시의 해명』, 28쪽 참조.
52 M. 하이데거, 「귀향」, 『횔덜린 시의 해명』, 26쪽에서 재인용.

여기서 슬픔은 단순히 기쁨과 반대되는 우울한 심정을 가리키는 것이 아니다. 횔덜린이 자신의 시 「귀향」에 비가(Elegie)라는 명칭을 달아놓았다면, 이 시에는 '슬픔의 본질'이 그 근저에서 흐르고 있을 것이다. 시인이 멀리 스위스에서 고국의 땅을 찾아 기쁜 마음으로 돌아왔음에도 불구하고, 시인에게는 아직 귀향이 온전히 이루어진 것이 아니라, 오히려 그것을 이제 찾아 나서야 할 것이라고 이 비가가 노래하고 있을 때, 이 비가에 흐르는 고양된 슬픔은 슬픔의 본질을 가리키고 있다. 그래서 횔덜린이 겪고 있는 슬픔은 순전히 자의적인 우수의 기분이 아니라, 그 본질에 있어서 '가장 기쁜 것을 위해 청명해진 기쁨'[53]이라고 하이데거는 말한다. 슬픔이 기쁨이라니… 참으로 기묘하다. 그러나……, 기쁨의 본질이 근원 가까이에 다가가 존재의 가까움 속에서 고향에 있듯 친숙해지는 삶 속에서 피어나는 것이라면,[54] 슬픔의 본질은 그런 기쁨 속에서도 가장 기쁜 것을 수호하는 가운데 그것이 상실되지 않도록 시어로 조심스럽게 보살펴야만 하는 그런 시인의 근심(Sorge) 속에 깃들어 있을 것이다. 그래서 가장 기쁜 것을 향해 청명해진 시인의 기쁨은 자신이 찾고 있는 고향의 본질이 존재의 가까움 속에 언제나 늘 가까이 존재하도록 마음을 쓰는 시인의 근심과 필히 하나로 어우러져 있는 것이요, 따라서 시인의 기쁨은 '슬퍼하는 기쁨'인 것이다. 하여 시인은 「귀향」의 마지막 연에서 다음과 같이 노래한다.

---

53 같은 곳 참조.
54 같은 책, 25쪽 참조.

"성스러운 이름이 결여되어 있기에, 우리는 종종 침묵해야 하리라.
마음은 고동치는데, 말은 거기에 따라오지 못하는가?"

휠덜린의 시는 성스러운 것(das Heilige)을 노래한다.[55] 그러나 성스러운 것 가운데 살고 있는 지고한 자, 즉 천상의 신을 지칭할 성스러운 시어가 결여되어 있다면, 그의 노래는 '무언의 가곡(ein wortloses Lied)',[56] 즉 아름다운 선율로 신을 부르는 현악기 연주로 남아 있을 수밖에 없다. 그래서 시인은 밀려드는 슬픔을 딛고 이렇게 노래한다.

시간의 흐름에 선율을 선사하는 현악기 연주는
아마도 천상의 신을 기쁘게 하여, 그는 가까이 다가오리니,
그렇게 되면 기쁨 속으로 밀려들던 근심도 이미 거의 평온해지리라.

이 결구에는 귀향하는 시인의 심경이 어떠한지 잘 나타나 있다. 궁핍한 시대의 시인은 성스러운 것을 노래하는 가운데 멀리 물러서 있는 천상의 신을 부른다. 휠덜린이 귀향하면서 찾고자 했던 귀한 것, 즉 근원 가까이에 머무르는 고향은 신의 결여로 인해 아직은 숨어 있는 상태로 남아 있다. 그러나 휠덜린이 경험한 신의 결여(Fehl)는 신이 없는 결핍(Mangel)의 상태가 아니라, 궁핍한 시대에 신이 멀리 물러나 있어 부재하고 있으나 이러한 부재의 방식으로나마 현존

---

55 M. 하이데거, 「'형이상학이란 무엇인가'의 나중말」, 『이정표 1』, 신상희 옮김, 한길사, 2005, 186쪽 참조. "사유가는 존재를 말한다. 시인은 성스러운 것을 부른다."

56 M. 하이데거, 「귀향」, 『휠덜린 시의 해명』, 27쪽 참조.

하고 있기에 성스러운 것이 현성하는 축제의 땅, 즉 고향으로 도래하리라는 기다림의 상태이다. 그래서 시인은 "신의 결여에 가까이 머무르면서, 결여되어 있는 신에의 가까움으로부터 드높은 자를 명명하는 시원적인 낱말이 허락될 때까지, [침묵 속에] 마련되고 있는 결여에의 가까움 속에서 오랫동안 참고 기다리는" 것이다.[57] 횔덜린에게 '귀향'의 진정한 의미는 '근원 가까이로 귀환함(die Rückkehr in die Nähe zum Ursprung)'이다.[58] "고향으로 회귀할 수 있는 사람은 오직 [……] 방랑의 무거운 짐을 어깨에 메고, 자기가 찾아야 할 것이 무엇인지를 거기서 경험하기 위하여 근원으로 건너오는 자"일 뿐이다.[59] 우리는 이렇게 귀향을 노래하는 횔덜린의 시를 청종하면서 근원 가까이로 다가가 존재의 비밀을 수호하는 가운데 고향의 본질을 깨우치려는 사려 깊고 신중한 사유의 자세를 배워야 할 것이다. 그때 우리는 비록 고향땅에서 멀리 떨어져 있을지언정 고향의 친숙한 것과 마주하면서 우리에게 아직도 비축되어 있는 저 성스러운 것 혹은 위대한 시원을 향해 아낌없이 자신을 내맡기고 헌신하며 살아가는 삶의 진정한 동반자, 즉 시인의 '친지(die Verwandten)'가 될 것이요, 그때 비로소 근원 가까이에 머무르는(상주하는) 진정한 귀향이 이루어질 것이다.

---

57 같은 책, 28쪽 참조.

58 같은 책, 23쪽 참조.

59 같은 책, 23쪽 이하 참조.

3. 시지음과 사유함의 대화: 시짓는 사유

　필자는 지금까지 횔덜린의 '사유하는 시'에 관해 해명하는 하이데거의 '시짓는 사유'를 뒤좇으며 숙고해왔다. 우리는 여기서 묻는다. '시짓는 사유'란 무엇인가? 그것은 척박한 세상살이 속에 먹고 살기 위해 다양한 영업활동을 하면서 자신의 손익을 부지런히 따지고 계산하는 그런 한갓된 '계산적 사유'는 분명 아니며, 그렇다고 사물의 본성을 지성적으로 헤아리면서 자연의 질서와 역사의 법칙을 생각하는 '이성적 사유'도 아니다. 시를 짓는다는 것은 죽을 자들로서의 인간이 이 땅 위에 그리고 하늘 아래 진정으로 인간답게 거주하는 삶의 근원적인 처소, 혹은 달리 말해 **존재의 시원적 차원**을 열어놓으면서 이러한 차원 위에 '상주하는 것을 수립하는' 그런 섬세한 사유행위를 가리킨다. 간결하게 말해서, '시지음'은 상주하는 것을 수립하는 '사유함'이다. 따라서 '시짓는 사유'란, 횔덜린이 그의 시에서 선구적으로 수립하고 있듯이, 인간이 인간답게 거주하기 위한 시원적인 삶의 밑바탕을 짓는 창조적 기투행위요, 이런 점에서 시짓는 사유는 인간의 일상적인 거주함을 비로소 본래적인 거주함으로 존재하게 하는 것이다. 그래서 하이데거는 횔덜린의 시, 특히 슈투트가르트 판 횔덜린 전집 제2권(372쪽 이하)에 실려 있는 「쾌청한 창공에……빛나고 있다」라는 시를 해명하는 가운데, '시지음은 거주하게 함으로써, 일종의 짓기'라고 말한다.[60] 물론 횔덜린이 노래하는 '시적인 거주함'

60　M. 하이데거, 「인간은 시적으로 거주한다……」, 『강연과 논문』, 신상희 외 옮김, 이학

　　　　　　　　　　　| 횔덜린 시의 해명

은 하이데거가 사유하는 '존재의 사유'와 똑같은 것은 아니지만, 횔덜린의 시지음과 하이데거의 사유함 사이에는 이 양자의 본질적 차이에도 불구하고 도저히 간과할 수 없는 친밀성이 깃들어 있다.[61] 그래서 이 양자는 동일한 것 속에서 서로 조우한다. 여기서 동일한 것이란 양자의 차이를 배제해버리는 무차별적인 동일성이 아니라, 서로의 차이를 함축한 채 서로 다른 것이 공속하는 그런 근원적 합일의 차원을 말한다. 시지음과 사유함이 공속하는 이 동일한 차원이란, 인간의 실존을 완수하기 위해 인간이 인간답게 거주하기 위한 본래적인 거주함의 근원적 차원이요, 이것은 앞에서 말한 시원적인 삶의 밑바탕 혹은 존재의 시원적 차원과 다른 것이 아니다. 횔덜린에게서 이 차원은 성스러운 것이 도래하면서 현성하는 본질장소요, 하이데거에게서 이 차원은 존재가 우리에게 말 걸어오면서 열린 장 속에서 존재자의 존재의 진리로서 시원적으로 생-기하는 본질장소이다. 횔덜린에게서는 성스러운 것이 현성하는 본질장소 안에서 상주하는 것을 수립하는 것이 언제나 그의 시짓는 사명으로 남아 있다면, 하이데거에게서는 존재의 진리가 생기하는 본질장소 안에서 이러한 진리를 근거짓는 것이 언제나 그가 걸어가야 할 사유의 과제로 남아

사, 246쪽 참조.

61 M. 하이데거, 「철학-그것은 무엇인가?」, 『동일성과 차이』, 신상희 옮김, 민음사, 2000, 100쪽 이하 참조. 이 점에 관해서 하이데거는 이렇게 말한다. "사유함과 시지음 사이에는, 이 둘이 모두 언어에 헌신하며 언어를 위해 애쓰고 자신을 아낌없이 소모하고 있기 때문에, 어떤 숨겨진 친밀함이 편재하고 있다. 그러나 이 둘 사이에는 또한 갈라진 틈이 있다. 왜냐하면 이 둘은 '가장 멀리 떨어진 산 위에 살고 있기' 때문이다."

있다. 횔덜린에게서 '시로 지어져야 할 것(das Zu-dichtende)'은 무엇보다 먼저 신들과 인간 너머에 있는 저 성스러운 것이요, 이 성스러운 것이 현성하는 본질장소 안에서 상주하는 것을 수립하는 것이 언제나 시인의 시짓는 사명으로 남아 있다면, 하이데거에게서 '사유되어야 할 것(das Zu-denkende)'은 무엇보다 먼저 존재 자체요, 스스로를 드러내기도 하고 스스로를 은닉하기도 하는 이 존재가 고유하게 생기하는 본질장소 안에서 이러한 존재의 진리를 터-있음의 터 안에서 근거짓는 것이 언제나 그가 걸어가야 할 사유의 과제로 남아 있다. 그러나 시인과 사상가는 자신이 시를 짓고 자신이 사유하는 그것을 인간의 주체적 정신영역으로부터 자의적으로 길어오는 것이 아니라, 오히려 그들 자신의 본질이 무엇보다 먼저 시로 지어져야 하는 것과 사유되어야 하는 것으로부터 일차적으로 결정되고 있다는 점에서, 그들은 본질적으로 동일한 장소 안에 거주한다.[62] 그래서 이러한 동일한 본질장소 안에서 시짓는 시인의 말함은 무상한 것 가운데 상주하는 것을 수립하는 창조적 행위일 뿐 아니라, '터-있음의 환히 밝혀진 터에서 인간의 시적인 삶(존재)을 확고히 근거짓는다는 의미에서의 수립'[63]이라고 하이데거는 생각한다. 인간은 세상 안에 살아가면서 많은 것을 자신의 노력으로 이루어내지만, 그가 이룩하는 모든 것이 이 땅 위에 거주하는 거주함의 참다운 본질을 수립하는 것은 아

---

62 M. 하이데거, 『횔덜린의 송가 「이스터」』, GA Bd.53, 1983, S. 183(번역서 229쪽) 참조.
63 M. 하이데거, 「횔덜린과 시의 본질」, 『횔덜린 시의 해명』, 42쪽 참조.

니다.[64] 횔덜린은 인간이 자신의 본질바탕에 있어서 '시적으로' 존재한다고 말한다. 인간이 이 땅 위에 시적으로 거주한다는 것, 다시 말해 인간이 터-있음의 터(Da des Da-seins)에서 인간답게 존재한다는 것은, 인간이 그 위에서 인간답게 존재하는 터-있음의 터가 환히 밝혀져 생기하는 한에서만 가능하다. 그러나 언제 그리고 어떤 방식으로 터-있음의 터, 즉 인간존재의 본질장소는 개현되어 환히 밝아지는가? 인간은 자신의 자의적인 의지의 행위로 이러한 터를 열어 밝히는 주체일 수 있는가? 아니다. 그 이유는 횔덜린에 따르면, '지상에는 척도가 없기'[65] 때문이다. 횔덜린에게서 거주함의 차원을 열어놓는 척도는 성스러운 것 가운데 비호되어 있는 신성(Gottheit)에 의해 주어지는 것이요, 그래서 시인의 시 지음의 성취 여부는 이러한 '척도의 획득'[66]에 달려 있다. 이러한 점은—비록 꼭같은 것은 아니지만 동일한 방식으로—하이데거의 사유에도 해당한다. 왜냐하면 존재가 먼저 터-있음의 터에게 다가와 이 터를 환히 밝히면서 스스로 개현하지 않는 한, 인간존재의 본질장소는 닫혀 있을 뿐이라고 그는 사유하기 때문이다. 이와 관련하여 하이데거는 이렇게 말한다. "시지음은 인간적인 거주함의 근본능력이다. 그러나 그 자신[존재 자체]이 인간을 좋아하여 인간의 본질을 필요로 하는 그것에게 인간의 본질이 고

---

64 거주함의 의미에 대해서는 필자의 다음 글을 참조하라. 「사방세계 안에 거주함」, 『하이데거와 신』, 2007, 199~230쪽 참조.

65 횔덜린, 『슈투트가르트 전집』 II, 372쪽 이하 참조. 하이데거의 『강연과 논문』(번역서 253쪽)에서 재인용.

66 M. 하이데거, 「인간은 시적으로 거주한다……」, 『강연과 논문』, 번역서 256쪽 참조.

유하게 순응되는 그 정도에 따라서만, 인간은 그때그때 시지음의 능력을 갖는다. 이러한 고유한 순응의 정도에 따라 그때마다 시지음은 본래적으로 존재하기도 하고 비본래적으로 존재하기도 한다."[67] 휠덜린에게서 인간의 본래적 거주는 시적인 삶의 본질 안에 바탕을 두고 있고, 이 시적인 삶의 본질은 거주함의 시원적 차원을 열어놓는 저 성스러운 것의 도래에 달려 있다. 무엇보다 먼저 휠덜린이 노래하는 저 성스러운 것은 "오로지 신들이 나타나는 시공간을 열어놓아 이 땅 위에 거주하는 역사적 인간의 삶의 처소를 가리키고 있다."[68] 그리하여 성스러운 것, 신성, 혹은 알려지지 않은 미지의 존재자로서의 신이 시인에게는 하늘 아래 이 땅 위에서의 인간적인 거주함을 위한 척도가 된다. 그래서 하이데거는 이렇게 말한다. "척도는 미지로 남아 있는 신이 하늘을 통해 이러한 신으로서 드러나는 그 방식 안에 존립한다. 하늘을 통해 신이 현상함은 스스로를 은닉하고 있는 것을 보이게 하는 드러냄(Enthüllen) 안에 존립한다. 그러나 이러한 드러냄은 은닉된 것을 그것의 은닉으로부터 억지로 밖으로 끌어내려고 시도함으로써가 아니라, 오히려 은닉된 것을 그것의 자기 은닉 안에 보호함으로써 보이도록 한다. 이렇게 미지의 신은 미지의 존재자로서 하늘의 개방 가능성을 통해서 현상한다. 이러한 현상함이 인간이 스스로를 가늠하는 척도다."[69] 그런데 신성 속에 스스로를 비호하고 있는 지

---

67 같은 책, 266쪽 참조.

68 M. 하이데거, 「회상」, 『휠덜린 시의 해명』, 114쪽 참조.

69 M.하이데거, 「인간은 시적으로 거주한다……」, 『강연과 논문』, 번역서 258쪽 참조.

고한 자, 즉 신은 우리에게는 부재하는 듯 보인다. 신이 부재하는 듯 보이는 까닭은, 신이 아예 없기 때문이 아니라, 그는 오직 스스로를 은닉함으로써만 현존하기 때문이다. 횔덜린은 우리가 지금 여기서 숙고하고 있는 그의 후기 시 「쾌청한 창공에……빛나고 있다」에서 이렇게 노래한다.

> 신은 무엇인가? 알려져 있지는 않으나, 그럼에도
> 하늘의 얼굴은 신의 완전한 속성들이다. 말하자면
> 번개는 신의 노여움이다. 보일 수 없는 것일수록,
> 그는 자신을 낯선 것 속으로 보낸다.[70]

신은, 인간에게는 친숙한 것이지만 신 자신에게는 낯설게 남아 있는 것, 즉 하늘의 모습이나 노래하는 구름 혹은 번개의 모습이나 대지의 변화무쌍한 모습들을 통해서 자신을 보내오며, 그런 가운데 미지의 존재자로서 보호받은 채 남아 있다. 그러나 시인은 하늘의 청명한 모습이나 천둥소리 또는 물이나 바람이 흐르는 대지의 소리를 노랫말로 담아 부르는 가운데, '스스로를 은닉하고 있는 저 지고한 자'를 '스스로를 은닉하고 있는 것'으로서 노래 속으로 불러들인다. "시인은 친숙한 현상들 안에서 낯선 것을 부르는데, 여기서의 낯선 것이란 곧 그 안으로 보일 수 없는 [비범한] 것이 그 자신으로 존재하

---

70 횔덜린, 『슈투트가르트 전집』 II, 372 이하 참조. 하이데거의 『강연과 논문』, 번역서 261쪽에서 재인용.

는 바의 그것으로 머물러 있고자 알려지지 않은 미지의 상태로 스스로를 보내오는 그런 것이다. 시인은 그 안으로 미지의 신이 스스로를 보내오는 그런 낯선 것으로서의 하늘의 현상들에 순응하는 가운데 하늘의 모습들을 말함으로써 척도를 획득할 때에만 시를 짓는다."[71] 이와 같이 횔덜린의 시짓기는 성스러운 것을 척도로 삼아 거주함의 차원을 본래적으로 열어놓는 순결한 행위로서의 시원적인 짓기이다. 그런데 하이데거에게서 거주함의 차원은 무엇보다 먼저 터-있음의 환히 밝혀진 터(das gelichtete Da des Da-seins)에 존립한다. 이 터-있음의 터는 일찍이 『존재와 시간』을 중심으로 한 그의 전기사유에서는 존재관계의 그물망으로서의 '세계'로 현성하였고, 『철학에의 기여』를 중심으로 한 그의 후기사유에서는 '존재의 장소', '진리의 터전', '근거 짓는 근거', '바탕 없는 바탕', '무화하는 무의 자리', '생기의 심연', '존재의 시간-놀이-공간', '사방세계', '회역(會域)', '무-한한 관계의 중심', '시원' 등으로 다양하게 드러나고 있다. 하이데거의 사유가 이처럼 거주함의 시원적 차원으로서의 '환히 밝혀진 터(das gelichtete Da)'를 시원적으로 열어놓는 존재의 말 없는 소리에 대한 순수한 응답으로서의 섬세한 사유라고 한다면, 그의 존재사유는 횔덜린의 '사유하는 시'와 마찬가지로 그 근본에 있어서 분명 '시짓는 사유'라고 말할 수 있다.

---

71 M. 하이데거, 「인간은 시적으로 거주한다……」, 『강연과 논문』, 번역서 262쪽 참조.

지은이 소개

이재영

조선대학교 철학과 교수. 고려대학교 철학과를 졸업하고 같은 학교 대학원에서 석사와 박사학위를 취득했다. 서양근대철학회, 범한철학회 회장을 역임했다. 지은 책으로 『영국 경험론 연구』 등이 있고, 옮긴 책으로 『인간지성론 1·2』(공역), 『새로운 시각 이론에 관한 시론』 등이 있다.

강준호

경희대학교 후마니타스칼리지 객원교수. 경희대학교 철학과를 졸업하고 미국 펜실베이니아대학에서 석사학위를, 퍼듀대학에서 박사학위를 취득했다. 옮긴 책으로 『도덕과 입법의 원칙에 대한 서론』, 『101명의 위대한 철학자』, 『윤리학의 연장통』 등이 있다.

이태하

세종대학교 교양학부 교수. 서강대학교 철학과를 졸업하고 같은 학교 대학원에서 석사학위를, 미국 세인트루이스대학에서 박사학위를 취득했다. 지은 책으로 『다원주의 시대의 윤리』, 『종교적 믿음에 대한 몇 가지 철학적 반성』 등이 있고, 옮긴 책으로 『자연종교에 관한 대화』, 『종교의 자연사』 등이 있다.

황설중

대전대학교 교양학부대학 교수. 고려대학교 철학과를 졸업하고 같은 학교 대학원에서 석사와 박사학위를 취득했다. 지은 책으로 『인식론』, 『로티의 철학과 아이러니』(공저)가 있고, 옮긴 책으로 『믿음과 지식』, 『변증법과 회의주의』 등이 있다.

김미영

전 홍익대학교 인문과학연구소 학술연구교수. 이화여자대학교 철학과를 졸업하고 같은 학교 대학원에서 석사학위를, 독일 뮌스터대학에서 박사학위를 취득했다. 주요 논문으로 『쇼펜하우어의 부정적 쾌락주의』, 『회의주의와 회의적 방법』 등이 있으며, 옮긴 책으로 『자연에서의 의지에 관하여』, 『충족이유율의 네 겹의 뿌리에 관하여』 등이 있다.

이상명

한양대학교 철학과 강사. 독일 뮌스터대학, 베를린 자유대학 및 공과대학에서 수학하고 베를린 공과대학에서 박사학위를 취득했다. 주요 논문으로 『라이프니츠: 변신론과 인간의 자유』 등이 있고, 옮긴 책으로 『라이프니츠와 아르노의 서신』, 『자유와 운명에 관한 대화 외』 등이 있다.

박찬국

서울대학교 철학과 교수. 서울대학교 철학과를 졸업하고 같은 학교 대학원에서 석사학위를, 독일 뷔르츠부르크대학에서 박사학위를 취득했다. 지은 책으로 『니체와 불교』, 『하이데거의 「존재와 시간」 강독』 등이 있고, 옮긴 책으로 『니체 1·2』, 『비극의 탄생』, 『상징형식의 철학 제1권: 언어』, 『상징형식의 철학 제2권: 신화적 사유』, 『안티크리스트』 등이 있다.

최화

경희대학교 철학과 교수. 서울대학교 법학과를 졸업하고 같은 학교 대학원 철학과에서 석사학위를, 프랑스 파리4대학에서 박사학위를 취득했다. 한국프랑스철학회, 한국서양고전철학회 회장을 역임했다. 지은 책으로 『박홍규의 철학』, 『서양고대철학 1』(공저) 등이 있으며, 옮긴 책으로 『습관에 대하여』, 『의식에 직접 주어진 것들에 관한 시론』 등이 있다.

신상희

전 건국대학교 인문과학연구소 학술연구교수. 건국대학교 철학과를 졸업하고 독일 프라이부르크대학에서 박사학위를 취득했다. 현재 작고. 지은 책으로 『하이데거와 신』, 『시간과 존재의 빛』 등이 있고, 『사유의 경험으로부터』, 『언어로의 도상에서』, 『횔덜린 시의 해명』 등 하이데거의 주요 저작을 우리말로 옮겼다.

고전의 유혹 2

1판 1쇄 찍음 | 2015년 5월 18일
1판 1쇄 펴냄 | 2015년 5월 22일

지은이 | 최화 외
펴낸이 | 김정호
펴낸곳 | 아카넷

출판등록 2000년 1월 24일(제406-2000-000012호)
413-120 경기도 파주시 회동길 445-3
전화 | 031-955-9510(편집) · 031-955-9514(주문) · 031-955-9506(마케팅)
팩스 | 031-955-9519
책임편집 | 아카넷 편집부
www.acanet.co.kr

Printed in Seoul, Korea.

ISBN 978-89-5733-428-7 04160
ISBN 978-89-5733-426-3 (세트)

이 도서의 국립중앙도서관 출판예정도서목록(CIP)은
서지정보유통지원시스템 홈페이지(http://seoji.nl.go.kr)와
국가자료공동목록시스템(http://www.nl.go.kr/kolisnet)에서 이용하실 수 있습니다.
(CIP제어번호: CIP2015013535)